网络新媒体的语言传播特征研究

国家语委「十三五」科研规划重点项目「新媒体意见领袖话语传播机制研究」最终成果

国家语委科研基地「中国语情与社会发展研究中心」学术文库

王宇波 ◎著

科学出版社

北　京

内 容 简 介

　　新媒体持续推动着媒体生态格局的变化，影响着人们的语言生活。网络新媒体的语言传播经过了从文字到图文再到音视频的发展过程，新媒体意见领袖在信息传播过程中发挥着重要的作用，其身份呈现多元化特征，影响着舆论议题的嬗变和网络舆情的发展。本书以新媒体意见领袖的语言传播特征为研究对象，多维度考察了其语言计量特征和话语传播特征，并就相关问题提出了对策建议。

　　本书可供语言学和新闻传播学方向师生以及对新媒体研究感兴趣的读者参考。

图书在版编目（CIP）数据

网络新媒体的语言传播特征研究 / 王宇波著. —北京：科学出版社，2024.6

ISBN 978-7-03-074690-0

Ⅰ.①网… Ⅱ.①王… Ⅲ.①互联网络–传播媒介–语言学–传播学–研究 Ⅳ.①HO-05

中国版本图书馆 CIP 数据核字（2023）第 004871 号

责任编辑：王 丹 赵 洁 / 责任校对：贾伟娟
责任印制：徐晓晨 / 封面设计：润一文化

科 学 出 版 社 出版
北京东黄城根北街 16 号
邮政编码：100717
http://www.sciencep.com
北京中石油彩色印刷有限责任公司印刷
科学出版社发行 各地新华书店经销
*
2024 年 6 月第 一 版 开本：720×1000 1/16
2024 年 6 月第一次印刷 印张：11 3/4
字数：217 000
定价：98.00 元
（如有印装质量问题，我社负责调换）

目　　录

1 新媒体意见领袖语言研究现状分析

近年来，计算机信息技术的高速发展和网络技术的高度普及给传统媒体带来了巨大的冲击和挑战，使得传统媒体趋弱，以互联网、移动媒体为代表的新媒体快速崛起并持续推动媒介技术的发展和媒体生态格局的变化。新媒体不仅改变了人们的生活、工作、学习和娱乐等方面的行为方式，也改变了人们的信息传播方式，影响着人们的语言生活。在新媒体时代，新媒体意见领袖话语的传播经过了从文字到图文再到音视频的发展过程，新媒体意见领袖身份呈现多元化特征，队伍日益扩大，网络话语权也不断提高，传统媒介环境下的意见领袖对舆论场的影响力逐渐被削弱，新媒体意见领袖话语影响力得到提升，他们能够通过自己的语言影响舆论议题的嬗变，进而在一定程度上影响网络舆情的发展方向。

1.1 新媒体语言研究现状计量分析

1.1.1 新媒体和新媒体语言

新媒体（new media）相对于传统媒体，是一个不断变化的概念，从动态的视角看，新媒体也可称为新兴媒体（emerging media）。对于新媒体的概念，不同时期、不同领域的学者有着不同的定义，其内涵和外延并无定论。本书在借鉴前人研究的基础上，将新媒体定义为相对于传统媒体而言的新兴媒体，是继报刊、广播、电视等传统媒体之后发展起来的新的数字化媒体，是以数字技术、计算机网络技术和移动通信技术等新兴技术为依托，通过互联网、无线通信网、卫星等渠道，以及电脑、手机、数字电视等终端，为用户提供多元化、个性化、交互式数字化信息和娱乐服务的传播形态和媒体形态。

与新媒体相近的概念有自媒体（we media）和社交媒体（social media），这三个概念都是当下热词，既有密切关联，又有区别，产生时间上也有明显的先后。新媒体的概念比自媒体和社交媒体出现得早，"新媒体"一词最早由美国哥伦比亚广播电视网技术研究所所长彼得·卡尔·戈德马克（Peter Carl Goldmark）在

1967 年发表的一份关于开发 EVR（Electronic Video Recording，电子录像）商品的计划中提出。1969 年，美国传播政策总统特别委员会主席 E. 罗斯托（E. Rostow）向美国总统理查德·米尔豪斯·尼克松（Richard Milhous Nixon）提交的报告书中多处使用了 new media，随后该词在美国迅速流行并传播到全世界。"自媒体"的概念最早由作家丹·吉尔默（Dan Gillmor）在 2002 年提出，2003 年 7 月美国资深媒体人谢恩·鲍曼（Shayne Bowman）和克里斯·威利斯（Chris Willis）撰写了全球首份自媒体报告《自媒体：受众如何形塑新闻和信息业的未来》（"We Media: How Audiences Are Shaping the Future of News and Information"）[1]，报告将自媒体定义为普通大众经由数字科技强化，与全球知识体系相连，开始理解如何提供与分享他们本身的事实、他们本身的新闻的一种途径。自媒体的表现形式随时代发展而变化，PC 时代是论坛、贴吧、公告板系统（Bulletin Board System，BBS）、博客，移动互联网时代是微博、微信、短视频平台等。从本质上来说，新媒体包括自媒体，自媒体是新媒体发展到一定阶段的产物。"社交媒体"的概念由安东尼·梅菲尔德（Antony Mayfield）于 2008 年在一本名为《什么是社会化媒体》（What Is Social Media）的电子书中提出。社交媒体也称为社会化媒体，指互联网上基于用户关系的内容生产与交换平台，是人们彼此之间用来分享意见、见解、经验和观点的工具与平台，现阶段主要包括微博、微信、博客、论坛、播客、抖音、快手、淘宝直播、喜马拉雅、荔枝 FM 等，海外的社交媒体主要包括 Facebook、Twitter、YouTube、LinkedIn、Pinterest、Google+、Instagram 等。社交媒体传播的信息已成为人们浏览互联网的重要内容，它不仅制造了人们社交生活中争相讨论的一个个热门话题，更吸引着传统媒体争相跟进。社交媒体在全球产生了巨大的影响力，并发展成为与门户网站、搜索引擎相匹敌的互联网基础性应用。

新媒体的迅猛发展催生和繁荣了新媒体语言，新媒体的内涵与外延具有极强的可扩展性（杜智涛等，2019）。黄传武等（2013）认为新媒体是一个相对的概念，有广义与狭义之分，广义的新媒体是指建立在多媒体计算机、互联网和移动通信技术基础上的数字化信息存储与传播的媒介；狭义的新媒体是区别于传统大众传播媒体的新型媒体，主要是指基于移动通信技术，包括微博、微信、微视频、新闻客户端等在内的传播媒介形式。新型的传播媒介衍生出了新媒体语言，唐海龙（2016）对"新媒体语言"概念有过较为全面的总结，本书在其基础上将新媒

① Bowman, B. S., Willis, C. 2003. We Media: How Audiences Are Shaping the Future of News and Information. https://www.yumpu.com/en/document/read/6342400/we-media-how-audiences-are-shaping-the-future-of-news-and-.

体语言定义为经由新媒体生成的、具有一定语言学属性和特征的混合类符号系统，包括文字、字母、语音、各种书写符号以及表情包、图标、音视频等多模态表达方式。

新媒体语言一经出现就受到学界关注，并逐渐成为多个学科领域的研究热点。整理分析新媒体语言的研究成果，有助于全面了解该领域研究的状况。目前综述性研究并不多见，仅有的几项研究也只侧重于对新媒体语言研究论文进行定性分析，且跨度时间比较短，如赵雪和曹彦男（2012）回顾了 2001～2011 年的新媒体语言研究，从网络语言研究和手机语言研究两个部分展开论述，对其研究内容、研究特点和研究不足进行了总结。综述的定量分析也仅停留于简单的分类统计，对近年来新媒体语言较新的研究成果还缺乏系统的梳理和总结。为全面了解我国新媒体语言研究的发展状况，把握该领域的热点和前沿问题，本书对中国知网（China National Knowledge Infrastructure，CNKI）中 1998～2020 年的新媒体语言研究文献进行文献计量分析，绘制可视化知识图谱，揭示该领域 20 余年来的发展状况，以期为新媒体语言研究提供参考。

1.1.2 数据来源和研究方法

本书将中国知网作为文献数据来源，以"新媒体语言""自媒体语言""网络语言""微博语言""微信语言""直播语言""短视频语言"等关键词作为主题词进行检索，文献类型限定为期刊论文，发表时间设定为截至 2020 年，共检索到中文文献 25 409 篇。主题词检索方法可能会包含无关论文，因此对检索所得论文进行复检，人工筛除了不在研究范围内的论文，最终确定 4988 篇期刊论文作为统计分析的样本。

本书在研究方法上注重定量及定性结合，主要采用文献计量学与数据可视化的研究方法。文献是承载和传播科学知识的主要媒介，是人类进行知识创造和获取知识成果的主要体现（侯剑华，2016），对相关论文进行计量和可视化分析，可以直观地展示新媒体语言研究的现状和热点。本书主要采用 SATI、Ucinet、Pajek、VOSviewer 和 CiteSpace 五款软件工具，进行词频分析、共词分析、社会网络分析及聚类分析。利用 SATI 进行数据统计和共现矩阵的构建，利用 Ucinet 进行格式转换，利用 Pajek 和 VOSviewer 进行社会网络的构建及相关网络指标的计算，利用 CiteSpace 进行突现词分析。

1.1.3　数据结果与可视化分析

1.1.3.1　文献时间分布情况

文献数量的时间变化情况是衡量一个领域研究发展趋势的重要指标。1998～2020 年中国知网共收录新媒体语言期刊论文 4988 篇,其中 CSSCI 期刊及其他核心期刊论文共 1005 篇,占已发表的新媒体语言研究论文总数的 20.15%,各年份期刊论文数量分布如图 1-1 所示。CSSCI 期刊及其他核心期刊论文与期刊论文总数的增长基本保持一致,但 CSSCI 期刊及其他核心期刊的论文数量占比始终较低,表明新媒体语言研究领域的高质量论文数量还有待提升。

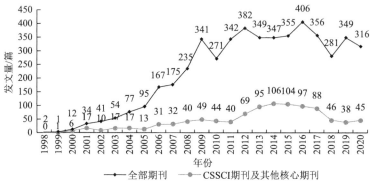

图 1-1　1998～2020 年国内新媒体语言研究文献的时间分布

依据 D. J. 普赖斯(D. J. Price)所提出的科技文献增长理论(邱均平和王菲菲,2011),本书将我国新媒体语言研究划分为五个发展阶段:1998～2004 年为萌芽阶段,论文数量较少,但呈逐年平缓增长趋势,内容以描写新媒体语言现象为主;2005～2009 年为发展阶段,论文数量快速增长,理论研究成果增多;2010～2016 年为繁荣阶段,论文数量呈波动上升趋势,并于 2016 年达到顶峰,研究内容涉及新媒体语言的方方面面,但重复、低效的同质性研究较多;2017～2018 年为瓶颈阶段,论文数量明显回落;2019～2020 年为拓展期,论文数量较 2018 年有明显提升,短视频、网络直播等新兴媒体的蓬勃发展为新媒体语言研究注入新的活力,视听类新媒体语言研究开始增多,对新媒体语言的价值、存在问题和治理策略的探讨更加深入。

新媒体语言研究与新媒体的发展有着密不可分的联系。20 世纪 90 年代,互联网快速发展,网络成为继报刊、广播、电视之后产生的"第四媒体",新媒体语言也随之产生。产生初期,学界并未使用"新媒体语言"这一概念,多称其为

"网络语言"，研究对象集中于门户网站语言。2009 年后，微博、微信以及微视频的诞生标志我国新媒体进入"三微一端"（微信、微博、微视频及客户端）的时代，"新媒体语言"的概念逐渐取代"网络语言"，学界关注的焦点也由早期的网络社交语言转向微博、微信语言。尽管 2016 年以后论文数量有所减少，但随着短视频和直播平台等新兴新媒体的繁荣，新媒体语言研究对象和内容更加丰富，研究视域进一步拓宽。2019 年 6 月，唐绪军在《新媒体蓝皮书：中国新媒体发展报告 No.10（2019）》中就指出：近年来，我国新媒体蓬勃发展，舆论生态、媒体格局、传播方式发生深刻变化（唐绪军，2019）。随着人工智能、大数据、云计算等新技术的飞速发展，传统媒体与新媒体的融合，新媒体语言研究呈现出跨学科的发展态势，政务新媒体、新媒体语言的情感分析等成为新的研究方向，多学科的学者共同参与到新媒体语言的研究领域中，推动新媒体语言研究走向多元。

1.1.3.2　文献来源期刊分布

统计发现，1998～2020 年国内新媒体语言研究的 4988 篇期刊论文分布于 1348 种期刊。本书依据文献计量学中的布拉德福德定律（Law of Bradford）将来源期刊划分为核心区、相关区与外围区，使每个区所含的论文数量相当，三个区中的期刊数量呈以下关系——$n_1 : n_2 : n_3 = 1 : a : a^2$（$a>1$）（邱均平，1988），得到新媒体语言论文来源期刊分布状况表（表 1-1）。三个区域的期刊数为 55：256：1037，即 1：4.65：18.84[①]（4.34²），比例系数与布拉德福德定律的规定基本一致。可以得出，核心区的 55 种期刊为新媒体语言研究领域的主流期刊，现将发文量在 40 篇以上的前 10 种期刊列出（表 1-2）。对核心区的 55 种期刊按学科进行统计，可分为以下几类：①新闻传播类（共 21 种）；②语言文字类（共 8 种）；③综合性高校学报（共 7 种）；④文学与文化类（共 7 种）；⑤教育类（共 4 种）；⑥信息技术类（共 4 种）；⑦社会学及统计学类（共 3 种）；⑧政治类（共 1 种）。

表 1-1　1998～2020 年国内新媒体语言研究文献来源期刊分布状况表

区域	期刊数/种	占期刊总数比例/%	载文量/篇	占论文总数比例/%
核心区	55	4.08	1669	33.46
相关区	256	18.99	1663	33.34
外围区	1037	76.93	1656	33.20
合计	1348	100	4988	100

① 为统一格式，数据四舍五入，保留小数点后两位。

表 1-2　1998～2020 年国内新媒体语言研究领域期刊发文量前 10 种

序号	来源期刊	载文量/篇	占论文总数比例/%
1	《语文建设》	108	2.17
2	《新闻研究导刊》	86	1.72
3	《语文学刊》	71	1.42
4	《安徽文学》	59	1.18
5	《海外英语》	59	1.18
6	《青年记者》	59	1.18
7	《汉字文化》	50	1.00
8	《才智》	49	0.98
9	《新闻传播》	48	0.96
10	《东南传播》	45	0.90

　　为进一步探究国内新媒体语言研究领域高水平论文的发表情况，对来源期刊中的 CSSCI 期刊及其他核心期刊按照载文量进行排名（表 1-3）。前 10 名的期刊中，新闻传播类期刊占 6 种，语言文字类期刊占 4 种，新闻传播类与语言文字类期刊在我国新媒体语言研究的高水平期刊中占据绝对的主导地位。

表 1-3　1998～2020 年国内新媒体语言研究领域 CSSCI 期刊及其他核心期刊载文量前 10 种

序号	来源期刊	载文量/篇	占 CSSCI 期刊及其他核心期刊论文比例/%
1	《语文建设》	108	10.75
2	《青年记者》	59	5.87
3	《新闻爱好者》	31	3.08
4	《当代修辞学》	28	2.79
5	《语言文字应用》	26	2.59
6	《新闻战线》	25	2.49
7	《新闻界》	21	2.09
8	《现代传播（中国传媒大学学报）》	17	1.69
9	《外语电化教学》	16	1.59
10	《中国出版》	13	1.29

　　总体而言，新闻传播学和语言学对新媒体语言的关注度最高。无论是论文总

体分布情况还是高水平论文分布比例,均是新闻传播类与语言文字类期刊占主体。新闻传播类期刊以《青年记者》《新闻爱好者》《新闻战线》为代表,语言文字类期刊以《语文建设》《当代修辞学》《语言文字应用》为代表。除此之外,文学、教育学、社会学、政治学、经济学、计算机科学等学科也从不同的视角对新媒体语言展开研究,尽管相关期刊发表的文献较少,在总发文量上占比不高,但体现出新媒体语言研究跨学科的发展趋势。

1.1.4　作者和机构分析

1.1.4.1　作者分析

作者是研究主体,通过对新媒体语言研究领域的高产作者及其合作关系进行分析,可以了解该领域具有一定影响力的作者群体。对论文作者信息进行统计,剔除无作者信息的文献 0 篇,有效文献为 4988 篇,涉及作者 5416 位,其中 4666 位作者仅发表了 1 篇文章。根据文献计量学的洛特卡定律和普赖斯定律,当某领域中发文量为 1 篇的作者数占作者总数的比例低于 60%时,会形成核心作者群(邱均平,1988)。本书统计得出新媒体语言研究领域发文量为 1 篇的作者占作者总数的 86.15%,远高于 60%的比例,因此新媒体语言研究领域尚未形成核心作者群。本书在此仅列出发文量在 5 篇以上的作者,共 22 位(表 1-4)。

表 1-4　国内新媒体语言研究领域高产作者(前 22 位)

序号	作者	发文量/篇	序号	作者	发文量/篇
1	林纲	13	12	刘芳	7
2	曹进	13	13	张虹	7
3	傅轶飞	12	14	汪磊	7
4	黎昌友	12	15	王晶	7
5	毛向樱	11	16	王炎龙	7
6	周建民	9	17	钱轶群	7
7	宗志武	8	18	周敏	6
8	张静	8	19	周芬芬	6
9	张颖炜	8	20	安志伟	6
10	金志茹	8	21	李珂	6
11	高岩	8	22	王梦	6

新媒体语言研究的高产作者中，林纲和曹进分别以 13 篇的发文量并列第一，其余依次为傅轶飞、黎昌友和毛向樱，这五位作者的发文量均在 10 篇以上。林纲作为最早开始关注新媒体语言的学者之一，早在 2001 年便开始研究网络用语的特征，且一直对新媒体语言保持高度关注，近年来其研究兴趣主要在于从语用学角度对新媒体语言进行解读，例如运用顺应理论分析网络表情符号在网络交际中的语用功能、运用言语行为理论对政务微博语篇进行分类阐释。曹进、黎昌友和傅轶飞从 2010 年左右开始关注新媒体语言，曹进的主要研究方向是新媒体语言的符号学和语用学阐释，例如利用模因论分析网络语言的生成与传播、从符号学视角讨论网络语言的特点及变异性等。黎昌友主要研究网络语言对青少年教育的影响及对策，例如探讨网络流行语对大学生价值观的影响、网络语言影响下语文教学的策略等。傅轶飞的研究重点在于对英语网络语言的特征探讨、英汉网络语言的关系及异同的辨析。毛向樱是对新媒体语言关注较多的学者，其研究视角集中于网络语言暴力，对网络语言暴力的生成机制、相关影响及治理策略等问题展开了多角度的研究。

科研合作作为科学生产的一种重要形式，对促进研究领域科研水平的提高和跨越式发展具有重要意义。有学者指出，以成果共同署名的合作关系是科研合作的重要衡量标准（Price & Beaver，1966），其中，合作度及合作率是两个重要指标，合作度指单篇论文的平均作者数量，合作率指作者数大于等于 2 的论文数占全部论文的比例。本书统计发现，4988 篇新媒体语言研究论文共涉及 5416 位作者，由两位及以上作者合作完成的论文有 1294 篇，合作度为 1.09，合作率为 25.94%，这一数据表明新媒体语言研究领域的合作度与合作率都相对较低。经统计得出我国新媒体语言研究各年度论文合作情况，可以看到不同年份的合作水平并不相同（图 1-2）。为探讨新媒体语言研究合作水平的发展变化，本书结合论文数量将研究阶段划分为 1998~2009 年、2010~2014 年和 2015~2020 年三个时段，分别进行合作情况分析。

抽取各时段前 100 位高产作者的信息，利用 SATI 构建作者共现矩阵，将其导入 Ucinet 进行格式转换，再用 Pajek 分别绘制三个时段的作者合作关系网络。图中作者节点间的连线表示两个作者合作次数，作者节点的数据代表这个点的点度，节点的大小代表合作强度（张继洋和李宁，2012）。参照邱均平和李威（2012）提出的作者合作类型，本书将新媒体语言研究的作者合作关系网络分为双核模式、桥梁模式和完备模式。双核模式即两位作者合作的模式，1998~2009 年我国新媒

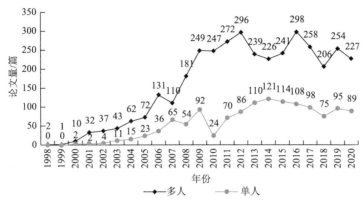

图 1-2 1998~2020 年我国新媒体语言研究领域作者合作情况

体语言研究均为双核模式（图 1-3）。桥梁模式中存在着多个合作者，但并不是每位作者之间都存在合作关系，只有一位作者是沟通桥梁的核心作者。2010~2014年已经出现了桥梁模式，曹进即为靳琰和张娜的中间人（图 1-4）。完备模式则是任意两位作者之间都存在合作关系，2010~2014 年的完备合作关系网络只有小型的 3 人合作团队，且团队成员间最多只有 2 次合作经历。2015~2020 年的完备合作网络已经扩展到 4 人合作团队，每两位成员间均有 3 次合作经历，合作关系更为紧密（图 1-5）。

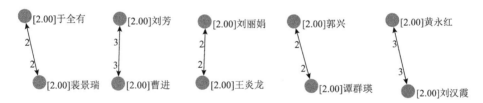

图 1-3 1998~2009 年国内新媒体语言研究领域高产作者合作关系网络

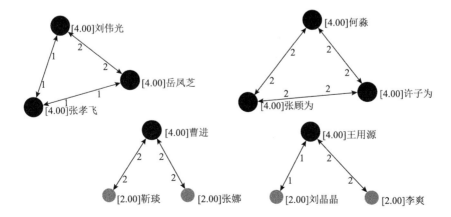

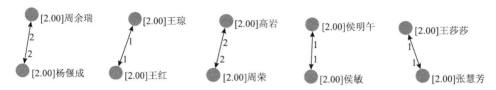

图1-4　2010～2014年国内新媒体语言研究领域高产作者合作关系网络

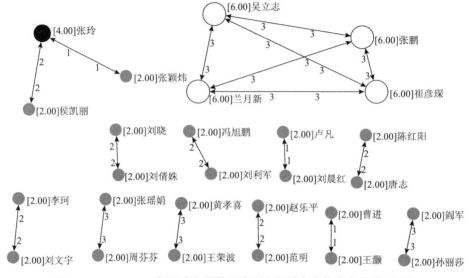

图1-5　2015～2020年国内新媒体语言研究领域高产作者合作关系网络

由此可见，我国新媒体语言研究的作者合作尚处于较低的水平，团队间的合作模式还在探索阶段，但近年来作者合作范围逐渐扩大，团队间的沟通联系也更为密切，该领域的交流合作还存在一定的发展空间。

1.1.4.2　机构分析

作者和机构之间存在从属关系，研究作者所属机构的分布情况，可以考察各科研机构对新媒体语言研究领域的关注程度。本书利用 SATI 提取作者所属机构信息，共涉及 3628 个科研机构，对论文发表量在 10 篇及以上的机构进行排名（表1-5）。发文量排名前三的科研机构分别为西北师范大学、四川大学和辽宁师范大学，其余依次是江苏师范大学、武汉大学、南京大学、中国传媒大学、吉林大学等，这些科研院校对新媒体语言关注度较高。发文量在前 18 名的科研机构中，综合性大学共 9 所、师范类院校共 7 所、语言类大学 1 所、民族院校 1 所；从具体院系来看，包含 11 个文学院、6 个外国语学院和 2 个新闻与传播学院。综合而言，我国新媒体语言研究的科研机构的构成以综合性大学和师范类院校的文学院、外国语学院、新闻与传播学院为主，这表明语言学和新闻与传播专业的学者对新媒体语言最为关注，是该领域的研究主力。

表 1-5　1998～2020 年国内新媒体语言研究领域高产科研机构（前 18 名）

序号	机构	发文量/篇	序号	机构	发文量/篇
1	西北师范大学	41	10	陕西师范大学	14
2	四川大学	37	11	安徽大学	13
3	辽宁师范大学	31	12	上海大学	12
4	江苏师范大学	25	13	中南民族大学	12
5	武汉大学	24	14	北华大学	12
6	南京大学	22	15	黑龙江大学	12
7	中国传媒大学	22	16	吉林师范大学	11
8	吉林大学	21	17	沈阳师范大学	11
9	华中师范大学	14	18	渤海大学	10

科研机构合作可以发挥各自的学科优势，使研究的广度和深度都得以拓展，本书对机构合作情况进行了合作水平及合作社会网络分析。根据统计结果，在具有有效信息的 4988 篇文献中，由多所科研机构合作完成的文献共有 504 篇，合作率为 10.10%，合作度为 0.73，远低于作者合作率与合作度。可以看出，新媒体语言研究领域的合作多为同一机构内作者之间的合作。利用 SATI 软件，按照前文中作者合作分析所划分的三个时段，分别抽取发文量在前 100 名的高产科研机构，建立机构共现矩阵并将其导入 Ucinet 中进行格式转换，再利用 Pajek 绘制不同阶段的机构合作网络关系知识图谱（图 1-6）。

我国新媒体语言研究领域科研机构间的合作呈现以下两大特点。

（1）从合作水平来看，我国新媒体语言研究领域科研机构合作水平较低。机构之间合作次数少，合作规模较小，且以双核模式（即两所科研机构间的合作）为主，高产机构中尚未形成成熟且有影响力的科研合作团体。

（2）从地域分布来看，科研机构的合作以内部合作和就近合作为主。内部合作表现在同属一所高校的不同专业的学院或研究中心进行合作，如河北大学的文学院和国际交流与教育学院的合作。就近合作表现在不同高校和研究院之间的合作多为同一地区内的合作，如南京大学和南京林业大学、南京审计大学之间的合作，中国传媒大学和清华大学的合作。

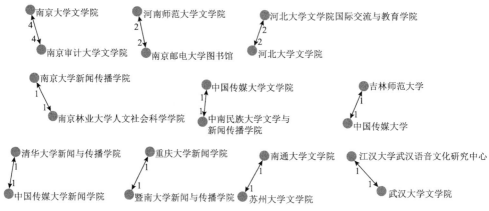

图 1-6　国内新媒体语言研究领域高产科研机构合作关系网络

1.1.5　研究热点主题及发展趋势

1.1.5.1　研究热点主题分析

关键词是作者对一篇文章核心内容的高度概括，高频关键词可在一定程度上反映研究领域的研究热点。利用 SATI 软件进行关键词提取和同一合并，共提取有效关键词 18 126 个，排名前 50 的高频关键词反映出 20 多年来国内新媒体语言研究领域的热点主题（表 1-6）。略去网络语言、网络等关键词，流行语、语言规范、语言特点、影响、模因论等排名位于前列，这些关键词与新媒体语言的特点、影响、规范策略和传播机制等密切相关，体现出学界对有关课题的高度关注。

表 1-6　1998～2020 年国内新媒体语言研究高频词（前 50 位）

序号	关键词	频次	序号	关键词	频次	序号	关键词	频次
1	网络语言	2266	11	网络用语	95	21	微信	66
2	流行语	384	12	模因	90	22	网络词汇	66
3	语言规范	316	13	网络语言暴力	88	23	变异	64
4	语言特点	282	14	网络词语	84	24	网络新词	63
5	影响	215	15	社会语言学	80	25	类型	62
6	微博	185	16	网民	77	26	现代汉语	60
7	网络	175	17	语言变异	71	27	修辞	59
8	新媒体	146	18	隐喻	71	28	对策	59
9	大学生	108	19	语用	69	29	网络交际	54
10	模因论	108	20	传播	67	30	汉语言文学	52

续表

序号	关键词	频次	序号	关键词	频次	序号	关键词	频次
31	成因	51	38	发展	45	45	汉语	41
32	符号	51	39	火星文	45	46	语言特征	41
33	认知	50	40	语文教学	45	47	谐音	39
34	青少年	50	41	原因	43	48	语境	38
35	情感分析	48	42	网络文化	43	49	互联网	37
36	新闻语言	48	43	表情符号	43	50	词汇	37
37	网络热词	47	44	语码转换	42			

　　Callon 等（1986）提出关键词共现分析法，关键词共现所构建的主题关联网络能够通过聚类对某一研究领域进行主题类别划分。本书利用 VOSviewer 软件生成关键词聚类网络图，图中关键词由节点表示，关键词出现频次越多则节点越大，节点之间的连线表示相连的关键词在同一篇文献中存在共现关系，不同的主题社区以不同的颜色表示，VOSviewer 共生成 10 个聚类（图 1-7）。通过对高频关键词的进一步分析，这 10 个聚类可以归结为七大主题社区（因本书为黑白印刷，无法体现色彩差异，图中将不同的主题社区圈出来加以标注），基本代表了我国新媒体语言研究领域的热点主题。

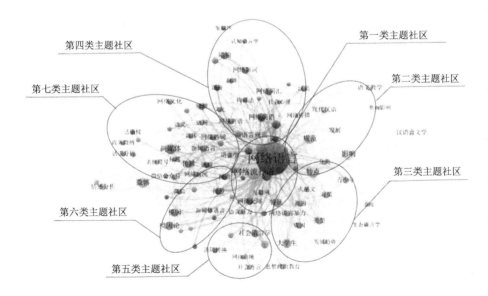

图 1-7　1998～2020 年国内新媒体语言研究关键词聚类网络

第一类主题社区为新媒体语言的成因、特征和类型研究，是学界较早开始关注的问题。新媒体语言产生初期被称为网络语言，网络语言的生成涉及多种因素，王秋艳（2019）认为网络语言的形成和发展与其自身特点、传播价值和使用者的心理需求密切相关。张云辉（2007）从词法、词汇、句法、符号等方面总结了网络语言的特征。赵华伦（2006）认为，网络语言是一种介于口语和书面语之间的语体类型，具有新颖、简洁、追求修辞效果等特点。黎昌友（2007）将网络语言总结为旧词改造型、外来型、缩略型、数字型、图形符号型、字母数字兼用型、字母符号兼用型、字母数字汉字兼用型等多种类型。

第二类主题社区是网络语言对现代汉语及语文教学影响的研究。学者们认为，网络语言作为一种新的语言现象，不仅丰富了现代汉语词汇，也带来了许多负面影响。闪雄（2000）认为网络语言会破坏汉语的纯洁性。李军（2002）认为网络语言的影响是双方面的，给现代汉语带来冲击的同时，也能丰富现代汉语，推动语言的发展。在语文教学方面，彭巧燕和贺方春（2007）等认为现代汉语教学应积极引导、教育学生树立正确的语言文字运用观。

第三类主题社区是网络语言对大学生的影响及治理策略研究。学者们研究的重点在于网络语言暴力以及思想政治教育。刘文宇和李珂（2017）从批评性话语分析视角对网络语言暴力的文本或语篇进行研究，揭示个体或群体的冲突。毕亮（2018）认为应该充分利用网络流行语的影响力，更新高校网络思想政治教育的话语体系。针对新媒体语言带来的种种影响，唐海龙（2017）认为应坚持"引导性""动态性""容忍性"等原则，从多个层面着手对新媒体语言进行有效规范。

第四类主题社区是认知语言学视角的新媒体语言研究。利用认知语言学理论对具体的网络新词的构词法及其体现的社会心理进行解读是一个热点方向，如刘志芳（2015）对"学×"类网络新词的构成和语义进行分析，并运用隐喻、转喻等理论对其产生的认知机制进行阐述，进而从社会心理等方面探讨其流行的多重因素。陈颖和李金平（2020）运用认知语言学的原型理论、意象图式理论、隐喻和转喻理论分析"刷"的衍生义与原型义之间的理据性。

第五类主题社区是社会语言学视角的新媒体语言研究。吴东英等（2016）从变异社会语言学和互动社会语言学两个方向，对近十年国内外的新媒体社会语言学研究进行了总结，变异社会语言学研究将新媒体语言视为新兴语言变体，着重于分析其语音、词汇、语法、书写、文体等方面的特征；互动社会语言学则从交际视角考察言语行为、面子与礼貌、身份构建等问题，提出需要加强汉语新媒体话语现象与多模态研究。王宇波和李向农（2017）基于 100 万篇博客文本的主题分类发现，新媒体中两性高频话题优先序列不同于日常语言生活，两性话题具有聚类相似性，两性话题量存在显著性差异，女性话题的优先序列稳定性较强，男性话题的优先序列的波动幅度较大。

第六类主题社区是基于模因论视角的新媒体语言传播研究。曹进和靳琰（2016）利用语料库数据对网络语言进行分析，研究表明"强势模因"在网络语言的流行和传播方面具有重要作用，语言模因是网络语言生产、演变和传播的主要力量。利用模因论对具体流行语的传播进行阐释也是热点主题，如王晓燕和刘富华（2015）对一些强势模因例子的生成机制、模因变体和流行动因展开了讨论。

第七类主题社区是微博、微信等近年来兴起的社交媒体语言研究。微信语言研究主要集中于对语言特点的探讨，尤其是微信公众号推送的网络新闻的标题特征，如李少丹（2015）指出微信标题语言具有随意性、风趣性、新颖性的修辞特征，但也存在修辞过度的现象；何凌南等（2016）认为微信公众号应在语言风格上做到有节制地网络化表达。微博语言是近年来的热门研究方向，跨学科研究倾向明显，情感分析、情感词典等是重要研究内容，陈铁明等（2016）将微博表情符号和情感词汇等显性特征和内容语义等隐性特征进行融合，得到凝聚式情感聚类方法；杨佳能等（2014）构建表情符号情感词典及网络用语情感词典，在此基础上对微博文本进行依存句法分析，研究证明这种方法有助于提升微博文本情感分类的准确性。

1.1.5.2 研究发展趋势分析

突现词是指在较短时间内突然出现或出现频次明显增加的词语，对文献进行突现词检索，分析突现词的时间分布，可以较为直观地了解该领域的研究前沿主题以及发展趋势。利用 CiteSpace 软件提供的突现词探测功能，分析得出 1998～2020 年我国新媒体语言研究领域的前 25 个突现词（图 1-8）。图中 Year 代表数据开始搜集的年份；Strength 为突现率，代表关键词的突现强度，突现强度越高，提示关键词影响力越大，是该时间跨度内该领域研究的热点；Begin 和 End 分别为开始突现的时间和突现结束的时间。

1998～2004 年，我国新媒体语言研究处于萌芽阶段，突现词有"网民""符号""网语""网络""规范""特点"，面对新生事物的冲击，学界研究着重于网络语言概念的界定、语言特征的分析和规范策略的探讨。

Top 25 Keywords with the Strongest Citation Bursts

Keywords	Year	Strength	Begin	End	1998~2020
网民	1998	10.55	**2000**	2010	
符号	1998	8.2	**2000**	2008	
网语	1998	8.4	**2001**	2011	
网络	1998	7.05	**2002**	2008	
规范	1998	9.12	**2004**	2008	
特点	1998	5.96	**2004**	2008	
修辞	1998	6.92	**2005**	2010	
网络英语	1998	6.66	**2006**	2010	
火星文	1998	12.16	**2008**	2011	
网络新词	1998	9.84	**2009**	2012	
模因论	1998	10.56	**2010**	2013	
给力	1998	8.06	**2010**	2012	
微博	1998	17.39	**2012**	2016	
思想政治教育	1998	6.19	**2012**	2017	
大学生	1998	8.43	**2013**	2018	
微信	1998	8.13	**2014**	2020	
情感词典	1998	7.86	**2014**	2020	
情感分析	1998	7.29	**2014**	2020	
新媒体	1998	42.81	**2016**	2020	
汉语言文学	1998	19.73	**2016**	2020	
新媒体语言	1998	10.43	**2016**	2020	
网络语言暴力	1998	7.91	**2016**	2018	
微信公众号	1998	12.94	**2017**	2020	
新时代	1998	6.67	**2017**	2020	
新闻标题	1998	6.81	**2018**	2020	

图 1-8　1998~2020 年国内新媒体语言研究领域突现词

2005~2010 年，突现词有"修辞""网络英语""火星文""网络新词""模因论""给力"，新媒体语言研究进入对具体的网络词语、句式的研究阶段，"火星文""给力"均为此时期流行的网络新语，学界对其产生原因、构词方法、传播机制等进行了多角度的研究。

2011~2015 年，突现词有"微博""思想政治教育""大学生""微信""情感词典""情感分析"。微博和微信这两大社交媒体的出现对新媒体的发展产生了重要影响，语言的创新性特征更加明显，大大丰富了新媒体语言研究。学界也开始关注网络语言对大学生的影响，探讨网络语境下加强青少年思想政治教育的策略。"情感词典""情感分析"从 2014 年开始延续至 2020 年，表明利用自然语言处理技术对新媒体语言进行处理与分析成为该领域具有影响力的前沿方向。

2016～2020 年，突现词有"新媒体""汉语言文学""新媒体语言""网络语言暴力""微信公众号""新时代""新闻标题"。其中"新媒体"这一关键词的突现强度高达 42.81，在所有突现词中强度最高，"新媒体语言"也已成为一个成熟的概念。新媒体环境下汉语言文学发展困境、网络语言暴力现象成为研究热点。微博、微信、微视频等新型社交媒体对传统媒体产生巨大冲击，新闻"标题党"的现象凸显，学界对新时代下传统媒体及新型媒体的新闻标题特点展开了多角度的研究。

整体而言，1998～2020 年我国新媒体语言研究的热点话题从萌芽阶段对概念特点的分析演变为发展时期对具体语式的阐释、对新媒体语言相关影响和规范策略的探讨，近年来研究视角进一步拓宽，除语言学和传播学外，文学、计算机技术等学科也参与到相关研究中，呈现出多学科交叉融合的特点。

1.1.6 小结

采用文献计量学和数据可视化方法对我国 20 余年新媒体语言研究文献的时间分布、期刊分布、作者和机构的产出合作以及热点前沿方向进行定量与定性的分析，得出以下结论。

1998～2020 年，我国新媒体语言研究大致经历了四个阶段，近年来研究走向多元。新媒体语言研究文献的来源期刊主要为新闻传播类和语言文字类，其中《青年记者》《语文建设》等期刊是新媒体语言研究领域较有影响力的知识载体。除此之外，文学、教育学、计算机科学等领域的期刊也有一定的载文量，体现出多种学科对新媒体语言的关注。新媒体语言研究领域尚未形成较有影响力的核心作者群，高产作者也较少；新媒体语言研究的科研机构以综合类、师范类高校的文学院、外国语学院和新闻与传播学院为主，其中西北师范大学外国语学院和四川大学文学与新闻学院是代表性的高产机构。新媒体语言研究的作者合作和机构合作水平整体较低，还有很大的提升空间。新媒体语言研究热点可划分为七大主题社区，研究者从社会语言学、认知语言学、传播学等视角对新媒体语言的概念、特点、影响、传播和规范等主题进行了多方面的研究。新媒体语言的前沿话题随着新媒体的发展和相关理论的完善不断演变，研究视角不断拓宽，文学、教育学、计算机科学等学科为新媒体语言研究带来了新的研究方法和思维模式。近年来，新媒体语言研究呈现出明显的多学科交叉特点。

从以上结论可见,我国新媒体语言研究在 20 余年中取得了相当丰硕的研究成果,但在一些方面有待进一步深入。在研究模式上,新媒体语言的合作研究尚处于较低的发展水平,作者合作和机构合作的合作度与合作率整体较低,学界还未形成具有影响力的核心合作团队,不利于知识的交流与共享。在研究内容上,新媒体语言研究多为描述性研究,对新媒体语言现象、语言特征、影响和规范的研究占比较大,应用性论文相对较少,利用自然语言处理技术进行微博语言情感分析等的应用研究近年来才兴起,还有很大的发展空间。在研究方法上,大规模的实证研究较少,可借鉴跨学科的研究方法,利用计算机科学、统计学、传播学、社会学等多学科的研究方法推动新媒体语言研究不断深入。

1.2　新媒体意见领袖话语传播研究现状分析

近年来,西方关于新媒体意见领袖的专业化、科学化的研究越来越成熟,国内学者也在不断开拓新的研究路径。本书通过分析发现,国内外有关新媒体意见领袖的研究主要集中在社交媒体话语传播体系、新媒体意见领袖话语传播模式、新媒体意见领袖的识别及特征、传统意见领袖和新媒体意见领袖话语、新媒体意见领袖在政治活动中的表现,以及新媒体意见领袖引发的危机等六个方面,在主题、重点、手段、目标上各有异同。要在新媒体意见领袖话语传播的研究上取得更有价值的成果,应借鉴国外前沿研究成果和方法。

1.2.1　新媒体意见领袖的类型

"意见领袖"最早由 Lazarsfeld 等(1944)提出,是指在团队中构成信息和影响的重要来源,并能左右多数人态度倾向的少数人。意见领袖不一定是社会团体的正式领袖,但因其往往消息灵通或有一定人际关系能力获得大家认可从而成为群众或公众的意见领袖。家庭成员、朋友、同事中消息灵通的权威人士常常充当意见领袖。就目前的互联网环境来看,传统意义上的意见领袖已经发生了变化,网络空间的意见领袖实际上是在互联网平台上就某话题发表见解,分享信息,并有相对稳定的普通受众和粉丝群体。网络环境中的意见领袖已经不单纯是媒体和受众的中介,尤其是新媒体意见领袖,已经表现出多元化特征。陈然和莫茜(2011)根据个人影响力的持续时间,将网络意见领袖划分为两类:事件型网络意见领袖、群体型网络意见领袖。东野寒冰(2017)将微博网络"大 V"

划分为三类：某领域领军人物、草根意见领袖、企事业单位的官方微博。周晶晶（2019）将网络意见领袖分为四类。本书根据新媒体的最新发展，将意见领袖分为以下五类。

1.2.1.1 公众人物类

公众人物类意见领袖是指在现实生活中已经拥有一定的社会影响力的人物，通常是在一定范围内或某个行业领域中具有较高的社会知名度、为人们所广泛知晓和关注的杰出人物，如有名的企业家、科学家等。公众人物大体可分为三类：第一类是在党政部门担任公职的人员，比如某些机构或部门的领导等；第二类是自愿的公众人物，比如影视名人、知名歌手、体育名人、各类网络红人等；第三类是非自愿的公众人物，比如因某些事件偶然被公众所知晓的人等。当这些公众人物在互联网上运营新媒体账号时，能迅速吸引庞大的粉丝群体，很容易成为舆论话题的直接生产者和传播者。比如，某电器公司董事长兼总裁多次语出惊人，成为舆论关注的焦点，占据各大新闻网站的头条。

1.2.1.2 行业领域类

行业领域类意见领袖是指在某领域具有丰富的专业知识，或者一定的经验积累的人物，他们的受众群体一般以该领域的兴趣爱好者或者从业者居多。行业领域类意见领袖在微博、知乎上的表现十分突出，一些用户在媒体平台上进行行业知识分享，逐渐积累粉丝，如果其粉丝群体足够庞大，其可能转变成为第一类别的公众人物类意见领袖。如微博平台上的脱口秀翻译者"@谷大白话"，从 2011 年初开始听译美国《深夜秀》脱口秀节目，并在微博上发布，其因秉持把英语口语中国本土化的翻译理念，用汉语口语对应英语口语，广受网友好评，被称为"俚语字幕组大神"。"@谷大白话"在网上有很大的影响力，2023 年初已有 1300 多万微博粉丝，其微信公众号文章阅读量动辄 10 万+，有不少翻译成了网络流行词，如"垂头 sulky、叶公好 long、瓢 pour 大雨、liar 俐齿、势如PO 主、勤能 boob job"。微信公众号"罗辑思维"粉丝量甚至突破千万，作为知识服务商和运营商，罗辑思维包括微信公众订阅号、知识类脱口秀视频节目《罗辑思维》、知识服务 APP"得到"。从 2012 年开播，到 2017 年 3 月宣布周视频停更，《罗辑思维》长视频脱口秀已累计播出了 200 余集，在优酷、喜马拉雅等平台播放量超过 10 亿次，在互联网经济、创业创新、社会历史等领域制造了大量现象级话题。

1.2.1.3　自媒体属性类

自媒体属性类意见领袖源于一般网络用户，他们倾向于针对社会热点和焦点问题发言，以评论性的文章为主。这类自媒体的言论具有感染力和号召力，可以迅速积累大量的读者群体，巩固其意见领袖地位，如微信公众号"占豪""思维补丁"等。"占豪"公众号简介为"国际局势·财经投资·国学哲学｜连续 6 年新媒体百大人物/自媒体表现大奖/受中国企业关注的自媒体账号｜我们一起同行，我们一起进步！"截至 2021 年 6 月 13 日原创文章有 5417 篇。乐了于 2018 年对占豪文章的相关数据统计分析后发现，阅读量超过十万的文章比例高达 80.00%，且平均阅读量为 695 612 次/篇，全部文章平均阅读量也高达 92 913 次/篇，文章的平均点赞数达到了 7963 次，甚至有 10 篇文章的单篇点赞数超过十万[①]。这些数据表明占豪是一个极具影响力的自媒体意见领袖。

1.2.1.4　政务新媒体类

政府职能部门的官方账号从 2013 年的政务微博兴起，这类官方账号不承担媒体职能，以官方账号的形式面向社会公众。通常是党政机关、承担行政职能的事业单位及其内设机构在微博、微信等第三方平台上开设的政务账号等，也包括自行开发建设的移动客户端等。这些政务新媒体意见领袖能够很快在网络上收获关注度，并在一些具体的舆论事件中扮演网络意见领袖的角色。微博、微信、知乎、抖音、哔哩哔哩（简称 B 站）等，都能搜索到政务新媒体账号，例如微博上的"@中国警方在线""@中国长安网""@共青团中央"，抖音平台上的"武汉公安"等官方账号，B 站上的"共青团中央"等都属于非媒体性质的政务新媒体意见领袖。

1.2.1.5　传统媒体转型类

近年来，传统媒体正努力通过新媒体转型成为新媒体意见领袖，如抖音平台的"人民日报""央视新闻"，粉丝量早已过亿。吴瑛等（2016）认为，传统媒体、政治人物、学者律师等都可成为意见领袖，媒体话语引导微博空间，成为最强意见领袖，媒体包括传统媒体、传统媒体网站及其客户端。该文通过使用

① 乐了. 公众号数据分析系列之——占豪. (2018-11-28) . https://zhuanlan.zhihu.com/p/51014382.

PageRank 指数，发现传统媒体品牌在排名前 20 位中占了 9 席，尤其是《人民日报》、凤凰网、央视新闻、《南方都市报》排在前 6 位。

1.2.2 中西方研究现状及成果

关于社交媒体最早的研究可以追溯到 1997 年，在网络社交媒体出现的最初阶段，相关文章只是偏向于事实性描述。2000 年以后，西方针对网络社交媒体的学术性研究正式兴起，比如 McCreary 等（2001）、Coget 等（2002）将社交媒体和具体的社会现象进行联系，提出了一些对社会有推动作用、正面影响的建议。随着 Facebook（2004 年创立）、Twitter（2006 年创立）的风行以及 Web 2.0 时代的到来，西方学者在以往研究的基础上对新兴的新媒体意见领袖进行了更有针对性的研究。2010 年之后，西方关于新媒体意见领袖的专业化、科学化的研究越来越成熟。

我国最早的社交媒体可以追溯到 1999 年 5 月出现的 ChinaRen。1997 年，以帖子为核心结构组织方式的论坛——"猫扑"诞生。2009 年，新浪微博（简称微博）正式上线，比 Facebook 起步晚了近 5 年，比 Twitter 晚了 3 年。由于起步晚，我国学者在对新媒体及其意见领袖的研究方面也相对滞后，早期的研究多为现象的简单描述，如王翠荣（2010）等。近年来，我国学者已经取得了较为丰硕的研究成果，并在不断开拓新的研究路径。深入开展这方面的研究必须建立在对中西研究有相当了解的基础上，找出双方研究的异同点、优劣势，对此领域现存的问题进行深刻的思考，才能找到我国新媒体意见领袖话语传播研究的前路。

本书将分析国外 SSCI 数据库和国内 CSSCI 期刊及其他核心期刊收录的中西方关于新媒体意见领袖话语传播的 100 余篇研究成果，试图回答以下问题：近年来，中西方都从哪些方面取得了什么研究成果？中西研究的异同有哪些？我国研究的优劣势分别是什么？今后，该如何在借鉴国外研究成果的基础上发挥自己的优势，在新媒体意见领袖话语传播的研究上取得更有价值的成果？以下将从六个方面进行探讨。

1.2.2.1 社交媒体话语传播体系

随着全球范围内社交媒体平台的流行，中西方学者对于社交媒体的话语传播体系进行了深入的研究。近年来，西方学者构建了只存在"意见领袖"和"普通成员"两种角色的"核心-边缘"微博社区结构，很好地描述了微博平台中的小世界和自由规模特征。同时，在社交媒体话语传播体系方面的研究中，文本分析、网络调查、深度采访、组间对比实验、心理授权量表等方式得到了广泛应用，该研究的科学化和跨学科性特征非常明显。我国的相关研究则更侧重于发生在新媒体平台上的具体事件，早期有夏学英和刘永谋（2006）研究的 BBS 话语权力结构特征，表明了传统科层制的话语权力中心在虚拟社区中被消解，话语权力呈现离散状态。近两年，国内学者研究的重点转移到微博、微信和短视频平台，有研究指出以微博为代表的新媒体平台已成为揭露社会问题的重要渠道，可以不间断地关注此类问题，对改善民生有着重要作用。

1.2.2.2　新媒体意见领袖话语传播模式

在西方，对于新媒体意见领袖话语传播模式研究的实验性和科学性较强，例如，Ko 等（2013）通过调查新媒体意见领袖语料，搭建了一个网络 HIV（人类免疫缺陷病毒）预防咨询平台，表明新媒体意见领袖话语能使人们趋向于选择安全套等保护方式，但不能有效地减少同性恋性伴侣的数量。其他西方学者或建立算法框架并进行统计学的分析验证，或通过网上调查验证了一些意见领袖的行为和信息效用发生关联的假设，辨识出意见领袖介入信息效用从而影响信息分享的渠道。

我国学者近年也从理论角度对新媒体意见领袖话语传播模式进行了一些研究，但多借鉴西方理论，自身的理论建构和发展比较薄弱。不少学者阐述了意见领袖作为二级传播的核心概念，指出了意见领袖的三种话语策略组合类型。另外，国内学者也致力于对中外新媒体意见领袖话语传播模式进行对比研究。例如闫岩和詹妮弗·格雷尔（2014）从跨文化层面对比分析 Twitter 和微博意见领袖的组成特征和活动特点，结果显示双方的共性大于差异性。在两级传播方面，微博意见领袖扮演了积极的信息中介者的角色；在议程设置方面，议程话题体现出媒体议程和人际互动相结合的双重特征。

此外，大多数国内学者更擅于从具体的社会事件出发，以分析梳理的方式来研究新媒体意见领袖的话语传播模式。比如借"汶川地震""南京梧桐树"等事件，分析事件在网上掀起舆论风波的整个过程，或将事件发展分期，或分析新媒体意见领袖的构成，或研究意见领袖们的话语表达策略，在一定意义上对新媒体意见领袖话语传播模式的部分特征进行了揭示，但由于缺乏全面的科学假设与验证，这些研究对传播模式的整体把握明显不足。

1.2.2.3 新媒体意见领袖的识别及特征

西方学者在新媒体意见领袖的技术识别上做得较好。有的学者对一些针对某些专门活动的社交网站（如在线旅行者互动网站、教育类论坛）进行调查，研究得出这类平台上新媒体意见领袖的特征，并以此构建了意见领袖识别框架。也有学者力图设计识别意见领袖的步骤和方案，比如 Deng 等（2013）利用在微博上抓取的数据，形成了节点中心性的可视图，依据中介中心度、点度中心度、接近中心度等衡量标准识别意见领袖。除此之外，西方学者对于识别算法和相关软件的探讨也很多，例如层次分析法（Analytic Hierarchy Process，AHP）、PageRank 算法、动态观念等级算法（Dynamic Opinion Rank Algorithm，DORA）都曾得到深入的研究和有针对性的改进；一些学者分析评述了统计分析新媒体意见领袖的数据及影响力的工具（比如 Klout——用以衡量线上社交影响力、Peer Index——可通过追踪网络活动来计算用户影响力和创造社交资本的能力）。值得一提的是，在部分计算中，情感计算被纳入考虑范围，并且被赋予了适当的权重。

相比较而言，国内研究虽然也有一些算法上的研究，但更多的还是倾向于从文本分析出发，总结新媒体意见领袖的话语传播等特征。比如刘志明和刘鲁（2011）从用户活跃度和影响力两个角度考虑，构建了微博意见领袖指标体系，使用了层次分析法和粗糙集决策分析理论，该研究还表明意见领袖是主题依赖的，只有很少用户可以在不同主题中同时成为意见领袖，这与 Li 等（2013）的研究结论相似。还有一些国内学者或利用相关统计方法分析文字、超链接、图片、颜文字等数据指标，挖掘公众人物类意见领袖的话语使用特点，或指出新媒体意见领袖的话语角色身份并阐述其伦理责任。可以说，在特征分析上国内研究做得较好，但涉及识别和算法方面，就明显落后于西方。

1.2.2.4 传统意见领袖和新媒体意见领袖话语

中西方学者对传统意见领袖和新媒体意见领袖话语的异同性皆有所关注。在西方，不少学者对传统的"三级传播理论"（Three-Step Flow of Communication）与新媒体传播研究进行了结合，对相关理论提出了相应的修改和补充意见。比如，Hung 和 Calderón（2011）认为新媒体传播网络巩固了 Jensen（2010）提出的网络传播、大众传播和人际传播的三重维度，Hung 和 Calderón（2013）修改了之前的观点，认为"三级传播理论"只是部分有效，网络时代只是给一些曾经的传统意见领袖提供了更多展示他们个性化信息的机会，而非在社会层面上促进了新的新媒体意见领袖阶层的兴起。Alexandre 等（2022）调查了唐纳德·特朗普（Donald Trump）执政第一个月期间 Twitter 上的意见领袖，收集了 300 万条 Twitter 的历史数据集，使用一种概率算法模型从普通用户和意见领袖中提取主题，研究发现，大多数基于 Twitter 的意见领袖要么是具有左翼偏见的媒体或记者，要么是机器人。此外，还有部分学者研究表明，使用网络对传统意见领袖的自我效能有一定的促进作用，而看电视并无明显的正面影响。

对比之下不难发现，国内学者对于传统意见领袖和新媒体意见领袖的对比研究大多建立在我国国情上。有学者认为微博对传统修辞权威进行了解构，以单一的言语行为激起无数言后行为，因此读者对于作者的话语权力实现了逆转。基于我国深厚的"士文化"，庄永亮（2014）从中国思想史的角度入手，着重分析了从传统中国的士人阶层到近代中国的报人群体，再到当下传媒意见领袖之间的精神延续，表明了家国意识和公共责任感是传统媒体和新媒体意见领袖共同的内在精神支撑。由此可以看出，由于国内学界在传统上就缺乏关于意见领袖的研究，因此比起西方对其传播理论的结合与发展，国内研究相对缺乏传播学、语言学、社会学的理论基础和研究意识。

1.2.2.5　新媒体意见领袖在政治活动中的表现

鉴于国情差别，西方学者对政治活动中的新媒体意见领袖研究较多。比如，Park（2013）依据使用与满足理论，结合意见领袖使用 Twitter 的频率，通过回归分析得出，Twitter 使用频率高的新媒体意见领袖的信息搜寻动机和公众表达度将成为政治谈话和政治活动的重要预测因素。再比如，Gökçe 等（2014）在一个关于土耳其政治意见的项目中收集了一些 Twitter 数据，绘制了 1000 多万名用户的社交网络图，并确定了其中的意见领袖，探究了土耳其的政治言论是如何形成的，新媒体意见领袖们又是如何利用各式策略来扩散他们观点的。此外，也有西方学者通过他们特有的大选事件研究意见领袖的职业、地区、用户中心性的关联，或者通过问卷调查表明，在 Web 2.0 时代，政治行动者们的受众集中于新媒体意见领袖的大军中。虽然由于政体和国情差异，国内研究不涉及大选这类内容，但西方的很多跨学科研究方法等值得借鉴。

1.2.2.6　新媒体意见领袖引发的危机

新媒体意见领袖的兴起利弊并存，所以无论是国外学者还是国内学者，对于这类现象已经或者可能引发的危机都有深刻的思考。对比发现,西方学者在此方面关注的是新媒体意见领袖对于现实的意义;国内学者主要担忧的是新媒体意见领袖在话语传播过程中可能涉及违规和违法行为,以及发布不实、不负责信息误导大众,扰乱公共秩序和引发网络舆情。

比如西方学者 Nisbet 和 Kotcher(2009)就指出,如果不回归现实效应,那么新媒体意见领袖也是无力的。Campus(2012)也认为线下的交流远远重于线上的交流,因此,网络世界中的意见领袖的有效度仍需考量。很多博客的博主表示,他们使用博客,更多的是为了满足自己的表达诉求,而非与他人沟通。这一结论与当时智能手机还未全面覆盖公众生活有关,随着智能手机越来越普及以及移动互联网的快速发展,这种状况已经发生了变化。总之,相较于国内学者更多的对新媒体意见领袖扰乱公共秩序、影响社会安定的忧虑,西方学者考虑更多的则是现实利益削减的危机。

我国很多学者指出了新媒体意见领袖引发的一系列问题,如假消息泛滥、谣言引起社会混乱、人文精神派学者的归隐状态、微博的自我封闭性和集群性等。晋国群(2015)则指出了网络话语权的公众参与状况:其一,责任意识淡薄,容易形成畸形舆论;其二,表达中自主性的迷失容易导致舆论危机。对于未来的隐患,不少学者也进行了分析和预测。在新媒体环境下,个体很容易受到"沉默的螺旋"机制的共同支配,被意见领袖裹挟,新媒体意见领袖也极有可能为了迎合公众而没有提供真实的和有价值的信息。

1.2.3 中西方研究异同

1.2.3.1 研究主题异同

从研究的主题来看,中西方学者在社交媒体话语传播体系、新媒体意见领袖话语传播模式、新媒体意见领袖的识别及特征、传统意见领袖和新媒体意见领袖话语、新媒体意见领袖引发的危机这五个方面都有相当丰富的研究。但是,关于新媒体意见领袖在政治活动中的表现,国外学者的案例分析、理论构建众多,这源于中西政体、国情的差别。西方学者偏重关于政治案例的研究,比如选举投票、党派之争,国内学者更多关注的是社会热点现象中新媒体意见领袖的表现及其话语传播特征。

1.2.3.2 研究重点异同

中西方研究主题的共同落脚点是新媒体话语权力和决定新媒体意见领袖影响力的因素。但是，西方研究偏重于将硬性指标作为证据，国内学者更多地通过深层原因来解构话语影响力，分析得出一系列决定因素。比如 Oeldorf 和 Sundar（2015）通过 3×2×2 的组间对比实验，利用心理授权量表等一系列测定方法得出，Facebook 中一些社交心理吸引力比个人功能的心理吸引力更重要，而涂鸦墙、点赞、@（艾特）①、评论四个要素对提升参与度至关重要。国内学者丁汉青和王亚萍（2010）通过跟踪不同话题发现了新媒体意见领袖话语的传播特点，认为其意见的扩散呈现"长尾"状，其影响力并不是持续的，而是有短时间的高潮阶段，这个高潮阶段一般出现在话题发布初期。

1.2.3.3 研究手段异同

在网络舆情中新媒体意见领袖的识别及特征方面，国外学者研究在技术层面要领先于国内学者，这与其跨学科协同攻关研究密不可分。要识别新媒体意见领袖，不但要从语言学、传播学、社会学的角度进行方法构建，更离不开计算机科学、统计学等学科方法。西方学者使用 Klou、Peer Index、AHP 和 PageRank 算法、节点中心性算法、动态观念等级算法等技术手段，对意见领袖的识别和特征进行了相当深入的跨学科研究。受传统学术理念和文理分科的影响，我国学者更多地进行剖析、阐释、梳理和总结，刘锐（2011）探究了积聚性、集权性、圈群化、跨界化、亲和力等微博意见领袖特征。当然，近年国内学者也逐步有了跨学科研究的思维，将计算机科学和数学等学科知识应用到新媒体意见领袖的识别及特征研究中，樊兴华等（2013）指出了影响力扩散模型（Influence Diffusion Model，IDM）存在的缺陷，创建影响力扩散概率模型（Influence Diffusion Probability Model，IDPM），以筛选新媒体意见领袖，在相同兴趣空间定义单个关键词语传播概率影响力，在用户影响力计算时给予每个帖子一个影响因子，使模型具有开放性和包容性的特点。李富健（2015）依据区间直觉模糊理论对意见领袖话语影响力指标进行定量分析，创造了一套实用的意见领袖话语影响力度量方法。陈志雄等（2018）提出了一种基于微博情感分析的微博意见领袖识别方法。利用支持向量机对微博博文进行情感分析，将变异系数法用于微博属性权重的计算，并利用改进的

---

① 艾特，网络流行词，是字符"@"的音译，at 在英语中读作"艾特"。微博中常用"@+昵称"提到某个人或者通知某个人。

PageRank 算法在微博用户转发关系网络中预测用户影响力的扩散过程，计算用户最终影响力的大小。李美子等（2022）提出一种基于 K 核分解的意见领袖识别算法 CandidateRank，并提出用户相似性的概念，包括位置相似性和邻居相似性，利用 K 核值、入度数、平均 K 核变化率和用户追随者个数计算用户相似性，并根据用户相似性计算候选集中的用户的全局影响力，再根据用户全局影响力对意见领袖候选集中的用户进行排序，从而识别意见领袖。实验结果表明 CandidateRank 算法在降低复杂度的基础上提高了准确度。

此外，观察国内外重要期刊成果的行文不难发现，西方学者的研究多从研究问题或者假设出发，具有较强的针对性和直接性，国内研究一般进行条分缕析，说理阐释，在运用跨学科知识来设计算法的文章中，不少文章在严谨性和全面性上略显不足。国外相关成果通常较为详细地展示了整个研究的过程，从假设、研究方法、数据来源、数据处理、结果分析、结论各个方面进行详细阐述，全面而细致，具有较强的说服力。但国内部分相关研究只将思路、算法或者公式展示出来，在投入实际应用方面却做得不够。

最后，从理论方面来说，中西方学者都有引经据典的意识。不过，西方学者在研究时涉及的理论来自各个学科，较为丰富，通常也是某学科领域中公认的理论，比如信息效用理论、使用与满足理论等。他们在使用已有理论、创造新兴理论方面较为突出。国内学者对于各个学科理论的掌握还略显不足，使用也不够自如，使用的理论模型也多来自西方，比如"沉默的螺旋"理论等，且提及频率较高但较少进行深刻研究。

1.2.3.4 研究目标异同

在新媒体意见领袖话语传播的研究中，国内外学者都试图厘清社交媒体中意见领袖的话语传播形式，也试图解决现实性问题，将虚拟世界在现实世界中的投射看清，这是所有学者研究的共性。但是，由于客观条件的区别和学术传统的差异，双方学者最直接的研究目标还是有所不同的。

对比传统意见领袖和新媒体意见领袖话语传播研究，国内学者更多地从精神上剖析意见领袖的变迁。西方学者更多的是从传播学技术进步的层面来分析新媒体意见领袖的状况，比如 Park（2013）指出，Twitter 上的意见领袖与传统的意见领袖不同，社会经济地位不再那么重要，他们的作用不再符合传统上 Lazarsfeld 的"两级传播理论"模式，更多的是进行着"多重渠道传播"。

在新媒体意见领袖引发的危机研究上，西方学者重视意见领袖对现实的进步到底有没有真正强烈的促进作用。比如 Nisbet 和 Kotcher（2009）就大为赞赏在此方面做得较好的 my.barackobama.com 平台，它不仅为气候环保活动寻找支持者、募集资金，更为支持者个体间的沟通创造了渠道，有助于在当地社区组织活动。国内学者探究的多为新媒体意见领袖话语是否会引发公共秩序的混乱，并为政府机构、媒体部门、意见领袖提出了相关建议和对策，比如沈晴（2015）呼吁各界大力建设有序的网络公共空间和良性的社会发声机制，并认为意见领袖务必在明晰自由价值的基础上，进一步厘清言论自由、个体权利与社会伦理、法律边界的问题，对发声原则、角色意义等形成深入认知，才能不断提升话语价值。

1.2.4　国内研究分析

1.2.4.1　优势

关于新媒体意见领袖话语传播的研究，中西方各有所长。在研究样本的数量上，我国学者占据优势。中国互联网络信息中心（China Internet Network Information Center，CNNIC）发布的第 53 次《中国互联网络发展状况统计报告》显示，截至 2023 年 12 月，我国网民规模达 10.92 亿人，互联网普及率达 77.5%。[①]我国网民规模超 10 亿，构成了全球最大的数字社会，为新媒体意见领袖话语传播研究提供了充足的数据和样本。一项研究的结论可信度很大程度上取决于样本的大小，欧洲许多国家的人口只有数百万，所以在进行调查研究的时候，样本容量通常较小。我国 10 亿多网民为新媒体意见领袖话语传播研究提供了超大规模的样本源，只要用合适的方法进行有效的筛选，就能够让研究结果有很强的说服力。

从学术传统方面的优势来说，国内学者擅长进行描述、阐释、梳理、分析和总结，这对于新媒体意见领袖话语传播的研究很重要。一方面，新媒体意见领袖的话语传播依附于具体的舆论事件，国内的意见领袖具有极强的话题依附性，如果没有了话题，很可能也就没有了意见领袖。对于一个舆论事件的分析很大程度上需要详尽地观察和梳理、描述和阐释。另一方面，在进行整个话语传播模式的深层抽象和概括时，也离不开抽丝剥茧的分析和宏观层面的总结和对策。

此外，国内学者善于借鉴与学习国外的最新研究成果，不少学者引进国外实证主义的方法，不断运用计算机科学技术、社会学理论来进行更深入的研究。可以看到的是，现今，西方在新媒体意见领袖话语传播方面的优秀研究成果，相当

---

① 中国互联网络信息中心. 第 53 次《中国互联网络发展状况统计报告》.（2024-03-22）. https://www.cnnic. cn/n4/2024/0322/c88-10964.html

一部分也是华人的成果，其中不乏用到 AHP、PageRank、动态观念等级算法的研究，也有绘制节点中心性的可视化研究。这说明，我国的新媒体意见领袖话语传播研究不仅要借鉴国外的最新研究成果，尤其是跨学科的研究方法，也要将其与目前自身研究优势结合起来，只有这样才能获得更多有价值的成果。

1.2.4.2 不足

新媒体意见领袖话语传播和现实生活联结非常紧密，意味着这方面的研究要注重跨学科实证性方法，但是，国内研究在此方面有着明显不足。

其一，虽然我国网民数量庞大，网络语言资源丰富，可调查的对象数量很多，但是限于研究范式、学术分野、科研经费等问题，不仅较难开展基于大规模语料的大数据分析，而且也较难找到愿意配合研究的访谈对象。一项完整、深入的调查研究需要花大量的时间和精力，对于被调查者来说也一样。如 Oeldorf 和 Sundar（2015）的研究首先就需要通过一些测试选取符合条件的志愿者，然后对这些志愿者进行培训，在分享信息后，参与人员还要填写关于兴趣度的利克特量表、关于参与度感知的认知参与规模量表、关于影响力感觉的心理授权量表等，并且要在一周后继续合作以探究评论价值。这样的程序对于普通民众来说相当复杂，如果还想寻找到一定数量的新媒体意见领袖作为被调查对象配合研究项目，是极其困难的。

其二，我国文理分科形成的学科造成了较为明显的学术分野，学科隔阂较为明显。新媒体意见领袖话语传播研究是涉及多个学科领域的综合性、复杂性的研究，要在网络舆情中自动识别新媒体意见领袖，并研究其产生、话语、影响，涉及多个学科的研究理论、方法和手段。但国内研究存在较多壁垒，研究多局限于本学科的视野，跨学科研究并不多见，比如语言学领域的学者通常仅从字里行间来研究意见领袖的话语策略、话语特点，传播学领域的学者通常仅从社交网络关系来看信息散播的模式，计算机科学领域的学者通常仅从概念上提出一种识别算法，等等。真正的跨学科或超学科研究团队较少，或者很难进行切实的科研合作。虽然自然科学和人文社科领域的学者都有跨界合作的意识，但跨学科研究的优秀成果还很少见。

1.2.5 国内研究前景

我国的大多数研究基于国内的新媒体平台，如微博、微信、抖音等，对国外新媒体平台关注度低。多数国内学者对国外研究并未有深入了解。Facebook、Twitter 和国内的微博等社交媒体平台特性有很大的不同，比如在具体案例上，国外学者更多探讨党派之争和选举进程中新媒体意见领袖的作用和影响，但国内研究更多的是分析一些舆论危机事件，为政府监管部门提出建议。从社会语言学的角度来看，对新媒体意见领袖话语传播研究关注点的不同，归根结底与经济、政治、历史、文化等方面的差别有关。西方学者在进行政治事件的剖析时，运用的一些跨学科研究方法可供借鉴。比如 Manolache 和 Epuran（2013）在研究欧盟 27 国之间怎样通过一些网络团体在社交网站上进行交流时，就运用了一些人种学的研究方法，探究了这样的传播特性是向心性的还是离心性的，以及其中的意见领袖的影响模式。Guo 等（2020）运用网络分析和大数据分析的方法，分析关于两位总统候选人特朗普和希拉里·克林顿（Hillary Clinton）的超过 5000 万条推文，讨论特朗普和克林顿的 Twitter 社区在政治同质性和意见领袖水平方面存在显著差异。Jain 等（2020）提出了一种新的基于社会网络的鲸鱼优化算法（Social Network-Based Whale Optimization Algorithm，SNWOA），通过使用网络中的各种标准优化功能测量用户的声誉来找到若干个意见领袖。Alexandre 等（2022）追溯调查了特朗普上任第一个月期间 Twitter 上的意见领袖，并探讨了这些有影响力的人在 Twitter 上发布的内容，使用概率计算主题模型的隐含狄利克雷分布（Latent Dirichlet Allocation，LDA）从 300 万条推文的普通 Twitter 用户和意见领袖中提取主题。Luo 等（2022）提出了 DW 模型（Deffuant-Weisbuch Model）的改编版，该模型结合了隐式和显式意见，以调查人群中意见的演变，该模型还考虑了意见领袖存在的场景。

国外研究关注虚拟世界在现实世界的映射、线上线下的互动效果，同时也格外注重草根意见领袖的话语权。比如 KO 等（2013）也通过调查和训练新媒体意见领袖，尝试性地搭建了一个网络 HIV 预防咨询平台。Lin 等（2018）描述了网络意见领袖如何发挥呼吁领导功能、知识领导功能并承担多重角色，进而提出了一个五阶段的规划过程。Korzynski 等（2022）认为，专业的网络平台也提供了打造企业意见领袖的机会，他们可能在商业中发挥重要作用。国内的新媒体意见领袖也在积极参与公益性活动，比如微博中的"@免费午餐"等，但是数量不多，关注来源较为零散，没有形成规模性效应。新媒体意见领袖通常通过设置议题、传递信息、引导观点等方式在网络微公益中发挥着重要作用。李金花和于小婧（2012）认为网络意见领袖通过开办主题微公益网站，提供微公益互动平台，设置鲜明的主题吸引网民参与，从而推动议题的发展与延伸，他们还发挥着整合多元信息来源、沟通多方的作用，并采用说服的方式影响网民的态度和行为，起到引导观点的作用。周怡（2014）认为，微博中的新媒体意见领袖是微公益活动的重要引领者、组织者和实施者，越来越多的爱心由网上传递转移到了现实传递。王磊（2018）认为网络意见领袖、网络"大 V"等网络名人依靠自身的号召力在公益活动的创建、宣传、推广中发挥了重要作用。张萌等（2022）研究发现，意见领袖与民众等力量在持续互动中协同塑造出"公益直播带货"的媒介景观，在公益活动中助力精准扶贫并推进乡村振兴，在公益实践中"利他"又"利我"，积极实现自我价值。

国外学者在新媒体意见领袖话语传播研究中，注重多学科、跨学科和超学科手段，或是系统性地用到了某些方法，或是在研究前景中提及相应方法。比如 Choi 等（2014）在研究中提到了可用于检验分组并实现其可视化的 Gephi 软件，以及用来计算和比较不同群簇之间网络密度的 UCINET6 软件。Xu 等（2014）认为在大型网络中寻找"丛"需要标准化网络分析软件进行矩阵操作，这些软件包括 UCINET、Pajak 和 NodeXL 等。为了分析意见领袖在社交网络中的作用和微博信息传播的生命周期，Liu 和 Liu（2018）提出了突发公共事件信息传播模型和意见领袖模型分级的新方法。Zhang 等（2020）提出了一种聚类后排序（Rank after Clustering，RaC）算法，从阶段聚类的角度挖掘社交网络中的意见领袖。Gao 等（2020）针对大规模群体决策（Large-Scale Group Decision Making，LSGDM）问题开发了一种基于 K 核分解的意见领袖识别方法和基于聚类的共识模型。相比之下，虽然国内越来越多的相关研究注重团队合作，如曹玖新等（2016）、青平等（2016）、王晰巍等（2020）、李旭光等（2022）、程秀峰等（2022），但跨学科、跨领域的深度合作还不多见。在新媒体意见领袖的话语传播分析方面，国外研究常见多学科协同，但国内研究更多的是从单一学科角度出发，难以从多学科角度纵观全局，相关结论也具有局限性。Xu 等（2014）也认为，调查和分析必须很好地结合，以建立一种经验主义的联结。在此方面，国内学者擅于经验总结、阐释分析。但是，如果能够组建跨学科团队并发挥其优势，具体来说可以让分析纳入具体算法，让算法投入有效使用，这样就更能系统化、高效率地解决国内新媒体意见领袖话语传播中出现的相关问题。

1.2.6 小结

通过综述和评析发现，国内的新媒体意见领袖话语传播研究更倾向于从具体社会事件着手，从文本分析出发，对于传播学和语言学的理论构建和发展比较缺乏。同时，在研究的过程中与其他学科的融合不佳，科学化、量化的研究方法应用不足导致研究内容碎片化、研究方法单一化、研究结果空洞化。但是，也应该看到，国内学者享有丰富的研究材料数据，拥有扎实的理论分析经验。近年来，国内学者也逐渐在理论、方法等方面借鉴国外优秀成果以推动相关研究。未来的相关研究应继续创新研究方法，组建跨学科团队，充分发挥各学科优势，利用好我国丰富的新媒体数据资源，解决新媒体意见领袖引发的一系列问题。

1.3 结　　语

2010 年以来，我国逐步进入"三微一端"的新媒体时代，舆论生态、媒体格局、传播方式发生深刻变化。随着新媒体的蓬勃发展，新媒体中的语言现象和语言问题受到学界关注，在 20 余年中取得了相当丰硕的研究成果。近年来，新媒体意见领袖的话语传播特征研究受到语言学、传播学、社会学、计算机科学等多个学科的关注，但跨学科研究成果并不多见，研究方法较为单一，跨学科或超学科的研究意识不够，且碎片化和同质化的研究较多。我国有非常丰富的新媒体语言数据资源，应打破学科壁垒，组建跨学科研究团队开展相关领域的研究。

2 微博意见领袖的语言计量特征

2.1 微博意见领袖的字词使用差异

随着社交网络的迅猛发展,新媒体意见领袖在信息传播中的作用更加明显。姜珊珊等(2010)、元志润(2011)、Na 和 Kim(2014)、Peng 等(2015)、Weeks 等(2017)、Walter 和 Brüggemann(2020)、Tobon 和 García-Madariaga(2021)的研究表明,意见领袖在突发事件的信息传播、选举中话语权的实现、网络舆论及口碑效应的影响力中具有重要作用。随着微博日益成为网络舆论阵地,研究微博等社交网络中意见领袖的语言特征对新媒体语言监测等问题具有重要意义。微博意见领袖通过原创、转发或者评论来表达对社会事件的观点,以个人号召力影响大众传播,其语言特征在新媒体意见领袖中具有代表性。高频字词的使用特征是语言风格的一个重要方面,因此对微博意见领袖微博文本的字频进行统计分析,可以揭示其语言风格。

2.1.1 微博意见领袖字频差异

2.1.1.1 意见领袖排行榜制定

微博平台上具有舆论影响力的账号包括社会名人、网络红人、机构等,这些有影响力的账号并非皆为微博意见领袖。2013 年 12 月 26 日,中国社会科学院发布了《社会蓝皮书:2014 年中国社会形势分析与预测》,该蓝皮书指出,平时大约有 300 名全国性的意见领袖影响着互联网的议程设置[①],男性意见领袖更积极地参与网络公共话题,男女比例约为 9 : 1。在年龄段的分布中,以 40~60 岁年龄段的中年人居多。从出生地与现居地分析,意见领袖多来自二线城市,现居一线城市。多数意见领袖对社会的观察和体验深刻,其个人生活经历对年轻人有很大

---

① 社会蓝皮书:300 名"意见领袖"影响网络议程设置.(2013-12-26).https://www.chinanews.com.cn/sh/2013/12-26/5665505.shtml.

吸引力。在学历与学科背景方面，意见领袖的学历水平普遍较高，其中学科又以社会科学居多。从职业分布概况来看，意见领袖来自媒体圈和高校的人数最多。[①]2019年9月5日，福布斯中国也发布了50位意见领袖榜，选出美妆、时尚、母婴、生活方式和电竞5个特定垂直领域各10位关键意见人物。从多家机构发布的"中国微博意见领袖排行榜"看，这些榜单存在行业覆盖面窄、参照时间短等不足，不便于进一步深入分析。为考察不同行业、学历、年龄、性别的微博意见领袖在字频上的组间差异，本书制定了覆盖面较全的排行榜。

第一步，参考环球网论坛"微博意见领袖百强排行周榜"，筛选出不同行业、学历、年龄、性别的意见领袖，从自建的"网络媒体动态语料库"[②]中，分别提取其微博语料，也包括发帖时间、转发量、评论数、回帖数、点赞数等相关信息。

第二步，确定2个一级量化指标和7个二级量化指标。由于微博意见领袖是在某一主题内特别活跃并且在该主题内具有极大影响力的用户，本书将"用户影响力"和"用户活跃度"作为衡量微博意见领袖的2个一级指标。"用户影响力"包括被转发数、被评论数、被提及数3个二级指标，"用户活跃度"包括原创数、自回帖数、回他人帖数、活跃天数4个二级指标。

第三步，量化相关指标。参照影响力的计算公式 Influence $_{影响力}=V_{被转发数}*W_1+V_{被评论数}*W_2+V_{被提及数}*W_3$，活跃度的计算公式 Activity $_{活跃度}=V_{原创数}*W_4+V_{自回帖数}*W_5+V_{回他人帖数}*W_6+V_{活跃天数}*W_7$，采用美国学者 T. L. 萨蒂（T. L. Saaty）提出的层次分析法确定 $W_{1\sim7}$ 各指标的权重，并结合刘志明和刘鲁（2011）制定的权重数据及计算方法进行量化。

第四步，根据数据筛选出前50名微博意见领袖，参考2017~2021年微博行业报告、微博名人排行榜、微博名人堂等资料，分析得到微博意见领袖的14个行业分布。权衡行业、年龄、学历、性别的人数比例后，制定出囊括了30人的"微博意见领袖排行榜"。

2.1.1.2 高频字总体使用状况

字频就是字的使用频度，冯志伟（1989）曾指出，传统的文字学认为，汉字具有形、音、义三个要素，但是汉字作为记录汉语的符号，它必须作为一种交际工具而存在，在交际过程中，有的汉字使用得多些，有的使用得少些，呈现出一

---

① 网络"意见领袖"调查. 文摘报，2014-01-14：01 版.
② 该语料库动态采集不同时段的意见领袖语料，时间跨度为 2015 年 1 月 1 日~2021 年 3 月 1 日，本书选取 2015 年 1~4 月的全部语料为研究对象.

定的统计规律性。因此，从使用的角度来看，汉字还具有第四个要素——字频。苏培成（2001）认为，字频就是汉字的使用频度，是指在一定的历史时期内经抽样取得的文字资料里，每一个汉字的使用次数与抽样资料总字数的比例。沙宗元（2008）在《文字学术语规范研究》中将"字频"定义为某个汉字在一定语料中使用（出现）的次数与样本总字数（又叫样本容量）之比。李国英和周晓文（2011）将字频定义为个体汉字字符在按特定原则选定的文本中出现的次数与选定文本总字次之比，并认为在汉语汉字的语境下，汉字字频是汉字使用的一个重要属性。

本书首先将 30 位微博意见领袖的所有原创微博文本建成语料库，共计 7091 条，496 917 个字符，然后利用软件统计字频并按频次的高低排序。前 100 个高频使用的汉字字频从每千字 28.62 到 1.44 不等，频次由高到低依次为：的、是、一、人、不、了、我、有、在、大、这、国、个、中、生、们、年、你、为、和、会、上、到、法、来、天、多、要、家、就、时、自、说、也、好、么、以、看、心、他、能、发、都、过、出、对、可、子、公、事、爱、活、得、新、下、最、日、还、没、学、去、小、地、无、如、网、开、里、后、民、与、微、行、于、点、信、起、之、文、师、那、成、今、道、些、者、长、想、作、只、友、经、本、己、真、动、很、院、问、理。

为了分析微博意见领袖高频字的使用特征，本书将微博意见领袖高频字与平衡语料库的高频字进行了比较。将微博意见领袖的前 100 个高频字与北京大学中国语言学研究中心公布的"CCL 现代汉语语料字符统计信息"（总字符数为 581 794 456 字）的前 100 个高频字进行对比后发现，两者在共用字和独用字方面表现出明显差异。前 100 个高频字中共用字有 68 个，微博意见领袖独用字为"最、只、真、院、友、信、心、些、想、无、问、微、网、师、如、去、起、你、那、没、么、看、今、己、活、很、好、还、都、点、道、爱"，共计 32 个。将前 50 个高频字对比发现，两者共用字 35 个，微博意见领袖独用字为"自、子、心、天、事、你、能、可、看、好、过、公、法、都、么"，共计 15 个。以 68 个共用字在各自字频中的序列为依据，利用 SPSS 软件检验共用字排序的相关性，得到的数据为：皮尔逊相关性为 0.70，显著性（双尾）为 0.000，由于相关系数居于 0.6～0.8，共用字的位序具有"强相关"关系，但是离 0.8～1 的极强相关还是有差距，微博意见领袖的共用字在位序上产生了较大变化。这说明微博意见领袖高频字有别于平衡语料库统计数据，两者之间存在较大差异。

大量高频独用字和共用字位次变化反映了微博意见领袖特有的语言风格及话题内容倾向性。王秀丽（2014）认为意见领袖的语言风格在很大程度上影响其信息的传播力、可信度和权威性。微博意见领袖高频独用字中，程度副词"最""很"，形容词"好""真"，心理动词"想""爱"，范围副词"只""都"，能愿动词"能"等，都是具有强烈主观色彩的字词。Ng 和 Bradac（1999）、O'Keefe（2002）认为，清晰、有力、饱含感情色彩的词语能够增强信息的影响力，而乏味的语言则会减弱意见领袖的影响力。Huffaker（2010）也发现，新媒体意见领袖通过大量使用自信、感情色彩强烈和多样性的语言提升其网络影响力。可见，这些主观性强的独用字不仅增强了微博意见领袖的语言表现力，也有助于其影响力的提升。

微博意见领袖共用字中，判断动词"是"的字频居第 2 位，仅次于结构助词"的"，而 CCL 现代汉语语料库中"是"的字频居第 4 位。Burrell 和 Koper（1998）认为，肯定有力的语言比苍白无力的语言更有说服力。进一步检索发现，"是"多出现在肯定句中，可见高频使用肯定性判断句也是微博意见领袖提升其话语影响力的手段之一。

意见领袖影响力对话题的依赖性较强，独用字折射出意见领袖对包含该字的相关话题的关注度较高。Huffaker（2010）认为，新媒体意见领袖通常会积极推动有关政治和公共议题的讨论，以及提供专业、可信的信息提升影响力。独用字在语料中的构词情况也呈现这一趋势，如高频独用字"院""法""公"在微博语料中构成的"医院、法院、学院、国务院、院士""立法、法庭、法警、司法、法律、违法""公权、公信力、公民、公益、公务员"等大部分词语进入高频词的前 100。这说明微博意见领袖对法治、医疗、教育、社会发展等方面话题关注度较高。

2.1.1.3　高频字性别差异

1）高频共用字性别差异

男性与女性意见领袖的前 200 个和前 50 个高频字中共用字分别为 122 个和 28 个，对两者分别做 T 检验后，显著度 p 值分别为 0.62、0.27，说明男性与女性意见领袖在高频共用字字频上无统计学差异。但是部分高频字的字频差距仍然很大。从字频的差值上看，男性比女性字频高出较多的字是"国""人""生""们""大""中""家""公"，而女性比男性字频高出较多的字是"是""你""爱""法""师""了""有""那""也""想"等。从字频的比值上看，"国"是男性与女性共用字字频比值最大的字，比值为 3.47；"师"是女性与男性共用字字频比值最大的字，比值为 2.97。表 2-1、表 2-2 分别是两者共用字字频比值超过 1.5 的字。

表 2-1 男性与女性共用字的字频比值

组别	国	公	家	心	信	生	子	网	们	文
男性	6.07	2.63	3.54	2.69	1.93	4.89	2.58	2.09	4.94	1.75
女性	1.75	0.94	1.62	1.26	0.99	2.61	1.44	1.17	2.79	0.99
两者比值	3.47	2.80	2.19	2.13	1.95	1.87	1.79	1.79	1.77	1.77

表 2-2 女性与男性共用字的字频比值

组别	师	那	爱	想	法	你	情	也	下	过
女性	3.42	3.19	4.54	2.70	5.49	6.16	2.07	4.23	2.92	3.60
男性	1.15	1.31	1.92	1.22	3.02	3.42	1.19	2.50	1.74	2.22
两者比值	2.97	2.44	2.36	2.21	1.82	1.80	1.74	1.69	1.68	1.62

通过以上分析发现，男性更侧重国家、网络等话题，女性更关注教育、情感等话题。

2）高频独用字性别差异

原创微博文本意见领袖高频字的前 20 个中，两性独用字各有 8 个，男性独用字为国（6.07）、中（5.19）、们（4.94）、生（4.89）、年（4.78）、会（3.87）、为（3.84）、和（3.78）；女性独用字为你（6.16）、法（5.49）、到（4.59）、爱（4.54）、也（4.23）、就（4.18）、好（3.91）、天（3.87）。

原创微博文本意见领袖高频字的前 100 个中，两性独用字各有 24 个，有代表性的男性独用字包括家（3.54）、发（2.87）、新（2.32）、日（2.25）、民（2.15）、网（2.09）、学（2.05）、活（2.03）、信（1.93）、微（1.89）、成（1.88）、今（1.87）、尘（1.8）等，有代表性的女性独用字包括律（3.69）、师（3.42）、想（2.70）、吗（2.16）、情（2.07）、很（1.98）、真（1.93）、案（1.84）等。

男性与女性意见领袖独用字的情况说明：①男性和女性前 20 个高频字的差异较大，共用字仅为 12 个，当扩大到前 100 个高频字时，共用字明显增多，说明在男性和女性各自最关注的话题上，存在较大差异。②独用字"国""中""家""民""网""尘"等说明男性更关注涉及国家、民生、环保等方面的话题；独用字"爱""法""律""师""想""情""案"等说明女性更关注情感、法律、教育等方面的话题。③女性更倾向于使用程度副词、形容词等主观性强的字提升其话语影响力,如"很""好""真"等。赵蓉晖(2003)及马琰(2009)都认为,女性在言语交际中常常带有浓厚的感情色彩,更多地使用夸张的词语等。④"吗"的高频使用说明女性意见领袖更多地使用带疑问语气词的是非疑问句,而且在疑问语气词"吧""啊""呢"等字的使用方面,女性意见领袖的字频均高于男性。Lakoff(1973)就指出,女性比男性更多地使用疑问句,喜欢把有陈述句功能的句子用疑问句形式表现出来。Fishman(1980)的研究证实了 Lakoff 的观点,Lakoff(1975)、Spender(1980)、Penelope(1990)等支配论者从社会权力的角度来看待性别和语言的关系,认为男性在语言中的支配地位和女性的被压迫地位导致了女性语言的某些特征,如模糊语和反意附加问句的频繁使用等。可见,高频使用疑问句不仅是女性微博意见领袖的句式特点,也是女性普遍具有的话语特征。

2.1.2 其他身份特征的组间差异

2.1.2.1 高频字行业差异

为有效地进行组间差异比较,本书将 30 位意见领袖所在的 14 个职业归并为"党政、经济、文化、网络名人、文艺、宗教、自由职业"7 个行业,分别统计 7 个行业的字频,制定各行业意见领袖原创微博文本的前 200 个高频字表。设计小型程序,提取前 200 个和前 50 个高频字中的行业共用字,再筛选前 20 个高频字列表中各行业的独用字(即其他行业意见领袖前 20 个高频字中均未出现的字)。

1)高频共用字行业差异

7 组前 200 个高频字表中,所有行业均有的共用字为 43 个。使用 SPSS 软件对 7 个行业共 21 对数据做成对样本 T 检验。从显著度 p 值上看,共有 12 对数据在 95%置信区间具有统计学差异,其中自由职业与党政、网络名人、经济、文艺、文化的 p 值为 0.000(保留小数点后三位),自由职业与宗教 p 值为 0.002,网络名人与文艺、经济、宗教 p 值分别为 0.000、0.018、0.039(表 2-3),文化与经济、文艺 p 值分别为 0.022、0.003,党政与文艺 p 值为 0.034。由此可见,自由职业与其他 6 组行业的意见领袖共用高频字都具有统计学差异;网络名人、文艺分别与 4 个行业具有统计学差异;文化、经济分别与 3 个行业有统计学差异;党政、宗教与其他行业的差异最小,仅与其他 2 个行业有统计学差异。

表 2-3 高频共用字行业差异成对样本 T 检验

行业 显著度 p 值	自由职业						网络名人			文化		党政
	党政	网络 名人	经济	文化	文艺	宗教	经济	文艺	宗教	经济	文艺	文艺
前 200 个高频字中的共 用字 p 值	0.000	0.000	0.000	0.000	0.000	0.002	0.018	0.000	0.039	0.022	0.003	0.034
前 50 个高频字中的共 用字 p 值	0.008	0.006	0.005	0.002	0.004	0.029	0.121	0.005	0.093	0.152	0.067	0.035

用同样的步骤检索前 50 个高频字中的共用字，也得到类似的结果。除了网络名人与经济、宗教，文化与经济、文艺共 4 对的 p 值大于 0.05，不具有统计学差异，其他 8 对仍然具有统计学差异。

2）高频独用字行业差异

由于某一行业意见领袖的高频独用字能反映其异于其他行业意见领袖的特有话题倾向，截取 7 个行业的前 20 个高频字，筛选出了各行业的高频独用字。

党政部门工作的微博意见领袖的独用字有家（5.45）[1]、友（4.87）、来（4.18）、公（4.18）、网（4.08）、微（3.60），共计 6 个。从其独用字在语料库中的构词情况看，较多涉及"国家、公民/益/众/权、微博"等方面的内容[2]。网络名人意见领袖的独用字有法（6.42）、天（4.01）、会（3.76）。"法"在语料库中的构词主要涉及"法律、法庭、宪法、合法"等方面的内容，是该行业意见领袖熟知或擅长的知识领域。"天"在语料中主要构成"昨天""今天""明天"等，时间名词的高频使用说明网络名人意见领袖更注重信息的准确性和真实性。Pornpitakpan（2004）认为，意见领袖更注重通过言论的准确性、专业性和权威性增加其影响力。文艺行业意见领袖的独用字有也（5.00）、爱（4.63）、时（4.27），说明话题较多涉及情感生活等方面。自由职业意见领袖独用字包括频（5.16）、集（4.19）、视（4.19）、东（3.87）、看（3.87）、包（3.55）、京（3.55）、之（2.90）、买（2.90）、分（2.58）、旅（2.58），该行业独用字较多是因为一些自由职业意见领袖微博文本量较少、话题相对单一，比如"视频""东京"等高频词使用。宗教行业意见领袖的独用字也较多，多与生活哲理及佛理相关，包括活（19.20）、心（9.98）、命（6.86）、要（6.11）、些（5.86）、那（5.81）、对（5.70）。

---

① 括号中数据为每千字的字频。

② 进一步对语料进行词频统计后发现，"公益"属于党政机关意见领袖的前 20 高频独用词之一。

经济和文化领域的微博意见领袖独用字最少，分别为到（5.28）、好（3.60）。

不同行业微博意见领袖高频字差异折射出话题倾向性的组间差异。党政部门工作的意见领袖多关注国家与公共议题，网络名人意见领袖多关注法治与社会，文艺与自由职业意见领袖多关注生活，意见领袖热衷的话题与其职业有密切联系。刘志明和刘鲁（2011）、肖宇等（2012）、熊涛和何跃（2013）曾指出意见领袖影响力对话题的依赖程度较高。意见领袖对某类话题的倾向性，源于对该话题的熟识性，所发表的相关信息更具专业性、权威性和准确性，更容易获得网络影响力。王秀丽（2014）认为，线下拥有特定领域相关的知识背景和能力的专家，在网络社区中较容易成为相关领域的意见领袖。

2.1.2.2 高频字学历差异

根据微博意见领袖的学历分布，将其分为本科以下、本科、硕士研究生、博士研究生 4 组，分组计量各学历层次的字频，分析不同学历层次的微博意见领袖在高频共用字和独用字上的组间差异。

1）高频共用字学历差异

4 组前 200 个高频字中，共用字有 89 个。对高频共用字做成对样本 T 检验之后发现，只有本科以下与博士研究生之间存在统计学差异，p 值为 0.047，其他组间没有统计学差异（表2-4）。组间字频差值最大的两个字是"国""家"，本科以下到博士研究生的每千字字频分别为 1.42、4.14、5.12、6.17 及 1.42、2.74、3.02、3.08。本科以下组与博士研究生组的前 50 个高频字中，共用字有 19 个，成对样本 T 检验结果中 p 值为 0.010，再次说明所有学历组之间，只有本科以下与博士研究生之间存在统计学差异，相邻的学历层次之间不存在统计学差异。

表 2-4　高频共用字学历差异成对样本 T 检验

学历显著度 p 值	本科以下			本科		硕士研究生
	本科	硕士研究生	博士研究生	硕士研究生	博士研究生	博士研究生
前 200 个高频字中的共用字 p 值	0.181	0.248	0.047	0.912	0.315	0.318
前 50 个高频字中的共用字 p 值	0.387	0.378	0.010	0.901	0.181	0.247

2）高频独用字学历差异

前 20 个高频字中，本科以下学历的意见领袖独用字有"你""要""自""这"

"得""好""心""在"，共 8 个；本科学历的意见领袖独用字有"到""天"，
共 2 个；硕士研究生学历的意见领袖独用字有"们""来""公"，共 3 个；博
士研究生学历的意见领袖独用字有"为""和""生"，共 3 个。本科、硕士研
究生、博士研究生高学历意见领袖的高频字相似度较高，高学历和本科以下学历
意见领袖在高频字的"字种"上区别较大。前 100 个高频字中，不同学历的意见
领袖独用字情况如下。

本科以下学历的意见领袖独用字有：己（3.6）、想（2.67）、些（2.56）、
只（2.45）、无（2.45）、情（2.23）、那（2.18）、感（2.13）、成（2.07）、活
（1.85）、什（1.85）、很（1.74）、做（1.69）、着（1.69）、少（1.69）、别（1.63）、
实（1.63）、知（1.58），共 18 个。

本科学历的意见领袖独用字有：爱（3.26）、尘（3.22）、清（2.25）、师（2.24）、
院（2.08）、哈（1.96）、律（1.96）、机（1.69），共 8 个。

硕士研究生学历的意见领袖独用字有：论（2.47）、第（2.19）、动（2.19）、
孩（2.10）、力（2.10）、乐（1.74）、市（1.74）、同（1.74）、主（1.74）、万
（1.64）、更（1.55）、场（1.55）、经（1.55）、理（1.55），共 14 个。

博士研究生学历的意见领袖独用字有：微（3.15）、案（3.00）、信（2.93）、
网（2.84）、文（2.43）、关（2.11）、于（2.02）、政（2.00）、道（1.87）、全
（1.82）、明（1.67）、女（1.67）、但（1.67）、意（1.67），共 14 个。

从独用字的情况看，"情""感""（生）活"等字，说明本科以下学历的
意见领袖关注情感、生活方面的内容居多；"（关）爱""尘（肺病）""（老/
律）师"等字，说明本科学历意见领袖对情感、医疗、法律、教育等问题关注较
多；"（言/舆）论""孩（子）"等字，说明硕士研究生学历的意见领袖对社会
热点议题以及家庭生活关注较多；"微（博）""网（络）""（提/预）案""案
（件）""政（治）"等，说明博士研究生学历的意见领袖对社会、法治和国家发
展问题关注较多。学历的组间差异比较说明，不同学历层次的意见领袖所关注的
热点问题不尽相同，本科以下学历与博士研究生学历的意见领袖差异最大。

2.1.2.3　高频字年龄差异

新媒体意见领袖的年龄分布有别于网络红人，前者以中年居多，后者以青年
居多。筛选出的 30 位微博意见领袖的年龄分布也具有这一特点，年龄主要集中在
40～60 岁，30 岁左右的人数较少。因此，本书将意见领袖按年龄分为两组：50
岁以下的中青年与 50 岁及以上的中老年。

1）高频共用字年龄差异

中青年组和中老年组的前 200 个和前 50 个高频字中共用字分别为 136 个和 31 个，对两者分别做成对样本 T 检验后，显著度 p 值分别为 0.11、0.4，均无统计学差异。虽然整体无统计学差异，但是部分高频字的字频差距很大：①从字频差值上看，中老年组比中青年组字频高出最多的两个字是"国"和"中"，差值分别为每千字字频 3.21、2.28，说明中老年意见领袖比中青年意见领袖更关注国家话题。中青年组比中老年组字频高出最多的两个字是"我"和"生"，差值分别为每千字字频 3.03、2.76。②从字频比值上看，中老年组与中青年组比值最大的字是"民"，而中青年组与中老年组比值最大的字是"活"。表 2-5、表 2-6 分别是两组共用字字频比值大于等于 1.5 的字。

表 2-5　中老年与中青年意见领袖共用字字频比值

组别	民	文	网	者	国	作	律	全	中	本	因	法	院
中老年	2.67	1.97	2.30	1.99	7.01	1.91	1.92	1.75	6.02	1.89	1.50	4.66	1.70
中青年	1.06	0.99	1.20	1.06	3.80	1.07	1.15	1.07	3.74	1.18	0.97	3.02	1.12
中老年/中青年	2.52	1.99	1.92	1.88	1.84	1.79	1.67	1.64	1.61	1.60	1.55	1.54	1.52

表 2-6　中青年与中老年意见领袖共用字字频比值

组别	活	你	生	那	些	得	想	去	给	很
中青年	2.87	5.22	6.06	2.04	2.17	2.67	1.88	2.52	1.80	1.79
中老年	1.14	2.57	3.30	1.12	1.23	1.64	1.17	1.58	1.15	1.19
中青年/中老年	2.52	2.03	1.84	1.82	1.76	1.63	1.61	1.59	1.57	1.50

考察字频差值和字频比值发现，中老年意见领袖更关注国家、民生、文化、网络、法治等话题，中青年更关注生活、个人情感方面的话题。

2）高频独用字年龄差异

前 20 个高频字中，中青年意见领袖独用字有生（6.06）、你（5.23）、到（3.97）、就（3.93）、天（3.76），共 5 个；中老年意见领袖独用字有中（6.02）、法（4.66）、为（4.33）、会（4.32）、和（3.73），共 5 个。

前 100 个高频字中，中青年意见领袖独用字有活（2.87）、得（2.67）、去（2.52）、些（2.17）、无（2.13）、如（2.08）、小（2.06）、里（2.04）、那（2.04）、已（1.99）、想（1.88）、师（1.86）、长（1.86）、只（1.83）、感（1.80）、起（1.80）、

给（1.80）、今（1.80）、很（1.79）、案（1.76）、成（1.76）、友（1.73），共22个；中老年意见领袖独用字有尘（2.89）、民（2.67）、网（2.30）、学（2.23）、地（2.08）、清（2.03）、者（1.99）、文（1.97）、律（1.92）、之（1.92）、作（1.91）、本（1.89）、方（1.88）、道（1.87）、接（1.77）、机（1.75）、全（1.75），共17个。①

高频独用字的使用数据再次说明：中老年意见领袖对国家、网络、环境、法治、教育等话题关注较多，如"中""法""律""网""民""尘"等；中青年意见领袖关注的是生活、情感、法治、教育等话题，如"生""活""想""感""今""天""案""师"等。

2.1.3　结论分析

通过对微博意见领袖高频字及组间差异的计量研究发现，不同行业、学历、年龄、性别的意见领袖在高频字的使用上存在差异。大部分行业间具有统计学差异，自由职业与其他行业差距最大，网络名人与文艺次之。各学历层次之间，除了本科以下与博士研究生学历有统计学差异以外，其他学历层次之间无统计学差异。年龄和性别的组间不具有统计学差异，但是部分共用字和独用字字频差距较大。

意见领袖高频字所具有的独特性，折射出意见领袖对话题主题的依赖性。刘志明和刘鲁（2011）认为，意见领袖是依赖主题的，只有很少用户可以在不同主题中同时成为意见领袖。微博意见领袖作为社交网络舆论的发起者和参与者，发布的话题多围绕自己关注或擅长的领域展开，党政类意见领袖比其他行业意见领袖更多关注国家发展、社会民生等，网络名人意见领袖更多关注法治和社会发展。其总体倾向是党政部门、网络名人、博士研究生学历、中老年、男性的意见领袖更关注国家政治、社会发展、法治等公共议题；文艺、自由职业、本科及以下学历、中青年、女性的意见领袖更关注情感、生活等方面的议题；教育、医疗、环境等是大部分意见领袖都会关注的热点议题，没有太明显的组间差异。

2.2　微博意见领袖的词汇计量特征

本节对微博意见领袖语料进行分词、词性标注等处理，通过词汇密度、词汇

---

① 两组独用字的数量不同是因为删除了非汉字字符。

多样性、词类离散度等词汇计量特征，以及微博活跃度等传播指数，考察不同性别、行业、学历、年龄的意见领袖在话语传播方面的组间差异。

2.2.1　词汇密度差异

Laufer 和 Nation（1995）、Read（2000）等国外学者为考察语言使用者在言语产出中的词汇丰富程度，先后提出过多种测量"词汇丰富性"（lexical richness）的数理统计方法。国内研究者基本上采用国外提出的词型标记比和词频概貌的测量手段（张艳和陈纪梁，2012），从词汇密度、词汇多样性、词汇复杂性（表达精确性）和错误数量四个维度进行测量。由于后两个维度多用于测量语言习得的效果，因此本书将选取词汇密度和词汇多样性两个维度进行测量。

2.2.1.1　词汇密度的测量方法

词汇密度（lexical density）是用来衡量单位篇章信息含量的尺度，在一定程度上反映了语言材料传播的信息量大小和难易感知度。词汇密度越大，所承载的信息量越大，同时也会增加人们对篇章的感知难度；反之，所承载的信息量就越少，词汇密度过低则会影响信息的表达质量和篇章体裁的准确体现（Halliday，1989；陈会军，2003）。由于词汇密度反映的是句中实词所占的比例，测量结果相对稳定，受语篇长度的影响较小，经常被用来区别语体风格（李小凤，2010）。

词汇密度计算方式最早由 Ure（1971）提出，"词汇密度=篇章中的实词词项数量÷篇章单词总量×100%"，计算结果为篇章中每百字所包含的实词词项数量，这一方法是目前运用最多的词汇密度传统计算方法。Halliday（1989）认为计算单位小句内实词所占的百分比能更准确地体现单位篇章的信息含量，于是提出了新的词汇密度计算方法——"词汇密度=词项数量÷篇章小句总量×100%"。

2.2.1.2　词汇密度的组间差异

1）性别差异

统计各组语料的各词类词种数、频次、句子总数等相关数据，同时采用 Ure 和 Halliday（简称 H）的测量方法分别计算各行业意见领袖话语的词汇密度。统计发现，女性意见领袖的词汇密度的 Ure 值和 H 值分别为 24.90 与 3.70，男性为 14.50 与 2.20。女性意见领袖的微博词汇密度高于男性，微博信息量更大。可见，话语量与词汇密度是反映两性话语特征的不同维度。

2）其他组间差异

（1）行业差异。30位意见领袖的职业包括作家、记者、教师、律师、公务员等14种，为有效地进行组间比较，将其合并为7个行业，分别为党政（1人）、经济（6人）、文化（6人）、网络名人（10人）、文艺（3人）、宗教（1人）、自由职业（3人），词汇密度统计见表2-7。

表2-7 各行业意见领袖微博词汇密度统计

测量方法	自由职业	文艺	文化	党政	网络名人	经济	宗教
Ure 值	51.80	28.10	27.60	27.00	23.50	16.80	8.80
H 值	10.60	3.80	3.60	4.20	4.00	2.40	2.90

国内外相关研究表明，不同语体的词汇密度存在差异，口语语体词汇密度普遍低于书面语语体。按照Ure的计算方法，英语口语篇章的词汇密度在40%以下，书面语篇章的词汇密度在40%以上（Dugast，1978）；现代汉语口语与书面语料的词汇密度分别为61%和75%（宋婧婧，2016）；报刊新闻词汇密度为84.87%（蔡玮，2004）；电声语体为75.30%，文艺语体为75.30%，政论语体为75.40%，科学语体为79.80%，公文语体为83.10%（陆芸，2012）。语料的统计数据明显低于口语语体，其中党政、文化、网络名人、文艺、经济低于30%，宗教不足10%，说明微博意见领袖无论所属哪个行业，其微博词汇密度都具有典型的口语语体特征。根据词汇密度高低排序为：自由职业>文艺>文化>党政>网络名人>经济>宗教。按照Halliday的计算方法也得到类似的排序：自由职业>党政>网络名人>文艺>文化>宗教>经济。自由职业类的词汇密度最高，宗教、经济类的词汇密度最低。

党政、网络名人、文艺、文化、自由职业类意见领袖的词汇密度较大，微博信息量较高，内容以社会、民生、法治等热点话题为主。宗教和经济类意见领袖的词汇密度相对较小，微博信息量较低，微博内容以生活感悟为主。

（2）学历差异。根据学历层次的不同，将意见领袖分为本科以下（7人）、本科（12人）、硕士研究生（4人）、博士研究生（7人）共4组，分组计量各学历层次意见领袖的微博词汇密度，统计数据见表2-8。

表2-8 各学历层次意见领袖微博词汇密度统计

测量方法	本科以下	本科	硕士研究生	博士研究生
Ure 值	30.70	17.30	36.60	24.10
H 值	4.20	2.60	4.90	3.70

测量结果显示，微博意见领袖话语的词汇密度大小与学历层次高低之间不存在明显的线性相关。本科学历意见领袖的词汇密度最低，博士研究生、本科以下学历意见领袖的词汇密度居中，硕士研究生学历意见领袖的词汇密度最高。

（3）年龄段差异。从年龄分布看，各年龄段人数分布不均匀，30 岁以下和 60 岁以上各 1 人，年龄集中于 40～60 岁。根据年龄分布特征将其分为两组：50 岁以下的中青年（15 人）、50 岁及以上的中老年（15 人）。两种计量结果都显示，中青年组意见领袖微博词汇密度整体上略高于中老年组。中青年组为 17.80 和 3.00，中老年组为 17.40 和 2.50，说明中青年组的微博信息量和难易感知度都略高于中老年组。

2.2.2　词汇多样性比较

Dugast（1978）提出了 Uber Index 测量方法（以下简称 U 值），根据其计算公式可以进行意见领袖的词汇多样性比较。

2.2.2.1　性别差异

计算意见领袖的词汇多样性可以用来评估其词汇知识及语言输出中的词汇变化特点。男性词汇多样性略高于女性，词汇知识更丰富，测量结果分别为 29.70、29.30。

2.2.2.2　其他组间差异

1）行业差异

不同行业的意见领袖，其词汇多样性存在一定差异，表 2-9 为各行业意见领袖词汇多样性的 U 值。

表 2-9　各行业意见领袖词汇多样性统计

测量方法	自由职业	网络名人	文艺	文化	党政	经济	宗教
U 值	33.30	33.00	32.60	31.90	29.70	29.20	21.60

结果显示，自由职业类意见领袖的词汇多样性 U 值最大，宗教类的词汇多样性 U 值最小，说明前者词汇知识最丰富，后者词汇知识相对匮乏。词汇多样性的高低序列与词汇密度的高低序列具有共性，数值最大的类别均为自由职业，最小的均为宗教。

2）学历差异

测量结果由高到低排序为：硕士研究生（34.90）>本科以下（33.80）>博士研究生（32.90）>本科（29.40）。通常认为知识水平的高低决定了词汇是否具有多样性，但以上测量结果显示，微博意见领袖的学历层次与其词汇多样性的高低不呈线性相关。硕士研究生学历意见领袖的词汇多样性最高，词汇知识最丰富；本科学历意见领袖词汇多样性最低；本科以下学历意见领袖的词汇多样性甚至高于博士研究生和本科。

3）年龄段差异

中青年组词汇多样性略高于中老年组，测量结果分别为 30.08、30.05，说明中青年意见领袖词汇知识更丰富，微博内容涉及的范围更广泛，词种数更多，这与中青年意见领袖知识结构较新、微博话题范围较广有密切联系。

通过以上分组测量发现，在行业、学历和年龄分组中，词汇密度越高的组别，词汇多样性也相对较高，但性别分组不具有这一特征。词汇密度较高的女性组，其词汇多样性反而比男性低，说明女性微博传递的信息量较大，但男性的词汇知识、词种更丰富，微博涉及的主题更多，内容更广。

2.2.3　词类离散度比较

词汇密度和词汇多样性的测量依据词型标记比、词频概貌、句子数量等数据，篇章中各词类分布的离散度也可以用来测量文本风格特征。词类分布的离散度可以通过计算各词类的频次与词汇总数的比值，进而计算各词类比值之间的标准差得出。标准差代表了一组数据的离散度，可以用来衡量篇章的词类分布特征。标准差越大，数值偏离平均值就越多，离散度就越高，各词类的分布就越不均匀，名词、动词等高频词类所占比例与其他低频词类差距就越大；如果标准差相对较小，离散度就较低，连词、叹词、拟声词等低频词类所占比例与其他低频词类差距增大。

对意见领袖的词类离散度测量后发现：①性别差异。男性意见领袖的词类离散度高于女性，两者分别为 0.10、0.90。②行业差异。词类分布标准差由大到小排序为：自由职业（0.109）>网络名人（0.108）>党政（0.105）>经济（0.098）>文化（0.097）>文艺（0.092）>宗教（0.089）。这一高低序列与词汇密度、词汇多样性的序列相似，自由职业与宗教分别居于首尾。③学历差异。学历层次的高低与词类离散度有密切联系，学历越高，词类离散度越高。标准差由大到小排序为：博士研究生学历（0.11）>硕士研究生学历（0.10）>本科学历（0.10）>本科以下学历（0.09）。④年龄差异。中老年组意见领袖的词类离散度略高于中青年组，两者分别为 0.104、0.100。行业和性别分组中，离散度越高的组别，词汇多样性越高，而学历和年龄分组则不具有这一特征。

词类离散度的高低容易受低频词类所占比例的影响。实词中的名词、动词、形容词，虚词中的助词都是出现频次较高的词类；而虚词中的介词、连词、叹词、拟声词，实词中的量词都是出现频次较低的词类。当高频词类比例降低，低频词类比例增高时，离散度就会降低。例如，行业分组中词类离散度最高的自由职业类，其名词和动词的比例高达 33.94%和 27.33%；词类离散度最低的宗教类，其名词和动词的比例仅为 27%和 24%，副词、连词所占比例约为自由职业的两倍。

考察发现，宗教、本科以下学历、中青年、女性组别的意见领袖，其高频词类所占比例相对较低，而叹词、连词、副词等词类的比例均较高。例如，女性意见领袖使用叹词和副词的比例明显高于男性意见领袖，女性和男性使用叹词所占比例分别为 0.16%、0.14%，副词分别为 9.37%、6.28%。马琰（2009）、王德春等（1995）等相关研究也发现，女性使用叹词明显多于男性，且比男性更多地使用副词等起强调作用的词语。

2.2.4　词汇丰富度与微博活跃度

微博意见领袖具有主题依赖性特征，他们在网络信息传播中的舆论影响力和号召力与其微博主题有着密切关联，但微博影响力与其话语风格特征是否存在关联，还未见相关研究。下面将通过测量各组意见领袖微博活跃度，分析微博传播能力与词汇特征之间的关联。

微博的活跃度反映了账号的传播能力，可以通过微博传播指数（Micro-Blog Communication Index，BCI）①中的推送活跃度指数 W_1 进行计算，公式为 $W_1 = 30\% \times \ln(X_1 + 1) + 70\% \times \ln(X_2 + 1)$，其中 X_1 为发博数量，X_2 为原创微博数量。每组意见领袖的微博活跃度为该组所有意见领袖活跃度指数的平均值。性别分组中，女性明显高于男性，两者活跃度指数分别为 133.93、117.99。不同行业意见领袖的微博活跃度由高到低排序为：宗教（7.05）>经济（6.89）>网络名人（6.55）>文化（6.54）>党政（5.49）>文艺（4.40）>自由职业（3.19）。各学历层次意见

---

① BCI 指数依据《中国移动互联网发展报告》的计算方法，包括活跃度 W_1 和传播度 W_2 两个二级指标，其中 W_1 又包括发博数 X_1 和原创微博数 X_2 两个二级指标。

领袖的微博活跃度由高到低排序为：本科（5.63）>博士研究生（5.36）>硕士研究生（4.89）>本科以下（4.56）。年龄分组中，中老年组略高于中青年组，两者活跃度指数分别为 5.42、5.23。

将意见领袖的微博活跃度与词汇密度、词汇多样性、词类离散度的测量结果比较后发现，微博活跃度指数与词汇分布特征具有一定关联。女性的活跃度指数较高，但其词汇多样性和词类离散度偏低；微博活跃度指数越高的行业，其词汇密度、词汇多样性和词类离散度越低；活跃度指数与学历高低存在一定联系，本科以下的意见领袖微博活跃度指数低于其他高学历意见领袖；中老年组的微博活跃度指数较高，但其词汇密度和词汇多样性偏低。

综上所述，不同性别、行业、年龄、学历的意见领袖的词汇计量特征存在组间差异，且与话语传播特征之间存在密切关联，不同类型意见领袖的话语传播特征之间存在明显的组间差异，词汇分布特征与其微博活跃度指数之间存在一定关联。

2.3　微博意见领袖句法依存特征分析

信息时代，语言安全、网络监管日益重要，在舆论事件发生、扩散的黄金干预时间内，对新媒体意见领袖的实时识别和管理极其关键。传统上仅依据时间段内的用户间关系、传播活跃度等要素识别意见领袖的方法已不能满足即时性、敏锐性需求。本书将依存句法和词汇多样性理论引入新媒体意见领袖研究领域，通过句法分析和计量研究，发现在思想文化、日常生活话题中，意见领袖话语在句法、词汇层面有可即时识别的显著特征。同时，对比意见领袖与普通用户发现，人们在使用社交性言语时，存在一种"句法词汇互补机制"，以保证基本的沟通流畅性和话语传播有效性。

2.3.1　引言

大量研究表明，意见领袖在突发事件的信息传播（姜珊珊等，2010）、网络传播及口碑效应（元志润，2011）的影响力等方面有着不可替代的重要作用。刘志明和刘鲁（2011）、熊涛和何跃（2013）曾指出意见领袖影响力对话题的依赖程度较高。意见领袖对话题倾向的依赖，源于熟悉话题相关知识。从语言学角度看，意见领袖话语必然有其内在特征。微博话语比较特殊，介于口语和书面语之间，因此也较为复杂。本书首次将依存句法和词汇多样性概念引入新媒体意见领袖话语研究中，主要从依存距离和词汇变化性两个方面进行组间计量对比，探讨微博意见领袖和普通用户之间的句法词汇特征差异，再结合子话题类别对其进行二维探讨，从而探讨在不同话题领域中，意见领袖话语在句法、词汇层面的显著特征，以及社交话语中"句法词汇互补机制"的存在。这项研究对新媒体意见领袖敏锐识别、网络舆情监控、企业软件开发以及人类社交语言机制探索都有着重要意义。

2.3.2　理论基础

2.3.2.1　平均句法依存距离及计算

依存句法这一概念在 1959 年由法国语言学家吕西安·泰尼埃（Lucien Tesnière）首次提出，是通过分析语言单位内成分之间的依存关系揭示其句法结构（刘海涛，1997）。陆前和刘海涛（2016）指出，依存距离是依存语法研究领域的一个重要概念，指的是句中两个有句法关系的词之间的线性距离。依存距离越大意味着词被存储的时间越长。Temperley（2007）提出句子处理的复杂程度与句法依存距离（Syntactic Dependency Distance）相关，距离越长，句子越难理解。Liu（2008）认为，对语言复杂性的计算与句子的线性序列密不可分。他通过对 20 种语言依存树库的分析验证了句子或文本的理解难度和依存距离成正比。Liu 等（2009）将平均依存距离（Mean Dependency Distance，MDD）定义为

$$MDD（句子）=\frac{1}{n-1}\sum_{i=1}^{n-1}|DD_i|, \tag{2-1}$$

其中 n 是句中形符数（tokens），DD_i 是第 i 个依存关系间的距离（dependency distance）；

$$MDD（样本）=\frac{1}{n-s}\sum_{i=1}^{n-s}|DD_i|, \tag{2-2}$$

其中 n 是样本总形符数，s 是样本包含的句子数。

2.3.2.2　词汇变化性及测量方法

词汇变化性，也即词汇多样性（lexical diversity），能够反映作者词汇丰富性，

可以用于测量篇章词汇的使用范围或种类，数据可以反映语言使用者用词是否丰富多样、是否较少重复等，数值越高表明用词范围越广。传统上，一般通过类符（type）和形符（token）的比值，即类符形符比值（Type/Token Ratio，TTR）来测量词汇变化性。不过，这种传统的 TTR 算法虽然简单，但文本长度会对其产生很大影响。如果文本长度较长，TTR 比值就相应较低，因此不能很好地测量不同文本长度下的词汇复杂性（陆芸，2012），其信度一直以来备受质疑。Dugast（1978）提出了更为复杂的 U 值测量方法，计算方法为：$Uber\ Index : U = (\log Tokens)^2 /$ $(\log Tokens - \log Types)$。Tweedie 和 Baayen（1998）认为这一公式为词汇变化性提供了较为精确的测量方法，Vermeer（2000）表示它"不受文本长短的影响"。Jarvis（2002）、McCarthy（2005）等学者也通过研究证明了 U 值信度较高。所以，本书采用 U 值测量微博文本的词汇变化性并进行研究。

2.3.3 语料库搭建、标注及数据计算

2.3.3.1 语料范围及搜集

本书需要搜集语料，首先需要确定的就是意见领袖人选。本书语料库搜集的语料有两个来源：一是微博意见领袖，二是微博普通用户。微博普通用户语料是海量的，较好抓取，但微博意见领袖的定位必须准确，以保证整个研究的科学性。微博的活跃度和传播度反映了账号的传播能力和传播效果，可以通过 BCI 指数进行测量。本书对意见领袖活跃度的分析采用 BCI 指数进行评估，利用其中的推送活跃度 W_1 和传播度 W_2 进行计算，公式为

$$W_1 = 30\% \times \ln(X_1 + 1) + 70\% \times \ln(X_2 + 1)$$

$$\begin{aligned} W_2 = {} & 20\% \times \ln(X_3 + 1) + 20\% \times \ln(X_4 + 1) \\ & + 25\% \times \ln(X_5 + 1) + 25\% \times \ln(X_6 + 1) \\ & + 10\% \times \ln(X_7 + 1) \end{aligned} \tag{2-3}$$

$$\text{BCI指数} = 20\% \times W_1 + 80\% \times W_2$$

其中 X_1 为发博数，X_2 为原创微博数，X_3 为转发数、X_4 为评论数、X_5 为原创微博转发数、X_6 为原创微博评论数、X_7 为点赞数。结合微博"@清博智能"公开数据，从传统作家、公职干部、财经达人、人民警察、网络红人、报纸记者、报纸编辑等职业中筛选出 2016 年 5 月 22～28 日一周内各行业中 BCI 指数最高的意

见领袖。其中，娱乐名人有偶像效应，比较特殊，因此不考虑在内。此外，本书研究的微博意见领袖只包含能够确定社会身份的个人用户，身份尚未确定的及官方微博不在研究范围内。最终，根据相关计算，筛选出覆盖各行业的、一周内最具影响力微博意见领袖前 20 名，相关数据见表 2-10。

表 2-10　2016 年 5 月 22～28 日微博意见领袖前 20 名

排名	发博数/条	被转发数/次	被评论数/条	原创微博数/条	点赞数/个	BCI 指数
1	256	1 163 242	208 895	205	1 570 314	1 861
2	52	216 510	178 988	48	350 295	1 693
3	48	231 557	99 116	14	351 761	1 612
4	314	31 965	5 073	126	11 575	1 357
5	3	55 826	15 639	1	134 259	1 339
6	21	8 313	27 138	14	26 654	1 312
7	285	16 036	9 309	59	21 840	1 292
8	148	7 205	1 829	136	299 453	1 258
9	4	15 856	10 295	2	145 640	1 233
10	151	13 105	1 086	134	2 272	1 202
11	272	10 521	3 734	88	5 737	1 198
12	47	4 343	2 589	13	3 723	1 097
13	55	4 455	1 430	39	1 968	1 094
14	221	5 060	1 606	48	2 705	1 069
15	84	722	1 089	63	4 578	1 022
16	34	929	769	23	2 228	963
17	45	542	775	19	381	884
18	128	155	258	58	330	802
19	13	164	94	7	122	674
20	54	165	44	9	39	616

由于本书的意见领袖榜单是基于 2016 年 5 月 22～28 日的一周数据，因此所搜集微博语料也限定在此范围内。本书搜集一周内意见领袖语料和普通用户语料各 75 条，尽量保证语料长度接近，以排除文本长度因素影响，除去标点符号后每句的平均形符数分别为 20.67 和 20.32。其中，为了分析的精确性，语料中有不标注或错打的标点，手动进行预处理，比如将 "。。。" 校正为 "……"，有助于

提升句法分析结果的信度。

2.3.3.2 标注与计算

本书在自建语料库人工预处理基础上，使用斯坦福大学开发的句法解析工具 Stanford Parser 进行依存分析与标注，并计算出每句的句法依存距离以及整个样本的平均句法依存距离。在微博文本中，遇到长段文字的情况，依据句号、省略号、感叹号、问号等进行分割，以便于以句为单位进行句法分析和依存距离测算。研究继续使用 SPSS 软件对不同用户、不同话题中的 MDD 进行独立样本 T 检验，得以验证其差异性。此外，利用北京语言大学开发的"CCRL 工智检索通"软件对样本形符数、类符数进行统计分析，计算得出 U 值，从而对意见领袖微博词汇变化性程度进行探讨。最后，结合 MDD 和 U 值进行分析，对比意见领袖和普通用户话语的各自的语言学特征以及共同规律。

2.3.4 结果分析

2.3.4.1 平均句法依存距离

本书分别计算意见领袖和普通用户在经济社会、思想文化、日常生活话题中的 MDD，见表 2-11。意见领袖微博话语的 MDD（3.27）总体上略短于普通用户（3.47），也即在句法上，意见领袖的表达相对简单，各句法成分之间相距比较近，需要大脑临时存储的时间较短。普通用户的 MDD 略长，话语更难理解。具体到经济社会、思想文化和日常生活三个话题，只有涉及日常生活方面时，意见领袖的 MDD（3.47）高于普通用户（3.07），而在专业性较强的经济社会和思想文化方面，其话语都较普通用户更易理解。这与大多数人的直观感受是不同的，一般人们容易认为意见领袖多为社会杰出人士，其话语的句法复杂度应该更大。但事实证明，他们只有在日常生活中表述更复杂，在更加专业的领域中句法层次反而更简洁易懂。

表 2-11　意见领袖与普通用户微博话语 MDD

组别	总体	经济社会	思想文化	日常生活
意见领袖	3.27	3.17	3.19	3.47
普通用户	3.47	3.40	3.93	3.07

为了更明确地探究意见领袖和普通用户在 MDD 上的平均分布是否具有统计学差异，本书使用 SPSS 软件进行了独立样本 T 检验，得出的结果见表 2-12。

表 2-12　意见领袖与普通用户微博话语 MDD 独立样本 T 检验

话题	总体	经济社会	思想文化	日常生活
p 值	0.18	0.24	0.02	0.04

根据检验结果可知，在总体上和经济社会话题中，意见领袖的话语复杂度虽然低于普通用户，但其 p 值大于 0.05，不具有显著度；在思想文化和日常生活话题中，双方 p 值均小于 0.05，有统计学差异。其中，在思想文化话题中意见领袖的话语句法比普通用户的更易于理解，在日常生活话题中的表述却相对复杂。为进一步分析句法层面构造复杂度差异的情况，在具有统计学差异的思想文化、日常生活话题中，选取意见领袖和普通用户形符数相同的话语制成依存树图 2-1、图 2-2（采用 Stanford Parser 标注体系，并对机器标注的细微错误进行了人工修正，但不影响计算结果）。

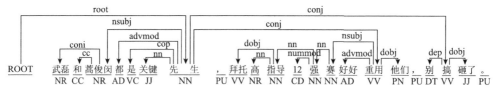

图 2-1　意见领袖思想文化话题例句依存树图

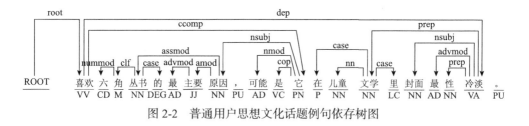

图 2-2　普通用户思想文化话题例句依存树图

上述两例中，意见领袖和普通用户的 MDD 依次为 2.67 和 3.39，语料分别来自微博名"申××"（2016.5.25）和"肉××"（2016.5.22），形符数均为 19。图 2-1 中意见领袖的 MDD 较短，从句法层次来看，其中词语间的依存关系都较为紧密。"先生"作为最主要的支配成分，处于较为中心的位置，因此距其他被支配词语的平均距离较短。相反，图 2-2 中主要支配词语"喜欢"位于句首，与其他被支配成分距离长，所需临时记忆存储时间久。比如，"喜欢"和"它"之间的从句补充关系（ccomp）距离为 10，因此读者在读到"它"的时候，要将其与前者关联起来就需要比较长的反应时，理解难度就较大。

图 2-3 和图 2-4 分别为意见领袖和普通用户的日常生活话题的例句依存树图。意见领袖和普通用户的 MDD 依次为 4.35 和 2.88，语料分别来自微博名"申××"（2016.5.27）和"落××"（2016.5.27），形符数均为 18。图 2-3 中的句法层次很明显是层层嵌套的依存关系较多，比如"精神"作为支配词，就指向"是""不""都""什么""冠军"5 个词语，同样，"需要"支配 7 个词语，平均距离也较长。比起图 2-4 中相对较多的相邻依存关系，图 2-3 的句法结构在理解上难度更大。相邻的依存结构意味着距离为 1，所需临时记忆存储时间极短。

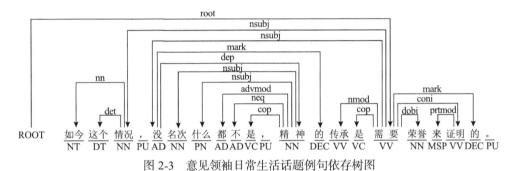

图 2-3　意见领袖日常生活话题例句依存树图

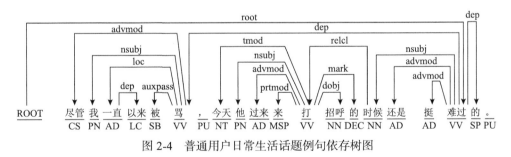

图 2-4　普通用户日常生活话题例句依存树图

2.3.4.2　词汇变化性指数

经过测量发现，总体上意见领袖的词汇变化性较丰富，在经济社会话题中略低于普通用户，但不明显。但是，在思想文化和日常生活的话题领域，两类用户的词汇丰富程度相差较大。其中，意见领袖在思想文化话题中用词多、重复少，而在日常生活话题中的词汇比较单调，见表 2-13。

表 2-13　意见领袖与普通用户微博话语 U 值

组别	总体	经济社会	思想文化	日常生活
意见领袖	51.12	59.00	75.01	26.10
普通用户	47.96	59.83	54.31	45.37

2.3.4.3　MDD 和 U 值比较的普遍规律

MDD 代表着话语句法层面的复杂性和理解难度，而 U 值代表着词汇变化性的大小。在上文中，已经发现意见领袖话语自身的句法和词汇层面有其特征。通过表 2-14 中 MDD 与 U 值的对比可以发现，无论是意见领袖，还是普通用户，他们在语言层面呈现出的句法和词汇难易度有互补性特征。在 MDD 具有统计学差异的思想文化话题中，意见领袖的 MDD（3.19）小于普通用户（3.93），但其 U 值（75.01）又比普通用户（54.31）大许多；同样在具有统计学差异的日常生活话题中，意见领袖的 MDD（3.47）虽然大于普通用户（3.07），但是普通用户的 U 值（45.38）却又明显大于意见领袖（26.10）。本书推测这是一种语言的"句法词汇互补机制"在起作用，也即当话语的句法复杂性较强时，这种机制将自动发挥作用，使词汇变化度相对降低，以实现话语平衡性。反之亦然。

表 2-14　微博意见领袖与普通用户 MDD 与 U 值对比

测量方法	思想文化		日常生活	
MDD	意见领袖	3.19	意见领袖	3.47
	普通用户	3.93	普通用户	3.07
U 值	意见领袖	75.01	意见领袖	26.10
	普通用户	54.31	普通用户	45.38

2.3.5　小结

本书引入句法依存距离和词汇变化性理论，通过对微博意见领袖和普通用户语言学特征的计量识别与分析对比，得出以下结论。

第一，与传统上基于一段时间的、有延迟度的新媒体意见领袖身份识别相比，从语言学角度可以更加即时、敏锐地识别意见领袖。在思想文化和日常生活话题中，意见领袖话语的平均句法依存距离和普通用户有统计学差异。具体来说，意见领袖在思想文化方面的话语平均句法依存距离较小，句法层次相对简单，词语依存关系比较紧密，复杂度较低，但词汇丰富度和变化度高；反之，在日常生活话题的表达上，意见领袖的话语平均句法依存距离大，倾向于层层嵌套的依存关系，因此增加了临时性记忆存储的负担，认知难度较大，但词汇变化度相应较低。

第二，对比意见领袖和普通用户的平均句法依存距离和词汇变化性指数，本书提出，人们在组织具有社交性目的的话语时，"句法词汇互补机制"起到重要作用。即使意见领袖话语较普通用户有着显著的句法、词汇区别性特征，但双方的"句法词汇互补机制"都在运转。当句法复杂性明显趋高的时候，该机制会促使词汇变化性降低，以减轻他人的认知负担；相反，在词汇丰富度高的时候，这个机制也会调整句法依存距离，令复杂度降低。当然，此理论设想仍需进一步结合语义分析和心理学实验探究，以验证其普遍科学性。

2.4　结　　语

本章研究发现，不同类型的新媒体意见领袖之间，新媒体意见领袖与普通网民之间，在语言使用上都具有一定差异。新媒体意见领袖作为社交网络舆论的发起者和参与者，发布的主题多围绕自己关注或擅长的领域展开，其语言使用所具独特性，以及字词等计量特征体现出意见领袖对话题主题的高度依赖性。意见领袖话语的平均句法依存距离和普通用户有统计学差异，说明句法计量特征可以作为新媒体意见领袖自动识别的语言指标。本章发现无论是意见领袖还是普通网民，在语言层面呈现出的句法和词汇难易度有互补性特征，可能受到了"句法词汇互补机制"的影响。

3 微信公众号意见领袖热文的标题语言研究

微信意见领袖不同于网络一般意见领袖。陈雪奇和刘敏（2015）认为微信中存在两类意见领袖：一类是强关系意见领袖，与用户之间的关系多为亲戚、朋友、家人，由于关系亲密和互动频繁，这类意见领袖往往有更大的话语掌控权，受众更偏向于选择相信这类意见领袖的言论和态度；另一类是弱关系意见领袖，多为订阅号或者公众号，这类意见领袖通过消息推送来发布信息，受众也可以通过回复订阅号或者留言进行互动。微信公众号意见领袖为巩固其地位和吸引更多关注，会精心设计推文的标题语言。

3.1 意见领袖热文标题语用策略分析

微信公众号一直是新媒体时代的研究热点，学者大多从传播、营销、应用等角度展开研究，从语言学角度展开研究的文章近年来也不断增多，尤其是针对微信公众号文章标题的研究呈逐年上涨趋势。在中国知网的"篇关摘"中检索"微信标题"，最早一批从语言学角度研究微信公众号文章标题的文章出现于 2015年，截至 2021 年 5 月底，与之相关的文献达 1100 余篇，可见学界对微信公众号文章标题研究的逐渐重视。这些文章按研究角度可分为三大类：标题内容研究、"标题党"现象研究和标题语用研究。

关于标题内容研究的文章数量居多，主要从词法和句法角度研究标题的结构、词汇、句式等，从而总结标题制作规律，具体可分为宏观和微观两个视角。宏观视角一般对微信公众号文章标题内容做整体性探讨，如杨建辉（2019）从标题长度、标题热点词汇、标题语言技巧和标点符号的运用几方面探讨微信公众号文章标题的语言特点。微观视角指通过选取某个或某类典型公众号开展针对性研究，其中针对新闻类微信公众号文章的标题研究居多，如王璐（2018）对"人民日报"微信公众号文章标题进行定量研究，从词汇、语法和人际功能三方面综合论述；张玲玲（2018）通过对新华社公众号文章标题的文本分析，研究其标题编辑策略。

另外也不乏有对其他类型公众号文章标题的研究，如刘虹（2018）对高校官方微信公众号进行研究，肖春丽（2018）以"天天炫拍""点点星光"两个公众号作为研究样本，分析当下中老年情感类微信公众号文章标题的制作规律。

"标题党"是近年来的流行话题，微信公众号文章"标题党"现象研究类文章，其内容集中于探讨"标题党"的语言风格、现象成因、危害与治理等。比如，靖鸣和钟倩（2016）通过阐述微信"标题党"现象的特征，分析其背后的原因和危害；吴辉等（2017）从"感叹""猎奇""悬念"三个关键词出发，总结"标题党"的句式、用词和表现手法。

微信标题语用研究是近年来的新视角，中国知网中运用语用学理论解读微信文章标题的文献共10篇左右，大多从言语行为理论、关联理论、合作原则等角度分析微信文章标题的语用策略和目的。如王莉锐（2017）通过案例分析，阐述言语行为理论的语用效果如何成功应用于微信推送标题上；郭志璞（2018）运用语用学关联理论的最佳关联原则，对微信文章标题进行分析，探讨作者制定"标题"时设定的话语生成与理解及其交际功能，归纳出三种微信标题与"关联理论"的关系；路丹丹（2018）综合研究了微信会话、朋友圈和文章标题的语用特征和目的，希望能进一步推动微信的发展。从语言顺应论角度研究微信文章标题的仅有姜萍等（2018）一篇，主要探讨人文社科类学术期刊微信公众号中论文标题语用策略体现的语言顺应论，该篇与本书的研究视角有相似之处，但其研究对象局限于人文社科类学术期刊微信公众号的论文标题，代表性不强。

由此观之，有关标题内容制作和"标题党"的相关研究已较为丰富，从语用角度研究微信文章标题还有很大的发展空间，而利用语言顺应论研究微信文章标题将为该领域的研究提供新视角。微信公众号每年推文总量超过100亿篇，因此阅读量超过10万的文章传播指数高，其标题具有示范价值与研究意义，也利于反映微信文章标题的发展动向。本书将通过收集2018年全年阅读量"10万+"的微信热文标题，利用语言顺应论分析热文标题的语用策略，从而为今后的微信标题制作提供宏观策略思考。

3.1.1 语料收集与整理

本书根据清博智能①网站的"10万+"微信文章排行榜，按月份收集2018年

---

① 清博智能. http://www.gsdata.cn/.

1～12 月阅读量"10 万+"中每月排名前一千的热文标题，共 12 000 条。通过使用教育部语言文字应用研究所建设的"语料库在线"网站，将 12 000 条标题内容进行在线分词与词性标注，人工校对标注结果，形成熟语料。之后使用语料库检索工具 AntConc 进行词频统计，将词频大于等于 100 的词列为高频词，作为后续分析依据。本书收集的 12 000 条热文标题主题丰富，包括时事、生活、健康、娱乐、教育、名人、影视等，涉及范围广，代表性强。

3.1.2　微信公众号热文标题语用策略的顺应性分析

Verschueren（1999）在《语用学新解》中提出了语言顺应论，指出从综观的视角来看待语言的使用，把语言使用中涉及的物理、社会和心理等因素都考虑在内。Verschueren 把语境分为语言语境和交际语境，语言语境包括篇内衔接、篇际制约和语序，交际语境包括语言使用者、物理世界、社交世界和心理世界。他认为，语言使用过程中语言的选择必须与交际语境顺应（Verschueren，1999）。微信公众号热文标题是公众号文章与受众双向互动最直接的桥梁，标题内容影响制作者与读者交际的顺利与否，标题的高热度体现语用策略的良好成效，也体现对交际语境的顺应。本书将重点从物理世界、心理世界和社交世界三方面分析微信热文标题语用策略的交际语境顺应性体现。

3.1.2.1　对物理世界的顺应

物理世界主要指时间和空间的指示关系。时间指示包括事件时间、说话时间和指称时间；空间指示即地点指示关系，一种是绝对空间关系，另一种是参照指称对象的相对空间关系（Verschueren，1999）。微信"10 万+"热文标题采用紧跟时事热点和信息凸显的语用策略体现对时空关系的顺应。

1）紧跟时事，顺应时间关系

微信热文标题中热点时事和流行语的大量使用体现对时间关系的顺应。据统计，12 000 个热文标题中，时事类标题数量占比最高，达到 21.82%，表明微信热文标题中新闻类标题居多，内容包括热门人物事件、民生事件等，是当下社会热点事件的即时反映区，顺应事件发生的时间关系。其中，有的标题产出时间与事件发生时间一致，有的标题产出时间紧跟事件发生时间之后，甚至提早预告事件发生时间（表 3-1）。

表 3-1　微信热文标题示例

序号	发布者	文章发布时间	事件发生时间	标题内容
1	人民日报	2018-01-09	2018-01-08	整个朋友圈都在心疼这个"冰花"男孩！看了他，你还有什么好抱怨的
2	人民日报	2018-03-16	2018-03-15	速看！"3·15"晚会曝光全名单，别再被坑了
3	视觉志	2018-05-14	2018-05-14	川航机长，你太牛了！！！
4	铁路 12306	2018-11-02	2018-11-03	购票更便捷！中国铁路 12306 网站即将改版升级！
5	新华社	2018-12-31	2018-12-31	习近平发表二〇一九年新年贺词：我们都在努力奔跑，我们都是追梦人

2）信息凸显，顺应空间关系

本书收集的 2018 年微信热文标题字数集中于 15～28 字，参考传统媒体标题一般不超过 20 字的标准，本书将字数超过 20 的微信热文标题称为长标题，大于 30 的称为超长标题。统计结果（图 3-1）表明，微信热文标题中长标题居多，超长标题也受青睐。目前，大多数用户使用手机浏览微信文章标题，受手机屏幕尺寸和分辨率等因素影响，手机屏幕显示的字符数量有限，部分长标题和绝大部分超长标题无法完整呈现。因此，热文标题制作者们往往采用信息凸显类符号辅助和重要内容前置的策略帮助读者筛选重点信息，顺应手机屏幕的空间特点。

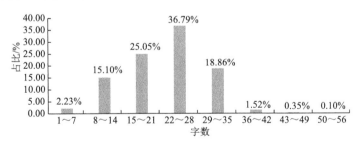

图 3-1　微信热文标题字数统计

信息凸显类符号主要有粗括号"【】"和竖线"丨"，本书收集的热文标题中，粗括号出现 4055 次，竖线出现 270 次，符号使用者多为新闻类微信公众号，例如"人民日报"通常采用粗括号对新闻进行分类推送，有【提醒】【健康】【荐读】等，如《【健康】8 种症状是血栓前兆！教你一个动作"冲走"血栓，躺着就能做》《【提醒】"五险一金"迎大变化，做这些事将被列入黑名单！》。这类醒目符号将栏目或关键词同新闻正题分隔开，言明新闻的性质，以对新闻信息进行分类，帮助受众在短时间内选择和捕捉信息，增强新闻的可读性。新华社、平局等微信公众号多用竖线进行分类推送，栏目包括"夜读｜""平说｜""平析｜""平论｜""特稿｜"等，例如《平说｜重大利好！美国终于对华封杀芯片出口～自主研发的春天来了》《特稿｜深度调查：中国春节传统习俗消失速度令人震惊！外来宗教悄然改换信仰习俗～》。

另外，有些热文长标题还采用重要内容前置的语用策略顺应空间关系，例如《北大男生 12 年不回家，拉黑父母 6 年！还写万字控诉长文，竟因为……》《手机指纹解锁曝"巨大漏洞"：一块橘子皮就能打开你手机，操控转账！》《快递员竟是 7 岁小男孩！爸爸生死未卜，妈妈改嫁，"不辛苦，我愿意"的背后无限心酸……》等，其中"北大男生 12 年不回家""手机指纹解锁曝'巨大漏洞'""快递员竟是 7 岁小男孩"这三句话分别为三个标题的主题内容，放在标题开头保证其在手机屏幕上的显示度，使长标题也能为读者传达较完整的主题思想，顺应了与读者进行交际的空间关系。

3.1.2.2 对心理世界的顺应

心理世界指交际参与者的心理与情感因素，包括交际双方的个性、情绪、愿望和意图等认知情感方面的因素（Verschueren，1999：88）。语言交际是人们心智与心智之间的交流，说话人选择语言的过程是一个顺应自己和听话人心理世界的动态过程。就微信公众号热文标题而言，不管采用何种语用策略，都是为了顺应说话人即制题者追求阅读量的心理，因为热门公众号大多以投放广告和获取流量为收入来源，流量尤为重要，流量依赖点击量，用户的每一次点击都具有经济价值，点击行为实际是购买行为，因此热文标题的制作一方面是为了顺应制题者的盈利心理，另一方面是通过采取语用策略，顺应听话人即读者的求新猎奇和追求正面价值的心理。为了实现对心理世界的顺应，微信热文标题采用的语用策略有如下几种。

1）重视时效，设置悬念，顺应求新猎奇心理

微信热文标题使用长标题和重视时效内容体现了对读者求新心理的顺应。数据显示，2015 年到 2019 年，微信"10 万+"热文标题的平均标题长度从 18.02 字增长至 22.2 字，越来越长的标题意味着越来越丰富的关键词能被读者抓取，符合碎片化阅读时代读者的"关键词阅读法"，关键词越多，越有可能为读者带来新

信息，顺应了人们求新的天性心理。

本书将 12 000 条热文标题分词后的熟语料用语料库检索工具 AntConc 进行词频统计，将词频大于等于 100 的词列为高频词，见表 3-2。

表 3-2 微信热文标题高频（词频≥100）名词、动词、代词统计情况

词类	高频词（顺序按词频）
普通名词	人（1065）、新闻（423）、网友（353）、早班车（337）、朋友圈（223）、孩子（214）、事（209）、结果（168）、微信（150）、手机（148）、真相（146）、点（139）、妈妈（132）、男子（131）、句（130）、女（116）、家（113）、国家（111）、人生（110）、女子（108）、视频（107）、话（104）、警方（102）、女生（101）
人名	习近平（215）
地名	中国（629）、美国（230）
动词	提醒（791）、有（645）、关注（378）、夜读（338）、看（298）、吃（268）、做（229）、说（228）、用（217）、想（190）、知道（181）、爱（159）、回应（159）、请（158）、买（153）、到（152）、去（142）、种（138）、没有（123）、曝光（123）、发（115）、送（111）、走（104）、打（104）、成（103）
代词	你（1886）、这（1165）、我（893）、这个（357）、他（353）、这些（350）、这样（306）、她（245）、什么（230）、我们（208）、自己（185）、为什么（169）、谁（125）、他们（123）、它（110）、这种（104）

注：表中括号内的数字为词频。

微信热文标题中普通高频名词主要与新闻、网络、生活相关，高频人名和地名涉及国内外热点时事，这些高频词体现了对读者求新心理的顺应。微信热文标题使用高频消息传播类动词、指示代词和疑问代词设置悬念，体现对读者猎奇心理的顺应。高频动词中，消息传播类动词使用频率高，有"提醒、关注、回应和曝光"，其中"提醒"一词位于高频动词之首，用来帮助受众在短时间内选择和捕捉信息，例如《【提醒】公安提醒：微信里有钱的，抓紧打开这个开关！》，使用"提醒"作为关键词激起读者好奇心，使读者迫不及待地点开标题，动词"关注"作用与之类似。而"回应、曝光"多用于公众急于知晓的重大事件，例如《焦点访谈回应！MC 天佑等被直播平台封禁，原因是……》《40000 个孩子被拐记录曝光：孩子是如何被拐的，你根本想不到》等。这些消息传播类动词的使用一定程度上激发了读者的好奇心，吸引读者点开标题查看详细内容。

高频代词中，疑问代词有"什么、为什么、谁"，指示代词有"这、这个、这些、这样"，还可和量词构成指量短语，如"这种"。一般说来篇章中使用代词或指量短语是为了避免重复，而微信热文标题中的疑问代词和指示代词用来制造悬念从而利用读者的猎奇心理，引起其阅读兴趣。例如《关系到你的买买买！

这部法律将于明年起施行》和《【提醒】如果你手机里有这些应用，赶紧卸载千万别犹豫！》两个标题，不直接点出具体法律或手机应用，而用"这部"和"这些"来代指，设置悬念，激起读者阅读兴趣。相比之下，指示代词"那"的词频只有 36，远低于"这"，沈家煊（1999）提出，"这"和肯定有一种自然的联系，"那"和否定有一种自然的联系，影响语言的正向吸引力，所以热文标题多选用指示代词"这"来拉近与读者的距离，并且多与具体数字结合使用，进一步增强吸引力。

　　2）正向形容词使用频率高，顺应追求正面价值的心理

　　正向形容词即语义上表示积极、肯定并且符合人们普遍认知倾向的形容词（谢文芳，2012）。微信热文标题中多使用正向形容词为读者提供正面语义信息，产生积极语用效果，顺应读者追求实用、美感、健康等正面价值的心理。高频正向形容词有"健康、大、多、好、对、实用、美、新、快、最新、真"，其中，"健康"出现频率最高，共计 968 次。2017 年，麦肯锡咨询公司（McKinsey & Company）通过对 51 个城市和村镇的 1 万名中国消费者的访谈，发现有 65%的中国消费者在追求更健康的生活方式[①]，这说明健康问题越来越成为社会热门话题，微信标题中出现"健康"类字眼容易获得高关注度（表 3-3）。同时，人们对日常生活的审美化追求极大地提高了该类标题的阅读量，诸如《早读：把生活变美，是一种能力》《五千年来最美的 10 首古诗词，美到极致》《美炸了！他从故宫收集 384 种中国颜色，惊艳全世界：东方审美太高级了！》等标题阅读量高，都有"10 万+"的阅读量。

表 3-3　微信热文标题高频（词频≥100）形容词统计情况

词类	高频词（顺序按词频）
形容词	健康（968）、大（382）、多（333）、好（226）、对（222）、实用（220）、美（184）、新（160）、小（144）、火（135）、快（109）、重磅（104）、最新（103）、真（101）

　　注：表中括号内的数字为词频。

3.1.2.3　对社交世界的顺应

　　交际包括四个要素：交际主体、交际对象、交际媒介以及交际环境。微信公众号的推文并不是一个单向传播的过程，而是读者与公众号、读者与作者甚至读

---

① 唐怡园. 麦肯锡报告：越来越多人重视健康，但不同行业可以找到的人群还是不一样.界面新闻.（2017-11-23）. https://www.jiemian.com/article/1768854.html? t=t.

者与读者之间的双向互动。因此，微信标题充当了引起互动的交际媒介，微信热文标题采用了各种语用策略来顺应社交世界的需求。

1）巧用新词新语与人称代词

微信热文标题面向大众，在标题中加入浅显易懂且在群众中广泛流行的新词新语，可拉近与读者的距离，更易引起读者的共鸣，从而使读者主动了解文章内容、进行互动。微信热文标题新词新语部分统计结果显示，"怼"是热词，表示用语言拒斥反驳，在被统计的热文标题中共使用 35 次（表 3-4）。"怼"这一单音节词表达通俗易懂的丰富含义，也使读者对事件本身产生兴趣，乐意与作者互动交流。"确认过眼神""打 call"等流行语的使用辅助标题增加趣味性，塑造作者与网民亲切交流的亲密关系，顺应社交世界需求。

表 3-4　微信热文标题新词新语统计[①]（节选）

新词新语	频次	标题示例	发布者	发布时间
怼	35	没有什么金丝软猬甲护身！外交部这次"怼"的是谁？	人民日报	2018-01-26
吃鸡	12	让吃鸡游戏体验提升至顶尖，一副好耳机能帮你实现	AI 应用与游戏	2018-04-24
锦鲤	9	有的人不需要锦鲤，也能活成最好的自己	人民日报	2018-10-27
退群	8	特朗普退群震惊世界！盟友不知所措，只有一国支持他…	广东共青团	2018-05-09
戏精	7	年度戏精！这位"国务院参事"被抓时还在演戏，场面一度十分尴尬	人民日报	2018-02-07
确认过眼神	6	确认过眼神！民警菜市场擒贼后淡定买菜，网友：太帅气	人民日报	2018-04-21
打 call	5	跳一跳！2018 为上海打 Call～～	上海发布	2018-01-23

微信热文标题中"你"位列高频代词之首，远高于第一人称代词"我"和第三人称代词"他"（表 3-2）。第二人称代词"你"起到拉近作者与读者距离，促进双方互动的功能。例如《H5丨我姓皇甫，起源于河南。你的姓氏藏着哪些密码？》《【荐读】让你受益一生的 11 个好习惯（第一个就没做到）》两个标题，从读者角度出发，采用情感诱导的方法使读者点击阅读，了解自己的姓氏密码和受益一

---

① 新词新语的选取以《咬文嚼字》公布的 2018 年度热词与《中国语言生活状况报告（2019）》发布的十大网络用语为依据。

生的好习惯，提升标题的亲和力，使读者更易主动留言分享看法。

2）采用语用预设机制

预设又称为前提、先设和前设，它不单是一种语义现象，更是一种语用现象。语用预设即把预设看作是交际双方所共有的知识，或者说是背景知识，基于这种知识，说话人才有可能对听话人说某一句话，并认为听话人会理解他的话，听话人才可能正确理解说话人对他说的话（何兆熊，2000）。在微信标题中，预设是用来激发读者对标题内容进行猜测，揣摩作者写作态度和意图的主要窗口。因此，微信热文标题往往选择适当的预设以顺应读者的语境，同时读者在理解标题时也要不断调整，遵从或取消标题中的预设以此内化形成自身的认知语境，这样才能形成良性互动。结合白莲（2017）和朱红琼（2017）对语用预设的分类，本书将微信热文标题使用的语用预设分为立场预设、事实预设和关系性预设三大类。立场预设即标题中包含制题者主观态度或立场的语用预设；事实预设即制题者认为标题中预设的事实已经存在于读者认知经验中的语用预设；关系性预设即制题者认为标题内容与读者存在潜在关联的语用预设。这些预设方式都是为了拉近与读者的心理距离，在传递信息的同时吸引读者主动阅读和互动。

立场预设要么与读者心中的认知语境相和，要么相悖。若标题的立场预设符合读者的认知，则形成共鸣，顺利交际；若与读者的认知相矛盾，则激起读者好奇心，触发读者调整内心预设的想法，某种程度上也是促成交际的方法。例如表3-5中的第1、2标题，作者用"不答应"和"不够伟大"表明立场，与一般读者心中"军人让座是值得尊敬的"和"川航机长的举动非常伟大"的预设相悖，形成新的语境效果，使读者尝试阅读、互动。事实预设一般是在读者已知的事实基础上增加新信息，例如表3-5中的第3、4标题，作者将"李敖和金庸都是才子"和"马云很有钱"作为读者心中普遍认可的背景知识，又增加了"李敖和金庸是两种类型的才子"和"有个人比马云还有钱"的新信息，对于与自己熟知的人物有关的内容，读者更愿意阅读和参与互动留言。关系性预设也是常用的有效语用手段，例如表3-5中的第5、6标题，作者用"所有中国人"和"所有家长"将读者置于标题中，直接拉近双方距离。

表3-5 微信"10万+"热文标题语用预设示例

序号	发布时间	发布者	标题	预设类型
1	2018-01-28	人民日报	军人这样让座，我们不答应！	立场预设
2	2018-05-14	槽边往事	机长你不够伟大	立场预设

续表

序号	发布时间	发布者	标题	预设类型
3	2018-03-19	六神磊磊读金庸	李敖和金庸，才子的两种类型	事实预设
4	2018-10-24	唐唐频道	他比马云还有钱，砸百亿建豪宅找 600 人服侍，住一年就弃了！	事实预设
5	2018-05-09	军武次位面	俄罗斯阅兵后的这个环节，值得我们所有中国人学习！	关系性预设
6	2018-11-26	洞见	恶性事件后，请求所有家长：告诉孩子这 4 点，关键时刻能保命	关系性预设

3.1.3 小结

本节借助 Verschueren 语言顺应论的观点，从物理世界、心理世界和社交世界三个角度分析了 2018 年 12 000 条微信热文标题使用的语用策略。首先，在物理世界的顺应性上，微信热文标题在时间上紧跟时事热点，大量使用流行语，空间上使用信息凸显类符号或采用重要内容前置的语用策略凸显信息。其次，在心理世界的顺应性上，微信热文标题使用长标题和重视时效内容的语用策略顺应读者的求新心理，使用高频消息传播类动词、指示代词和疑问代词设置悬念，顺应读者的猎奇心理，使用高频正向形容词顺应读者追求实用、美感、健康等正面价值的心理。最后，在社交世界的顺应性上，微信热文标题巧用新词新语与人称代词，打造制题者与网民亲切交流的亲密关系，并通过使用立场预设、事实预设和关系性预设的预设机制拉近作者与读者的心理距离。这些语用策略的综合运用实现了对交际语境的顺应，侧面体现出微信热文标题成为爆款的原因，为标题制作者提供了一些思路。

值得注意的是，语用策略的使用应适度，不能为了一味追求点击量而夸大、扭曲标题内容，故弄玄虚的"标题党"标题可能成为下一个"10 万+"，但并不能真正顺应读者的心理和社交世界，如何把控语用策略的使用度，实现最佳的交际语境顺应仍是一个值得探讨的话题。

3.2 热文"标题党"语言特征及治理对策

3.2.1 标题及"标题党"

标题通常是决定受众是否获取完整新闻、娱乐等信息的首要因素，当标题编辑者和受众对于标题的追求超出了正常标题制作原则时，"标题党"随之产生。"标题党"一词最初是指以娱乐方式加工标题来吸引点击量的网络贴主群体以及与之相关的网络现象，时代的发展推动"标题党"渗透至三微一端、报纸杂志、广播电视等新媒体和传统媒体平台，"标题党"现象进入了一个备受关注和争议的时期。

2017年，为进一步净化网络舆论环境，打击乱改标题、歪曲新闻原意等"标题党"行为，国家互联网信息办公室联合相关部门开展了为期1个月的专项整治行动，依法处罚了新浪网、搜狐网、网易网、凤凰网、焦点网等存在突出问题的5家网站，批评"标题党"六大乱象。2018年7月2日起，人民网发表"三评浮夸自大文风"系列文章，针对"跪求体""哭晕体""吓尿体"等浮夸自大文风进行批评，称此类现象消解媒体公信力，污染舆论生态，扭曲国民心态，不利于构建清朗的网络空间。除了批判与打压恶性"标题党"现象，也有学者对"标题党"表示支持与肯定。

综合各家观点，本书研究的"标题党"为中性概念，主要指有意使用夸张、怪异、骇人、娱乐、低俗等手法加工标题，来获取高点击量和阅读量的现象，既包括传递无价值信息或损害当事人权益的恶性"标题党"现象，也包括产生幽默与娱乐效果的无明显危害的良性"标题党"现象。"标题党"标题主要有文字类和图片类，本书侧重研究文字类标题。

3.2.2　调查步骤与方法

网络平台主要包括新闻资讯类、视频类、直播类、音频类、博客类和问答社区类等，其中新闻资讯平台和短视频平台为"标题党"的重灾区。本书采用抽样调查方法，选取微信公众平台与今日头条两大自媒体平台以及新浪网、搜狐网、网易网、凤凰网、腾讯网五大门户网站作为新闻资讯类平台调查对象，选取抖音、快手、B站和西瓜视频作为短视频平台调查对象，每个平台随机抽取2019年9月1日～10月1日点击量靠前的300条标题，标题样本共3300条，根据"标题党"特征，筛选出"标题党"标题共1097条，进行主题分析、表现手法与核心词汇分析以及句类、句式与符号分析。

3.2.3　"标题党"标题分布情况

从"标题党"数量及占比上看，短视频平台"标题党"标题平均占比高达

39.67%，比新闻资讯平台高出 10 个百分点还多，表明"标题党"现象在短视频平台中尤为盛行，这与近年来短视频行业的飞速发展密切相关（表 3-6）。《2018中国网络视听发展研究报告》显示[①]，截至 2018 年 6 月，中国热门短视频平台用户规模达 5.94 亿，占网民总数的 74.10%，短视频用户里青年网络用户占据主导地位，短视频平台具有移动性、互动性、碎片化、娱乐化和视觉冲击力强的产品特征，恰恰契合广大网民的互联网社交和内容消费需要，其娱乐化环境相比新闻资讯平台的环境更易推动"标题党"的生长。其中，西瓜视频的"标题党"标题占比达到 42.33%，抖音达到 40%，B 站紧随其后。2018 年上半年短视频类 APP 排行榜显示，西瓜视频位列第一，其周活跃渗透率为 15.62%，人日均在线时长 49.70分钟；抖音排名第二，周活跃渗透率达到 14.60%，人日均在线时长 47.10 分钟；周人均打开次数最多的短视频平台是快手，达到 314.40 次。西瓜视频、抖音和快手是出现"标题党"现象的典型短视频平台代表。B 站作为弹幕视频门户的代表，其视频时长往往略长于前三者，"标题党"标题占比为 38.67%。

表 3-6　"标题党"标题分布情况

平台类型	平台名称	标题样本数量/条	"标题党"标题数量/条	占比/%
新闻资讯平台	微信公众平台	300	119	39.67
	今日头条	300	103	34.33
	搜狐网	300	99	33.00
	凤凰网	300	82	27.33
	新浪网	300	80	26.67
	网易网	300	70	23.33
	腾讯网	300	68	22.67
总计/平均占比		2100	621	29.57
短视频平台	西瓜视频	300	127	42.33
	抖音	300	120	40.00
	B 站	300	116	38.67
	快手	300	113	37.67
总计/平均占比		1200	476	39.67

① 报告 I《2018 中国网络视听发展研究报告》（全文）.（2018-12-03）. https://www.sohu.com/a/279368722_99957768.

新闻资讯平台中,微信公众平台"标题党"标题数量稳居榜首,占比达 39.67%。新榜日常监测的百万级微信公众号样本库显示,2022 年,微信公众号累计产出了至少 3.98 亿篇文章,阅读数"10 万+"的文章有 36.43 万篇,占比不足 0.09%,日均超 988.14 篇[①]。由于微信公众号运营门槛低,运营程序简单,"标题党"标题衍生迅速。今日头条"标题党"标题数量占比也高达 34.33%,头条号的文章主要在今日头条 APP 中呈现,2018 年沃指数 APP 活跃用户数排行榜显示,今日头条 APP 在新闻资讯 APP 中排名第一,今日头条产生的"标题党"标题可谓是时下新闻资讯 APP"标题党"现象的缩影。新闻网站中,搜狐网"标题党"标题数量占比较高,为 33%,凤凰网、新浪网、网易网和腾讯网的占比都低于 30%,腾讯网"标题党"标题数量最少,占比为 22.67%。

参考各大新闻网站的模块分类,本书将 621 条新闻资讯平台"标题党"标题分为 24 个主题,这一细分说明新闻媒体的内容进一步"小报化",即新闻媒体在内容选题上从硬转向软,严肃新闻大幅减少,生活消费类内容急剧增加,在报道风格上追求娱乐性、通俗易懂和强情感性,信息发布的目标也从告知和教育转向提供服务和建议。

时事、明星、娱乐、情感、国际和生活类内容标题成为"标题党"标题的可能性较大。时事类"标题党"标题的占比最高,达到 22.71%,时事新闻紧跟热点事件,网民关注度最高,发布时事也是新闻资讯平台最重要的功能,这类"标题党"标题通常以夸大事实、歪曲事件、断章取义的方式吸引眼球(表 3-7)。明星类和娱乐类"标题党"标题占比分别为 10.31%、7.57%,这两类"标题党"标题体现新媒体环境下话题的娱乐性,娱乐至上的背后是泛娱乐化,明星类内容标题涉及包括明星八卦在内的社会新闻、热点话题,这类"标题党"标题通常以捕风捉影、无中生有、虚张声势,甚至玩噱头的方式吸引眼球。娱乐类内容标题多以低俗、媚俗、戏谑、搞怪的手法使读者在搞笑型内容中获得阅读快感。情感类"标题党"标题占比为 6.76%,这类标题通常以故弄玄虚、哗众取宠等方式引起人们的好奇、共鸣,主要涉及人际沟通、心灵鸡汤和情感故事等。生活类和健康类"标题党"标题所占比例为 9.01%,这两类标题通常以虚假夸张、以偏概全等方式引起人们对生活方式及身体健康的关注,甚至担忧或恐慌。

---

① 云飞扬. 微信公众号的 2022:每 1 万篇推送产出 9 篇 10W+,1 年累计发文超 3.98 亿篇. (2023-01-15). https://mp.weixin.qq.com/s/rJh9xCK_t8DZUnG8Sks8Ew.

表 3-7　新闻资讯平台"标题党"标题主题分类

序号	主题	标题示例	数量/条	占比/%
1	时事	老人投 100 元坐公交，司机听他说了这句话后，立即报警…	141	22.71
2	明星	2019 春晚演员阵容全！解！锁！	64	10.31
3	娱乐	毁三观的儿童"邪典视频"刚刚下线，小游戏又来了……	47	7.57
4	情感	【夜读】见过世面的人，从不说这 3 句话	42	6.76
5	国际	原创丨太蠢！刚刚，欧洲又被美国忽悠瘸了！	37	5.96
6	生活	79 元起！3 大波十一福利，除了秋裤，还有……	33	5.31
7	政治	今日聚焦：热泪！第一次看这样的毛主席，亿万中国人竟哭了！	27	4.35
8	健康	医生呼吁：这种水果真的会要命，有肾病的尤其当心！	23	3.70
9	教育	我！的！老！师！超！硬！核！	22	3.54
10	旅游	对不起，你朋友圈里的网红景点都是骗人的	20	3.22
11	体育	中国女排五连胜后怎么办？郎平说了四个字……	19	3.06
12	经济	再过 2 天，又要涨了	18	2.90
13	职业	当你不想上班的时候，想想这三个人	17	2.74
14	历史	88 年前的这一天，我们永远铭记！	17	2.74
15	时尚	好看！好玩！好硬核！这些居然都是人民日报联名款？	16	2.58
16	军事	最帅"成人礼"！武警特战终极考核，竟然这么考！看哭爸妈……	15	2.42
17	科技	华为突然宣布：3999 元！苹果颤抖，全世界都沸腾了！	14	2.25
18	汽车	车胎出现这几种情况，别犹豫赶紧换！	12	1.93
19	影视	本季最佳日剧完结，必须再夸一次	11	1.77
20	动物	笑喷！主人给狗剪指甲 狗为了不剪指甲假装晕倒在地：晕指甲刀	10	1.61
21	文化	水浒传：鲁智深最耻辱一战！败给这两个人，只因饿着肚子……	7	1.13
22	音乐	音像店消失了，可我还在听那些老歌	4	0.64
23	星座	巨蟹座 10 月份运势要炸了！	3	0.48
24	美食	荷花竟然能在油里盛开？绽放的那一瞬间口水都流出来了	2	0.32
		总计	621	100

　　短视频平台的"标题党"标题主题分类情况与新闻资讯平台稍显不同，短视频平台单独设有游戏和美妆类主题，少了新闻资讯平台中的政治、军事、文化和星座主题。与新闻资讯平台相比，短视频平台娱乐色彩更加明显，形式更新颖，

体现民众对于表达、展示和分享的需求，使用户在分享快乐的同时实现自我满足。例如，西瓜视频是字节跳动旗下的个性化推荐短视频平台，主要通过人工智能算法为用户推荐短视频内容，因此新鲜好看好玩的标题更易受到用户关注。抖音的短视频标题内容重在可分享性，新潮的音乐和搞笑的创意为其带来巨大流量。快手的短视频标题更加生活化，不少美妆、健身及美食类短视频广受用户青睐。B站的用户群一直是我国当代青年亚文化群体的重要组成部分，作为一个面向年轻人、用户基于兴趣而聚集的文化社区，B站"标题党"标题主要瞄准兴趣圈层。

短视频平台"标题党"标题占比较高的是娱乐、生活、美食、影视、明星、音乐、时尚、情感类主题（表3-8）。娱乐类"标题党"标题占比达23.53%，内容主要通过选取日常生活中的搞笑场景激发用户兴趣。

值得关注的是，美食类"标题党"标题占比高达8.19%，表明用户对美食类短视频有一定的审美情趣，很多受众爱好美食并愿意关注美食类短视频。美食类短视频可分为吃播秀和技能分享两类，"标题党"标题中技能分享类标题居多，采用夸张描述手段点燃受众动手下厨的欲望。

影视和音乐类"标题党"标题分别占7.77%和6.09%，内容以电影、电视剧、动画和歌曲分享点评为主，旨在引起观众共鸣。明星类"标题党"标题占比为6.93%，内容多为分享明星有趣或令人吐槽的片段。

游戏类"标题党"标题占比为4.41%，这类"标题党"标题涉及时下流行的《绝地求生》《英雄联盟》《反恐精英》等游戏，多用激动、兴奋或愤怒等激烈情绪刺激受众点击。

表3-8　短视频平台"标题党"标题主题分类

序号	主题	标题示例	数量/条	占比/%
1	娱乐	99.6%的人点进来都会狂笑甚至泪目，而我，太难了	112	23.53
2	生活	最简单的猪蹄扣，用绳子绕两圈就行，生活中处处都能用得上	46	9.67
3	美食	花卷这样做还是第一次见！懒人做法简单一压就成功，看一遍就会	39	8.19
4	影视	奶爆新番！十月最值得期待的10部动画！最后一部竟然看哭up主！	37	7.77
5	明星	2019最红的明星是谁？是你的"idol"吗，观众回答一边倒	33	6.93
6	音乐	白天听1遍～不瞌睡\(＾o＾)/晚上听10遍～睡得香！♪high school musical village♪	29	6.09
7	时尚	不要再这样吹了！男生自己做头发造型必须知道的3个技巧	23	4.84

序号	主题	标题示例	数量/条	占比/%
8	情感	凑够 800 块去相亲，找了家高档餐厅，没想到女生提出……	23	4.84
9	游戏	世界上 BUG 最多的搞笑游戏 每局 3000 个 BUG	21	4.41
10	时事	孙子在超市打碎东西，奶奶随后做出的举动，让周围的人纷纷称赞	21	4.41
11	教育	现代女性的崩溃：丧偶式育儿的痛，有谁能懂？	17	3.57
12	健康	上了黑名单的"假牛奶"，没营养还害孩子，大多家长依旧给孩子喝	16	3.36
13	动物	测试喵星人到底有多软？狗狗和主人也加入了挑战，结果主人脸被打肿……	12	2.52
14	美妆	美妆垃圾区 这些雷品你竟然还在买？	10	2.10
15	历史	春秋战国时期的人才为什么那么多？专家告诉你这个条件很重要	7	1.47
16	体育	2019 许×比赛精彩球集锦！高能炸裂，一秒都不想错过！	6	1.26
17	汽车	新手买车别忘了验车，学会这几点验车技巧，谁也不敢套路你！	6	1.26
18	科技	2019 年最丑的 3 部手机：大刘海厚机身，看到最后一个简直辣眼睛！	5	1.05
19	经济	【回形针 PaperClip】为什么你炒股总是亏钱？	4	0.84
20	国际	名场面！150 秒看 2019 国外"大人物"口误瞬间：一不留神就翻车！	3	0.63
21	旅游	穷游西藏多少天没地方洗澡了，终于遇到野温泉，还可以调节水温	3	0.63
22	职业	如何成为酒店试睡员 重磅干货	3	0.63
		总计	476	100

3.2.4 表现手法与核心词汇

本书将"标题党"标题的表现手法共分为 7 种，分别统计了新闻资讯平台和短视频平台"标题党"标题表现手法使用情况（表 3-9、表 3-10）。通过词语抽取的方式，本书统计了每种表现手法的核心词汇，由于同一种表现手法在不同平台中使用的核心词汇具有共性，因此表格中不做区分（表 3-11）。

表 3-9 新闻资讯平台"标题党"标题表现手法

表现手法	频次/条	占比/%
故弄玄虚	214	32.23
表述夸张	139	20.93
情感诱导	116	17.47
离奇设问	112	16.87

表现手法	频次/条	占比/%
突破常识	66	9.94
粗鄙低俗	9	1.36
名人效应	8	1.20

表 3-10　短视频平台"标题党"标题表现手法

表现手法	频次/条	占比/%
情感诱导	168	32.81
表述夸张	142	27.74
故弄玄虚	107	20.90
离奇设问	38	7.42
突破常识	38	7.42
粗鄙低俗	15	2.93
名人效应	4	0.78

表 3-11　新闻资讯平台和短视频平台"标题党"标题核心词汇

表现手法	核心词汇
故弄玄虚	这个、×说……、这些、这样、它、结果……、这种、结局、原来是……、这几点、竟、竟是……、居然、原因、答案是……、没想到、秘密、这件事、这一幕、这（×）款
表述夸张	最、竟（然）、史上最……、×疯、比……更/还、瞬间、笑喷、泪奔、爆笑、看呆、简直、秒杀、超级、刷屏、逆天、绝密、高能、高燃、惊天、哈哈哈哈、×%的人、泪奔、全世界、崩溃、疯狂、整个朋友圈、只需、一秒、大事、一次就、看一遍
情感诱导	我、你、都、不要、请、必须、千万别、告诉你、快×、你的、可能、收藏、来看看、小心、不一定、最好、赶紧、紧急、真正、这才是、千万不要、有你吗、必看、深度好文
离奇设问	什么、吗、到底、为什么、谁、怎么、哪里、多少、哪个、如何、凭什么、终于、发生（了）什么、比……还、咋回事、你敢……吗
突破常识	竟（竟然）、却、不是、不、突然、只（有）、×岁、还要、想不到、连……都/也
粗鄙低俗	奇葩、垃圾等
名人效应	略

　　故弄玄虚指标题表意不明，更倾向于主观感情表达，显著表现是用省略号或指示代词"这个、这些、它"代替一些关键信息，通过欲言又止的策略令人产生

一种好奇感，或只选取危言耸听的方面吸引读者关注，如"他放弃百万年薪来到这里，唯一的要求竟是……"。

表述夸张指通过夸张或带有强烈感情色彩的词语，如用"最"夸大事实，用"笑喷""泪奔""看呆"等夸大效果来吸引关注增加点击率，如《凉拌莲藕，很多人第1步就错了，简单2步，不到3分钟就学会》。

离奇设问的突出表现是借助问句形式选取事件中的某一新奇点进行放大，满足读者猎奇心理，如《主播说联播丨刚强今天一口气说了二十多个牛，到底是啥这么牛？》。

情感诱导主要特点是通过祈使句、强烈语气词和人称代词，如使用"我"在标题中现身说法，增强标题可信度，或"你""你的"等拉近与读者的距离，并采用煽情与共情手段催促读者阅读和转发，如"和你息息相关、美到窒息、欺骗你多年的知识终于找全了、这些东西太可怕了"。

突破常识强调反差效果，常用对比引起视觉冲击，造成强烈的道德反差或引起巨大的伦理批判，多用"却""竟然"表示转折，如"这个女医生每年救活上百人，却没有病人对她说谢谢……"。

粗鄙低俗即标题通过低俗词语博人眼球，是网络文化"粗鄙化"在标题中的体现。孟宪平（2013）认为，网络文化"粗鄙化"是网络空间衍生和流传的以粗劣低俗为特征的不良文化行为和倾向，主要表现为吸引眼球的另类文化、庸俗无聊的恶搞文化、挑逗欲望的煽情文化、低级趣味的泛性文化等，其基本运作模式是宣扬厚黑，以无聊为看点，以低俗为筹码，以无耻为荣耀，基本要素是"粗""鄙""俚""俗""恶"，以这几个词为主题的语言及文化借助网络媒介进行传播，已经形成一种低俗的文化体裁、格调和用语[①]。

名人效应指标题借用名人吸引读者关注，由于人们对于一些名人会有或多或少的盲从心理，因此，一些"标题党"通过加入"名人"增加标题的吸引力。

如表3-9、表3-10所示，故弄玄虚、表述夸张和情感诱导都是两大平台"标题党"标题最常使用的表现手法，新闻资讯平台中故弄玄虚手法使用占比最高，达到32.23%，此类"标题党"多在时事类标题中设下悬念，或在题尾省略重要信息；短视频平台中情感诱导手法使用占比最高，达到32.81%，此类"标题党"多出现在娱乐、生活、美食类等标题中，用诱导性话语吸引用户点击并分享。

新闻资讯平台中离奇设问手法的使用占比为16.87%，远高于短视频平台的

---

① 孟宪平. 警惕网络文化"粗鄙化". 光明日报. 2013-07-20：06 版.

7.42%，表明新闻资讯平台"标题党"更青睐使用问句形式；短视频平台中粗鄙低俗手法的使用占比为 2.93%，新闻资讯平台仅为 1.36%，可见短视频平台粗鄙低俗词语的使用仍需进一步规范。

3.2.5　句类、句式与符号

通过相关提取，得出了"标题党"标题的句类和特殊句式统计数据（表 3-12）。

表 3-12　"标题党"标题句类和特殊句式统计数据

表现手法	句类				特殊句式
	陈述句/个	感叹句/个	疑问句/个	祈使句/个	省略句/个
故弄玄虚	193	100	38	16	37
表述夸张	101	133	21	15	4
情感诱导	74	135	57	75	9
离奇设问	1	23	136	5	2
突破常识	28	33	9	2	4
粗俗低俗	9	7	3	1	1
名人效应	6	1	2	0	1
总计/个	412	432	266	114	58
占比/%	32.14	33.70	20.75	8.89	4.52

各句类中，陈述句"标题党"标题占 32.14%。感叹句"标题党"标题占比位居榜首，为 33.70%，多出现在表述夸张、故弄玄虚和情感诱导类标题中，有两种常见句式：一种为"词语+感叹号+内容陈述"，如《原创｜太蠢！刚刚，欧洲又被美国忽悠瘸了！》，这类标题通过第一个感叹句吸引受众，重点内容在感叹词之后；另一种为"内容陈述+结果或评价+感叹号"，如《金毛被遗弃，老人把它抱回家，给它洗澡陪它玩，结局很感人！》，标题重心往往是后半部分的结果或评价。

疑问句"标题党"标题共 266 条，占 20.75%，主要采用离奇设问的表现手法。祈使句中尚未发现名人效应类表现手法，主要采用情感诱导类表现手法。

特殊句式中，省略句是"标题党"标题最常用的句式之一，占比为 4.52%。这类标题利用省略制造悬念，诱人点击。虽然总体占比不高，但是省略句标题成为"标题党"标题的概率很高。

在表 3-13 中，通过"标题党"标题符号具体频次统计情况可以看到符号的使用具有三个典型特征：①低频符号或特殊符号的使用，除感叹号、问号和省略号以外，鱼尾号、波浪号符号频繁出现。②符号的叠加连用，叠加问号、感叹号和省略号也是"标题党"常用的手段，其目的是凸显核心词汇、吸引读者关注。③表情符号的使用，B 站"标题党"标题中会使用表情符号辅助表达情绪，使标题生动可感。

表 3-13　"标题党"标题符号统计数据

符号	频次	符号	频次
，	829	（ ）	17
！	434	+	17
？	242	|	13
：	139	、	12
""	126	～	7
#	90	=	3
《 》	44	「 」	2
【 】	41	/	2
……	33	——	2
@	28	&	2
…	23	%	1
。	20		

3.2.6　成因分析

"标题党"原本是一个中性词，利用"标题党"的某些编辑技巧，的确可以取得良好的传播效果，增强阅读的趣味性。例如在"软新闻"（人情味突出的社会新闻、娱乐新闻、服务性新闻等）中适当使用"标题党"类语言可使标题形式通俗、贴近群众。但如果"标题党"标题中各类夸张、歪曲、暴力的语言充斥网络空间，便会对社会、媒体和受众产生不可忽视的负面影响。就网络语言环境而言，"标题党"标题的泛滥会助长不良社会风气，不利于弘扬社会主义核心价值观；对媒体自身而言，"标题党"标题的过度使用在一定程度上折损媒体公信力，不利于塑造勇于承担社会责任的媒体形象；于受众而言，浏览过多的"标题党"标题不利于树立正确的世界观、人生观和价值观。

"标题党"式新闻本身具有一定的社会危害，而且在当下具有一定的市场，其背后有经济、道德、法律和心理等四方面原因。

第一，网络媒体"流量为王"的运营方式。各大网络平台获取利益的方式依赖点击量，用户的每一次点击都具有经济价值，点击行为成为一种变相购买行为。搜狐网首席执行官张朝阳在《把握注意力经济，迎接数字化生存》的演讲中提到，注意力正在成为一种重要的商业资源，哪个企业能够抓住市场的注意力，就有可能脱颖而出。因此，为了提高点击率、抓取市场注意力、赢得高收益，许多媒体人选择制作"标题党"标题迎合和诱惑受众。

第二，社会道德的约束力不足。一方面，一些媒体从业者职业道德缺乏，专业素养和社会责任感不足，法律意识淡薄，受互联网思维影响较深，不重视文章或视频的内容体验度，反而过于重视点击率和阅读量，导致一系列"标题党"标题产生。另一方面，社会大众对不良"标题党"标题的自觉抵制不够，使"标题党"式新闻盛行。

第三，相关法律法规建设滞后。虽然关于新闻业管制的条例在宪法和其他法律文件中有所体现，但我国尚未出台正式的新闻法，短视频平台行业相关准则也不健全，一些信息发布者打法律的"擦边球"来制作"标题党"式新闻。

第四，迎合用户心理。首先，"标题党"标题迎合用户猎奇心理。许淑花（2018）认为，用户猎奇心理也是导致网络新闻"标题党"产生的重要原因，在互联网背景下，读者需求被最大释放，人们往往只对某一方面的新闻资讯感兴趣，同时移动智能设备的普及，使人们会利用不同的关键词搜索相关资讯，以满足自身窥私欲，此外新媒体背景下的碎片化阅读进一步放大了用户的猎奇心理，这为"标题党"的产生提供了条件。其次，"标题党"标题迎合用户焦虑心理。面对碎片化的海量信息，网民常常有一种害怕错漏信息或机会的紧张感，它是一种人性中普遍存在的害怕他人可能得益而自己可能失利的恐惧。

3.2.7　治理建议

随着媒体行业不断壮大，不论是行业机构，还是政府部门，抑或是媒体自身，都要努力纠正"标题党"的不良影响。

第一，建立行业内部自我监督机制，维护媒体公信力。媒体行业要加大内部巡查力度，增强巡查自觉性，使巡查制度逐渐上升为内部管理的常规内容，以净化行业环境，促进行业自律。例如"今日头条"目前已经建立了色情、低俗、标题党、虚假信息、低质内容识别和处置算法模型180多个，2021年12月16日，中国网络视听节目服务协会官网发布了《网络短视频内容审核标准细则（2021）》（简称《细则》），对原有21类100条标准进行了与时俱进的完善，《细则》规定，短视频节目等不得出现"展现'饭圈'乱象和不良粉丝文化，鼓吹炒作流量至上、畸形审美、狂热追星、粉丝非理性发声和应援、明星绯闻丑闻的""未经授权自行剪切、改编电影、电视剧、网络影视剧等各类视听节目及片段的""引诱教唆公众参与虚拟货币'挖矿'、交易、炒作的"内容等。同时，关注行业内部从业人员的职业素养，提高网络媒体的职业准入门槛与工作底线，开展必要的业务培训，提高从业者的业务水平和语言文明素养，切实减少"标题党"乱象。行业工作者应更加注重用户体验，从追求"流量为王"向追求"内容为王"转变，实现媒体收益与社会责任的平衡，维护媒体公信力，形成实事求是、健康向上、激励人心、理性客观的网络语言风格。

第二，加大行业监管力度，健全法律法规建设。"标题党"现象的治理是一项系统工程，需要各部门的协调合作才能取得良好成效。首先，应充分发挥政府部门的职能作用，加大对各大平台的监管力度，切实开展整治"标题党"乱象的专项活动，并定期公布查处的一些"标题党"案例，对于利用网络实施诽谤，非法经营或编造、故意传播虚假恐怖信息等行为进行依法处罚。2018年7月，针对当前一些网络短视频格调低下、价值导向偏离和低俗恶搞、盗版侵权、"标题党"标题突出等问题，国家互联网信息办公室会同工业和信息化部、公安部、文化和旅游部、国家广播电视总局、全国"扫黄打非"工作小组办公室五部门，开展网络短视频行业集中整治行动，依法处置一批违法违规网络短视频平台，如能将审核行为常态化，"标题党"现象定会得到改善。另外，应借鉴国际上成熟的媒体自律经验与行业管理准则，研究制定一套网络新闻标题制作的基本原则与操作规程。

第三，培养民众监督、甄别意识，共建清朗网络空间。新媒体时代，宣传管理部门、媒体机构可利用新技术为受众提供参与治理的便捷途径，这将有效抑制"标题党"标题的消费与传播，利于共建清朗网络空间。互联网新闻信息服务单位可在网站PC端和移动端首页首屏显著位置开设针对不当标题等内容的公众举报平台，受理举报信息，及时核查处置违反上述规定的行为，并及时将处置结果向社会公开。网络上还出现了一些反"标题党"工具，如浏览器"标题党文章屏蔽插件"，它能在网民点击链接时给出目标文章的简要内容，从而避免民众因不良信息上当受骗，激发民众甄别意识。

3.3　结　　语

当下，随着新媒体平台的快速发展，信息过载的情况越来越严重，已成为信息社会的普遍现象。为了吸引用户的注意，新媒体意见领袖通常会在标题上下功夫，"标题党"现象也就愈演愈烈，产生了诸多不良影响。2020 年 3 月 1 日起施行的《网络信息内容生态治理规定》就明确指出，网络信息内容生产者应当采取措施，防范和抵制制作、复制、发布含有"使用夸张标题，内容与标题严重不符的"不良信息。[①]近年来，国家互联网信息办公室等部门开展了多次"清朗"行动，多次提及"标题党"治理问题。2021 年 5 月，国家互联网信息办公室部署开展 2021年"清朗"系列专项行动，重拳整治网络违法违规问题，两次提到了"标题党"问题。[②]同年 10 月，又部署开展了"清朗·互联网用户账号运营乱象专项整治行动"，指出要"从严处置利用社会时事'蹭热点'、发布'标题党'文章煽动网民情绪的账号"[③]。2022 年"清朗"系列专项行动公布的十大重点任务也明确指出依法从严处置"发布'标题党'文章煽动网民情绪、放大群体焦虑的账号"。2023 年"清朗·网络戾气整治"专项行动启动，集中整治的突出问题包括"编造耸人听闻的帖文标题""发布'标题党'内容故意煽动网络戾气的'自媒体'账号"[④]。"标题党"治理是建立健全网络综合治理体系的需要，应通过建立健全网络信息内容生态治理机制，培育积极健康、向上向善的网络文化。

---

① 网络信息内容生态治理规定.（2019-12-20）. https://www.cac.gov.cn/2019/12/20/c_1578375159509309.htm?source=timeline&dt_dapp=1&dt_dapp=1.

② 吴涛. 全网大扫除！2021"清朗"系列专项行动聚焦八大问题.（2021-05-08）. https://www.chinanews.com/cj/2021/05-08/9472806.shtml.

③ 国家互联网信息办公室部署推进"清朗·互联网用户账号运营乱象专项整治行动".（2021-10-19）. https://www.cac.gov.cn/2021-10/19/c_1636237146528693.htm.

④ 中央网信办秘书局. 关于开展"清朗·网络戾气整治"专项行动的通知.（2023-11-17）. https://www.cac.gov.cn/2023-11/17/c_1701809613019558.htm.

4 意见领袖央视新闻微博 vlog 的多模态交互研究

2012 年 11 月 1 日，中央电视台新闻中心官方微博"@央视新闻"正式开通，为国家级媒体在新媒体的传播平台，具有互动性、开放性和权威性的特征，在发布国内外重大新闻方面发挥着意见领袖的巨大作用。本书从多模态的角度研究 vlog（视频日志）新闻模式的社交互动效果，基于微博收集了"@央视新闻"账号下的 vlog 新闻语料，采用 M. 弗罗贝尼乌斯（M. Frobenius）（Frobenius, 2011, 2013, 2014a, 2014b）对 vlog 的受众设计、开场白、手势使用的研究模式，研究 vlogger（视频博主）的言语独白、会话历史、手势、身份建构、角色分配等，以及 vlog 是如何在交互上领先于电视新闻的，最后通过统计分析进行印证。

4.1 vlog 概述

4.1.1 vlog 的兴起

随着互联网的深入发展，中国 5G 技术逐步推广和应用，推动着网络自媒体不断创新发展。第 52 次《中国互联网络发展状况统计报告》显示，截至 2023 年 6 月，在网络接入环境方面，网民人均每周上网时长达 29.1 个小时，短视频的发展呈现出蓬勃态势，我国网络视频用户规模达 10.44 亿，用户使用率为 96.80%。网络直播用户规模达 7.65 亿，占网民整体的 71.0%[①]。短视频凭借其时长短、内容多样、制作主体多样、平台支持等优点迅速占领市场，深受大众喜爱。短视频迅猛发展，竞争愈发激烈，一种新的短视频形式——vlog 诞生了。

艾媒咨询（iiMedia Research）调查数据显示，2019 年中国 vlog 用户规模已达到 2.49 亿人[②]。

---

① 中国互联网络信息中心. 第 52 次《中国互联网络发展状况统计报告》.（2023-08-28）. https://www.cnnic. net.cn/n4/2023/0828/c88-10829.html.

② 艾媒报告 | 2019 中国 Vlog 商业模式与用户使用行为监测报告.（2019-06-13）. https://www.sohu.com/a/ 320287491_533924.

vlog 是 video weblog（视频日志）或者 video blog（视频博客）的简称，即一种电子化的视频博客，最初从全球流行的视频网站 YouTube 产生，YouTube 官方将其定义为："一种视频博客，是一种随意的、对话式的视频格式或类型，以一个人直接对着镜头说话为特征。"（"A video-blog. A casual, conversational video format or genre featuring a person talking directly to camera."）首先，vlog 是在 blog 基础上产生的以视频创作和传播为主的媒介形态，因此在模态上出现了从文字和图像交互到文字、图像、音频、视频交互的转变，拍摄者的声音、剪辑的声效、外部环境的其他声音构成了音频部分，字幕、花字、弹幕构成文字部分，视频当中出现的人物形象、其他的背景布局都可成为图像的展示，而拍摄者的眼神变化、手势摆动、状态、面部表情皆可成为视频交互的一部分。其次，它是一种自由的、对话式的视频类型，拍摄者（一般称为 vlogger）对着镜头交谈，展现了从二维状态的视频个人"独白"到三维的 vlogger 和 vlog 受众之间的虚拟对话的转变。然而随着 vlog 的成熟发展，vlog 当中也出现了很多拍摄者之外的场景转换，声画非常丰富，具有一定的叙事感，增加了和受众之间的互动。2016 年以来，vlog 逐渐在中国得到发展。①伴随着短视频热潮的出现，国内一些社交平台如微博、微信，以及短视频平台如 B 站、西瓜视频、抖音关注到了 vlog 的发展前景，纷纷推出各种 vlog 计划，扶持 vlog 的发展。2018 年更是被国内部分学者称为 vlog 元年。目前，B 站和微博是国内 vlog 发展态势较好的主流平台。②相较而言，微博具有广泛的用户基础，用户年龄覆盖广泛，集中于"80 后""90 后""00 后"群体，微博在传播力和影响力上也能让 vlog 的内容覆盖更多受众。相对于单一的视频托管网站，微博天然的社交属性能够引发更多样的受众互动，点赞、转发、评论已经成为固定虚拟社区产生的一种方式，加之大数据驱动，推荐系统的优化使得用户能够订阅到符合自身兴趣的 vlog 频道，意味着 vlogger 能不断扩大自身的粉丝群，与受众产生更深入的互动交流，这能让 vlogger 拥有更多的能产性。

4.1.2 "vlog+新闻"

媒体融合的大趋势下，一些传统媒体已经不满足于单纯的媒介融合，比如相同的报道不仅仅局限于在不同的渠道、载体上传播，还采取新的技术打造不同平

---

① 扶威. 消费文化视角下的 Vlog 走红研究——以 B 站为例.（2020-01-09）. http://media.people.com.cn/GB/n1/2020/0109/c431265-31540871.html.

② B 站、微博们齐点 Vlog 这把火：风口难造.（2019-01-31）. https://baijiahao.baidu.com/s?id=1624140559867974213&wfr=spider&for=pc.

台、不同主题的传播模式，例如人民日报对全国两会进行了不同专题的策划，在微博发起#全国两会#的讨论话题，以直播、短视频、H5、动画为主的可视化新闻的呈现，扩大了传播范围和影响力。这个层面的媒体融合融的是技术，用户观看基数变大了，但并不能增加用户黏度。2018 年，国内官方媒体开始了"vlog+新闻"的大胆尝试，2018 年中国国际电视台首次推出以记者为第一视角的 vlog 作品——《CGTN 博鳌行 Vlog》，该作品最初反响不大，但胜在形式新颖。2019 年，vlog 在全国两会的报道中被大量运用，人民日报、中国日报、中央广播电视总台等中央级媒体，以及北京电视台、湖北日报等众多地方媒体都使用 vlog 形式对全国两会进行报道。例如中国日报的"小姐姐的两会初体验"系列 vlog 引起关注，中国日报搜狐号当时的文章阅读总数达到了 2.2 亿次。[①]此后，"vlog+新闻"的报道形式被广泛运用于传媒界，官方媒体纷纷加入其中，央视新闻制作的"大国外交最前线"系列 vlog 引发全网关注，本书将该系列 vlog 作为重点讨论的对象。

"vlog+新闻"的模式引发了传媒学界和业界的关注讨论。2016 年之后，关于vlog 新闻的主题文章数量开始大幅度增长，2019 年达到了顶峰。从传播学角度来说，vlog 在新闻中的应用具有以下特征：第一视角的创作增强场景代入感、叙事元素生活化和灵活化、叙事主题以小见大、能够推动社交化的圈群互动（袁映雪，2019）。但此类 vlog 也存在这样的不足：非专业的 vlogger 缺乏个性化的表达方式、严肃新闻话题不适合作为 vlog 主题、vlog 没有形成品牌效应（孙吃，2019）。可以想到，在 vlog 最初发展的几年中，尤其是新闻媒体刚涉足该领域时，一些记者出身的 vlogger 在一定程度上难以适应从幕后到台前的转变，并且在当前国内vlog 发展还未形成规模效应的情况下，新闻主题的 vlog 没有可遵循的规范和模式，难以形成固定的受众群。从新闻学的角度来说，有研究者认为高自由度的 vlog 是经过二次创作的作品，会影响新闻的真实性、有效性，vlog 的自我性也容易造成"信息茧房"，导致内容窄化（殷张鹏、严纯，2019）。这些局限性是不可否认的，vlog 发展时间较短，加之和新闻本身有较大差异，势必要与新闻进行较长时间的磨合才能走向成熟，但"vlog+新闻"是个趋势，在发展的过程中也出现了不少成功的作品。vlog 的二次创作一定程度上会影响新闻的真实性和有效性，而且以vlogger 为第一视角的拍摄不可能完全反映新闻事件的全部面貌，因此专业新闻团队拍摄的 vlog 在进行个性化报道的同时也要保证新闻的客观性呈现。考虑到新闻时效性，一些紧急事件一般不会用 vlog 拍摄，因此 vlog 形式的报道并非以牺牲新

---

① Vlog 03 | 小姐姐第一次上两会，就做了一件让 BBC 记者羡慕的事儿.（2019-03-11）. https://www.sohu.com/a/300596516_157164.

闻客观性为代价。从社会学角度来说，vlog 受众的自我呈现和认同是常常被提及的话题，有研究者（刘娜、梁潇，2019）借用约书亚·梅罗维茨（Joshua Meyrowitz）的媒介环境学观、欧文·戈夫曼（Erving Goffman）的拟剧理论和马歇尔·麦克卢汉（Marshall McLuhan）的媒介观分析 vlog 当中的虚拟性和真实性、vlogger 和受众身份的转变以及两者之间的社会互动。纵观 2019 年以来的文献，对 vlog 新闻的研究仍停留在起步阶段，多数从传媒角度观照 vlog 新闻的发展，研究 vlog 新闻在国内的应用，指出 vlog 形式的优点与不足，这些概括性的总结对于本书的研究具有方向性的指导意义，但这一类型的研究不够深入。此外，从社会学角度研究 vlogger 的自我呈现、虚拟世界和现实世界角色的转变等，对于研究 vlog 的互动性具有启发作用。vlog 不仅是一种可以从传播学角度研究的网络世界的产物，它亦是一种可以从社会学角度研究的社会现象。然而从本质上来说，vlog 是一种以语言文字为主要交流工具的媒介，但目前学界缺乏从语言学角度对 vlog 的研究。仅有的几篇文章或是以 vlog 为切入点研究计算机中介传播（Computer-Mediated Communication, CMC）对于客体叙事和主体叙事的影响，探讨后现代主义电影文学的发展（丁磊，2020）；或是以多模态话语进行 vlog 的个案分析（李俪，2016），基于 Kress 和 Leeuwen（1996）提出的多模态话语分析理论进行实证研究，分析了 YouTube 的 vlog 当中的接触、社会距离、视野、情态、音乐与声音元素如何形成互动。

4.1.3 将 "vlog+新闻" 作为一种语用对象来研究

vlog 源于海外视频网站 YouTube，作为记录个人生活的媒介而受人关注，渐渐地形成 vlog 社交圈。vlog 是一种社交媒体，如同书信、短信、博客一样，从根本上来说它是人类相互沟通交流的一种工具。维基百科将社交媒体定义为："通过虚拟社区和网络，促进信息、思想、职业兴趣和其他表达形式的创造或分享的交互式计算机媒介技术。"（"interactive computer-mediated technologies that facilitate the creation or sharing of information, ideas, career interests and other forms of expression via virtual communities and networks."）vlog 最根本的属性也来源于此。它同样是一种以计算机为媒介的传播方式，因此在网络上它融合了文本、音频、视频、图像等形式，并且跨平台、跨媒体而存在。它的主要功能在于交互，用户可以通过 vlog 分享信息、想法、兴趣以及其他东西，最终在网络上形成一种虚拟社区。vlog 的本质是实现人与人之间的交互，交互是通过语言文字进行的，因此 vlog 也是一种网络语篇，可以作为语用学对象进行研究。它代表了一种正在使用的语言，创建了一种类似于面对面交流的环境，但这个环境实际上是被二维的网站空间分隔开的，随着虚拟世界和现实世界的不断交织渗透，vlog 如何促进这两个不同层面环境的交互是本书所要研究的问题。这个问题可以被细分为 vlogger 如何通过有意识地（比如剪辑）或无意识地（比如手势、眼神、面部表情）表达和网站平台的多模态信号实现与受众的互动。

P. G. 兰格（P. G. Lange）指出，vlog 可以有新闻性质、娱乐性质、日记形式等（Lange，2007）。所谓的新闻性质可以指 vlogger 用 vlog 的形式记录自己对政治或社会事件的看法，或 vlog 作为一种独白体裁具有和新闻相似的元素，比如对日期的强调、问候语和称呼语的使用（Frobenius，2014a）。但"vlog+新闻"作为一种新的新闻报道方式，与政治话题的 vlog 不同的是它特别强调新闻的客观性、真实性，vlogger 的职责一般由新闻记者承担，vlog 作品也由新闻媒体账号进行发布。新闻是一种人类交际的特定语篇类型，新闻代表了一个特定时代的国家官方语言的使用情况，作为一个言语情境反映社会人员之间的交流状态，同时新闻话语具有隐喻作用，是国家形象建构的重要途径，vlog 新闻的转变说明了传统媒体正在以新的话语方式迎合年轻受众。

4.1.4 vlog 的多模态交互

"交互"是社会语言学的一个重要概念，它指的是正在发生的交际过程中的行为而非结果，强调个体或群体之间通过语言或其他手段交流的过程。在基于 CMC 的交互中，语言只是许多交际资源中的一种。所有的文本，所有的交际活动，都是通过多种符号资源来实现的（Thurlow and Mroczek，2011），比如文字、声音、图像等。这些符号资源形成了一个多模态系统，在系统中，这些符号是有意义的，有时它们可以作为语言的补充，比如 vlogger 可以通过向下的手势提示用户通过视频下方的评论区给他留言（Frobenius，2013）；有时它们可以成为交际过程中的焦点，比如美妆 vlogger 在说明一个口红的质感时往往以展示嘴唇为主，整个视频除了背景音乐和展示的口红实物以及 vlogger 的嘴唇之外没有其他模态，涂了口红的嘴唇是视频画面的焦点，也是 vlogger 和粉丝交互的重要主题。

在这样的 vlog 当中，交互是多模态的。交互即双方的互动，在 vlog 中指说话人 vlogger 和听话人受众的互动，但与面对面交流不同的是，基于 CMC 的互动是异步的，受众的来源亦是不同的，他们既包括 vlogger 预设的粉丝对象，也可能包括其他新的受众，因此 vlogger 要么根据原有言语社团内部粉丝成员的兴趣设计

vlog 作品，要么开创一种新的题材或者主题元素以吸引新的受众参与，不管 vlogger 承认与否，他在设计 vlog 作品的同时对受众也进行了设计。受众设计是社会语言学的概念，由阿伦·贝尔（Allan Bell）（Bell，1984）提出，他认为，语言风格本质上是说话者对受众的一种反应，受众可以分为四种类型：addressees（说话人直接对话的听话人）、auditors（说话人认可的旁听者）、overhearers（说话人知晓但未被认可的旁听者）、eavesdroppers（说话人没有意识到的偷听者）。在 vlog 当中，addressees 和 auditors 是 vlogger 认可的，可以将之组成言语社区的对象，系列的主题 vlog 可以根据他们进行设计，而对于 overhearers 和 eavesdroppers，由于 vlogger 缺乏对这一类型成员的了解，比如缺乏互动，他们就只能成为 vlogger 的潜在设计对象，当某些 vlog 作品出于某种因素，正好迎合了这一类型部分成员的偏好时，那么他们就有可能加入该 vlogger 或 vlogger 粉丝发起的言语社区并成为其中的一员。以上是从听话人角度出发的受众角色分配，在受众设计中说话人的角色分配同样重要。戈夫曼（Goffman，1981）提出了一个针对单语环境下日常对话和交往的言语分析框架，在此框架下提出产出模式（production format）和接受模式（reception format）两个概念，在 production format 之下说话人承担了三种角色：发声者（animator）、作者（author）和话语责任者（principal）。具体来看，animator 类似一个传声筒，社交性质较弱；author 则比 animator 更进一步，他可以使用自己的话语表达或总结他人的观点；principal 则可以自由表达自己的意见，对自己的言论负责。说话人有时扮演着其中的角色，有时表现为从一个角色过渡到另一个角色（Goffman，1981）。vlog 是一种自由式的个人创作，在大部分情况下是 principal 的表现，然而 "vlog+新闻" 模式下的说话人在互动中是几种身份在过渡转变。reception format 这一概念的划分和贝尔（Bell，1984）的基本一致。因此在受众设计中说话人和听话人的角色分配都很重要，当 vlogger 重新分配参与者角色时，受众会积极参与。角色分配可以通过许多因素来实现，比如会话历史、手势、说话方式和言语内容（Frobenius，2014a）。尽管 vlog 是异步的、以独白为主的言语互动形式，但独白仍能引发受众设计，独白不同于面对面交谈，vlogger 会假想与之交谈的观众，有时他们会通过读粉丝留言或引用评论作为主题的一部分以完成在线异步互动，评论区的设置有时候是实时反馈的一种弥补。本书基于弗罗贝尼乌斯关于 vlog 的研究框架，对央视新闻 vlog+短视频的报道模式进行研究，从更细致的平面观察央视新闻如何转型以吸引年轻受众。

4.1.5 数据和方法

本书的研究数据来自微博，微博是一个社交平台，聚集了大批的官方账号，人们可以在平台上发布自己的动态，也可以通过微博下方的留言区进行评论、点赞、转发。微博的数据源是开放的，登录个人账号后可以在搜索框检索到所需的内容，并且在开放的评论区进行浏览，当某个微博用户选择关闭评论区时，其他用户将不能对其微博内容进行评论。

截至 2020 年 8 月，央视新闻的微博账号粉丝已超过 1 亿人。本书于 2020 年 8 月 20 日在该官方账号主页收集了 38 个 vlog 及其对应的所有评论。在主页以 vlog 为关键词进行检索，得到所有标记为 vlog 的博文，本书排除了下列四类博文：①转发其他账号微博，非央视新闻拍摄出品的 vlog；②被错误标记为 vlog 的电视新闻记者采访片段；③二次编辑转发的 vlog；④不涉及 vlog 的纯文字的博文。除此之外，由于 vlog 报道是央视新闻 2019 年才开始涉足的领域，因此在发布数量和频率上没有专业的 vlog 拍摄者多和高，鉴于此，对 vlog 主题、出镜者、时长等不作限制，尽可能丰富语料样本。收集的 vlog 作品最早于 2019 年 1 月 21 日发布，涉及的主题为春运、抗疫、外交、两会，vlogger 是央视总台的记者和主持人，极个别 vlog 由采访对象直接出镜。

本书将 vlog 中的模态信息以截图的方式呈现，评论以文本方式列出，根据盖尔·杰斐逊（Gail Jefferson）建立的转写规则对语音数据进行转写，研究 vlog 新闻如何通过独白、手势、剪辑手段实现 vlogger 和受众的互动。基于 vlog 的语用身份构建，探讨微博用户如何在评论区向 vlogger 发起互动请求，以及作为 vlogger 代表的官方 "@央视新闻" 主体账户如何运用网站的特点与粉丝互动。并且，将电视新闻和 vlog 新闻进行对比，分析 vlog 新闻在增强用户黏性上的特点，探讨不同平台、不同用户基数和用户不同阅读习惯对数据可用性的影响，同时对发布在微博平台上的 vlog 新闻和《新闻联播》直播的微博点赞、转发、评论数据进行对比分析。

4.2　vlogger 的言语行为策略

4.2.1　言语内容

言语是最直接的能够分配听话人角色的方式（Frobenius，2014a），它可以通过单一称呼语、问候语、句式或者共同组合的方式告诉听话人他们现在是何种角色。在一系列的 vlog 新闻中，由于出镜的 vlogger 不同，他们对受众的称呼方式也不同，第一种是泛化的称呼，比如"你们"。下面这个案例中，vlogger 用到了称呼语"你们"。①

例 1

句一：现在（.）咱们要上车打温啦（（0：00：52））

句二：现在我们要上车啦（（0：01：02））

句三：现在是凌晨四点半（.）

句四：按照计划：还有三辆车要作业（4s）

句五：你们睡吧（.）

句六：我给你们暖车去（3s）

句七：保证让你们明儿个平平安安（.）舒舒服服地回家

2 分 11 秒时长的视频中，第一句使用了第一人称代词"咱们"，相比第二句的"我们"更加口语化，但二者的用法却非常模糊，没有特别明确是指向受众还是身边的记者，因为 vlogger 在这两个称呼语使用的片段当中是由摄像跟拍的。vlogger 的独白可以作两种理解：第一种，告诉受众他们一行人要去做什么事情；第二种，用"咱们""我们"提醒观众可以跟着摄像头的视角和"我"一起做某些事情，这是一种话语提示功能（陈新仁，2017）。第五、第六、第七句中的第二人称代词"你们"是一个泛化的称呼，vlogger 并没有区分四种受众类型，因为在现实中他是一名铁路工作人员，他的工作就是帮助乘客更好地出行，因此他默认他称作"你们"的受众是一切可以看到该视频的受众，受众也会自觉地把自己的角色分配为"乘客"，因此就有了图 4-1 的回应。

图 4-1　vlog 受众的评论（图片来自网络）②

---

① 央视新闻. #春运 vlog#分享一段视频，看"暖车小哥哥"的日常.（2019-01-21）. https://m.weibo.cn/status/433
1007535148579?wm=3333_2001&from=10CC193010&sourcetype=weixin.

② 央视新闻. #春运 vlog#分享一段视频，看"暖车小哥哥"的日常.（2019-01-21）. https://m.weibo.cn/status/
4331007535148579?wm=3333_2001&from=10CC193010&sourcetype=weixin.

与"你们"类似的是"大家"这个称呼的使用，"大家"是对广泛受众的一种称呼，它比"你们"更为泛化，除非加上别的修饰词才有具体的指向。比如"上一期大家在评论区给我推荐的××物件很好"，这句话中的"大家"就指的是 vlogger 上个视频中在评论区留言的粉丝。如果 vlogger 说"你们很久之前建议我买××品牌的鞋子试一试……今天我就带大家去看看我是怎么买到它的"，在这句话中"你们"指 vlogger 以前的粉丝，当新粉丝看到这个视频的时候自动把自己排除在"你们"之外，这里的称呼语起到了区分作用，"大家"在这里主要指 vlogger 认可的受众，包括作为听话人的粉丝和其他旁观者。在例1 中，"你们"没有特别的区分作用，这与 vlogger 正在陈述的内容和 vlogger 在那个语境下分配的角色相关。"大家"相当于英语当中的 everyone、everybody，几乎分布在每一个视频样本中，有的 vlogger 并不依靠称呼语对受众进行角色分配。但在央视新闻 vlog 中，新闻主持人作为 vlogger 的视频当中经常使用"大家"作为开场白，如例 2。

例 2

镜头一

句一：Hi 大家好（.）

句二：我是康辉（.）

句三：这是我的第一支 vlog

——【#康辉的第一支 vlog#：明天要出趟远门】①

镜头二

句一：大国外交最前线（.）

句二：这一站是雅典（.）

句三：**大家早上好**

——【#康辉的 vlog 也被抢镜#】②

镜头三

句一：大国外交最前线（.）

---

① 央视新闻. #康辉的第一支 vlog#：明天要出趟远门.（2019-11-09）. https://m.weibo.cn/status/4436730784409990?wm=3333_2001&from=10CC193010&sourcetype=weixin.

② 央视新闻. #康辉的 vlog 也被抢镜#.（2019-11-12）. https://m.weibo.cn/status/4437728374812300?wm=3333_2001&from=10CC193010&sourcetype=weixin.

句二：这一站是（2s）巴西利亚

句三：**大家好**（.）

句四：现在时间是巴西当地时间 11 月 13 号的早晨

　　——【#康辉的 vlog#上新啦！看#康辉配音的秘密武器#】①

镜头四

句一：央视新闻的各位网友**大家好**（.）

句二：欢迎**大家收看**（.）新一季（1s）大国外交最前线

　　——【#刚强的 vlog#上线啦！一起去"胞波"家走亲戚】②

在镜头一中，首先是称呼语和问候语的组合，因为是第一支 vlog，所以第二行 vlogger 做了一个自我识别。在镜头二和镜头三中，vlogger 先重复 vlog 主题再进行问候，对地点和时间进行标识，地点和时间是新闻报道中的两个关键元素，和记者现场报道的惯例类似，这两个元素也被运用在旅行 vlog 当中。在镜头四中，"大家"被明确指向同位语"央视新闻的各位网友"，欢迎大家收看××节目是作为新闻开场的惯例，这可以解释为 vlogger 职业素养的一种体现。这里的"大家"和他们在演播室使用的"观众"类似，指向观看视频或电视的受众。

除"你们""大家"之外的第二种形式是网络泛称称呼语+问候语，在同一系列 vlog 当中已经形成固定的开场白或者结尾。这种情况说明 vlogger 对 vlog 的运用已经较为成熟并且也已拥有自己的固定受众，受众可以根据这种独特的口头形式识别出 vlogger。在以央视记者张竣为 vlogger 的 15 个视频中，以 "hello, hello, hello，小伙伴"为固定开场白的视频共有 7 个，占比达 46.67%。

表 4-1 中，第 1 个到第 7 个视频是按照 vlogger（张竣）的发布时间排列的，这 7 个视频一直使用固定的开场白。这个开场白出现的时间在第 15 秒之前，如果超过了 15 秒才出现，如序号 6 和 7 的视频，那么这些视频便是经过了某些剪辑，并非直接录制生成。以 3 个 hello 加网络词语"小伙伴"构成的开场白已经成为这位 vlogger 的身份标记。

① 央视新闻. #康辉的 vlog#上新啦！看#康辉配音的秘密武器#.（2019-11-14）. https://weibo.com/2656274875/4438631010226985?wm=3333_2001&from=10E2293010&sourcetype=weixin&s_trans=5185014330_4438631010226985&s_channel=4.

② 央视新闻. #刚强的 vlog#上线啦！一起去"胞波"家走亲戚.（2020-01-18）. https://m.weibo.cn/status/4462023368866585?wm=3333_2001&from=10CC193010&sourcetype=weixin.

表 4-1　固定开场白出现时间统计表

序号	标题	出现时间点
1	记者实地探访：#武汉人都戴口罩了吗#？	0:00:14
2	记者实测：#武汉晚上还能点外卖吗#？	0:00:09
3	记者实测：#武汉能买到零食吗#？	0:00:10
4	#央视记者武汉 vlog# 中国的"基建狂魔"都是超人吗？	0:00:13
5	#护士小姐姐顾得上吃饭吗#	0:00:09
6	#武汉小姐姐每天给医院做饭 800 份	0:00:19
7	#武汉抗疫一线医生是如何休息的#？	0:00:42

　　图 4-2 的评论来自不包含该开场白的视频评论区。图中评论内容表明用户 1 调用了以往视频的会话历史作为交互依据。用户 3 使用了粉丝对 vlogger 的称呼"叔"，这是一个具有网络属性的亲属称呼语，vlogger 以"大叔"或"叔"自称，表示自己是个比较成熟的男性，他假设他的受众在年龄上比他小，一旦这种称呼成为惯例，那么他的粉丝也会以"叔"来称呼他。"哈喽哈喽小伙伴"是用户 7

图 4-2　视频评论区评论（图片来自网络）①

---

① 央视新闻.#支援湖北尸检医生感谢遗体捐献者#：武汉人了不起.（2020-03-25）. https://weibo.com/2656274875/IAipyhD44?type=comment.

对 vlogger 开场问候语的重复，他想在此表明自己认识这位 vlogger，但从该用户的关注列表来看，他并没有关注该 vlogger，因此他可能不是 vlogger 以往积累的受众中的一员，这可能也反映出他对 vlogger 在央视新闻系列抗疫报道视频中的表现印象较为深刻，并且浏览了评论区，因为他几乎在每一个视频的评论区对 vlogger 的身份进行了讨论。从更不符合粉丝常规行为的角度来说，用户 7 也有可能是粉丝中的一员，只是他没有通过关注来实时获取 vlogger 微博更新的消息，他也可以通过微博中"经常访问"的功能区来获得消息，但"经常访问"列表只会保持几天，如果某天点击了某个微博频道，该功能区内的频道排名就会出现变化。因此可以得出以下两种结论：第一，用户 7 不是 vlogger 的粉丝成员；第二，用户 7 是粉丝但在社团内部权重不高。但无论是哪种情况，用户 7 都通过化用 vlogger 的这句开场白间接和 vlogger 产生了联系，并且和一些固定粉丝成员之间有了交互活动，这个活动有可能使得用户 7 进一步融入粉丝群体。

4.2.2 会话历史

会话历史适用于 vlog 研究（Frobenius，2014a），这一点在同一个 vlogger 的系列 vlog 作品中可以发现。会话历史是可以保留的，不同于毫无设备记录的面对面交谈，vlogger 面对的是虚拟空间中的视频受众，他的言语行为被呈现在 16：9 的画幅当中，vlog 作品会存在网站服务器当中，用户可以在不同时段观看该作品，除非 vlogger 将其删除。除此之外，视频下方的评论区也是会话历史可以保留的地方，也就是说会话历史会以 vlog 中的内容或者评论观点的形式存在，在 vlogger 删除或者关闭评论的情况下，一旦新的会话中涉及过往的会话内容，"老粉丝"会立刻识别，并将该内容分享给新来的粉丝，2020 年 8 月 28 日【#支援湖北尸检医生感谢遗体捐献者#：武汉人了不起】的 vlog 就说明了这一点①。

图 4-2 中，用户 1"从……时……到现在"的句式说明他从一开始就关注了 vlogger，但"这个记者"的称呼说明他对 vlogger 记者之外的身份毫不知情，并且对 vlogger 的印象作为会话历史的一部分触发其与他人交互的动机。用户 2 询问 vlogger 是否拥有自己的微博账号，用户 3 和用户 5 并没有回应用户 2 的问题，而是针对用户 1 的"这个记者"进行讨论，用户 3"我们叔"是作为 vlogger 粉丝的一个话语标识，用户 5"大开大合"是粉丝社区内所有成员使用和熟知的词，从

---

① 央视新闻.#支援湖北尸检医生感谢遗体捐献者#：武汉人了不起.（2020-03-25）. https://weibo.com/265627
4875/IΛipyhD44?type=comment.

该词本义来看不难理解，但当社区成员使用这个词时其已经偏离了本义，指向 vlogger 在以往视频当中称赞食物的口头禅，而这点正是从会话历史中得来的，只不过这个会话历史并不存在于央视新闻的 vlog 系列中，而是出自该 vlogger 个人的微博账号。[①]用户 4 和用户 6 都回答了用户 2 的问题，但用户 2 只和用户 6 发生了互动，从表达上来看，用户 6 提供的信息更详细，"～"为缩写符号，但在当今的网络语境中被赋予了很多意义，如表示可爱、起到舒缓语气的作用（金不换，2016），欢迎语和标点符号"！"的使用使语气更显热切，因此用户 2 与之交互的意愿自然更加强烈，通过这一轮交互，用户 2 很有可能会成为该 vlogger 的新粉丝，加入粉丝社群。

　　图 4-3 的评论显示了社区成员在别的频道认出 vlogger 的过程，用户 1 直接点明了 vlogger 在自己的微博账号中的社交身份，用户 2 直接使用@功能将 vlogger 的个人微博账号显示出来，用户 3 和用户 4 表明通过声音就迅速确认了 vlogger，如果没有认真观看 vlogger 的往期视频，这一信号就不能触发用户的相关记忆，因此声音作为语言符号的形式也可以成为会话历史的来源。

图 4-3　部分评论（图片来自网络）[②]

　　vlogger 依靠会话历史还可以生成新的主题或与受众产生新一轮的互动（Frobenius，2014a），比如 vlogger 会浏览上一个视频的评论并在下一个视频予以回应。在 vlogger（康辉）第一支 vlog[③]发布后，评论区用户 1 表示其"vlog 发音

①　酒仙桥 14 号. 豆瓣 9.3，别因为"羞耻"的片名，错过这部良心国产新片.（2020-04-17）. https://movie.douban.com/review/12514453/.

②　央视新闻.#山东寿光的苦瓜怎么到北京#?.（2020-06-19）. https://weibo.com/2656274875/J7jEW9QMk?type=comment.

③　央视新闻.#康辉的第一支 Vlog#：明天要出趟远门.（2019-11-09）. http://t.cn/AiBkbUUV?m=4436730784409990&u=2656274875.

好像不对"并用了"可以扣 200 块吗"的发问，还加一个微博 doge（狗头）的表情[1]和央视另一主持人的表情包。可以看出这是一条自带幽默感的评论，然而它并不是一条开放性的评论，用户引用 vlogger 曾经纠正另一主持人发音的梗[2]进行评论，对了解这个"梗"的用户作了一次交互预设，即其他用户应该会有强烈的意愿与"我"（用户 1）交流。该评论引发的回复证明用户 1 的预设是正确的，用户 2 对"vlog 发音好像不对"部分进行了回复，用户 3 则针对"梗"的部分进行了回复，他特别使用怼（duì）的拼音作为一个显著标记证明自己了解这个"梗"，虽然该用户把这个拼音写错了，但不影响其他用户的识别。

在此视频之后，康辉的第二支 vlog 的开场白回应了上面的评论，如例 3。

例 3

句一：康辉（.）@大国外交最前线（.）

句二：第二支 vlog→来了

句三：vlog（2s）这次的发音对了吗↑

——【#康辉的 vlog# 抵达雅典下飞机后第一件事做的啥？】[3]

很明显，vlogger（康辉）从某些渠道，或者经同事提醒，或者浏览了上一条视频的微博评论，了解到用户讨论了自己关于 vlog 这个单词的发音问题。第三句中，vlogger 将"vlog"作为重点，强调修正后的发音，图 4-4 中第二个 vlog 单词

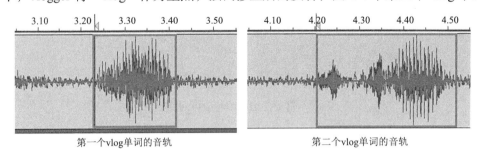

　　第一个vlog单词的音轨　　　　　　　　　第二个vlog单词的音轨

图 4-4　第 2 句和第 3 句中的 vlog 单词音轨对比[4]

---

① 狗头.（2022-04-16）. https://baike.baidu.com/item/%E7%8B%97%E5%A4%B4/23278715?fr=kg_qa.

② 撒贝宁 3 次说错"怼"字读音，康辉多次纠正，吐槽方式让人笑出声.（2019-11-07）. https://www.sohu.com/a/352172941_120408081.

梗.（2022-07-06）. https://baike.baidu.com/item/%E6%A2%97/18780006?fr=kg_qa.

③ 央视新闻. #康辉的 vlog# 抵达雅典下飞机后第一件事做的啥？.（2019-11-11）. https://m.weibo.cn/status/4437489869361420?wm=3333_2001&from=10CC193010&sourcetype=weixin.

④ 图 4-4 使用 Audacity 软件对音频进行分析。

的发声持续时间较长,并且作为出错部分的"V"发音占据了一段时间,这是 vlogger 有意识地纠偏,并且这句话隐含着虚拟的听话人——在上一个视频中指出错误的受众,vlogger 预设他们会再次前来观看,作为 vlogger 认可的 addressees 存在。vlogger 同时也允许那些旁观者 auditors 成为他的受众,因为那些没有留下书面评论指出错误的人可能也发现了他的错误并期待他能在下一期视频中进行改正。通过简短的几句话,vlogger 与受众完成了互动。

4.2.3　手势

　　姿势是多模态研究中除了言语之外重点关注的内容,一些有意识或无意识的动作代表着某人当时的心理状态,心理学领域对此研究颇多。有时候身体姿势能够提供比言语更多的信息,姿势的封闭和开放与社交距离的远近有着重要的关系(魏忠、卢莲静,2017)。在面对面交谈中,合适的社交距离会给双方带来舒适感,这一点也适用于 vlog。当 vlogger 坐着保持上半身出现在镜头前做独白时,画面比例协调,视觉效果好。比如,美妆 vlogger 和美食 vlogger 面对镜头独白时,他们几乎都坐在画面中间,上半身占竖屏的 2/3 或全部,最终呈现出来的视觉效果和面对面坐着交谈相似,这是突破网站二维空间的限制所制造的一种临场感。但在收集的所有视频语料中,vlogger 的镜头大部分都处于移动的状态,对镜独白的部分较少,这也构成了分析的主要内容之一。

　　在言语活动当中,手势通常伴随着语言出现,它也可以作为传达交际意图的重要工具单独出现,手势语能够使抽象概念具象化,在交际当中具有明确指向。手势是 vlog 中常用的交互手段,尽管录制时缺乏观众,但 vlogger 在自我独白过程中已经预设了一种面对面交流的状态,他们通过手势来引导观众,比如要求观众在评论区留言,用以弥补缺乏共时共情境产生的信息差。目前,vlog 新闻中还没有出现明确以手势引导评论的情况,但和引导评论类似的是引导点赞的手势的使用。"点赞"作为 2013 年的热词①和中国梦联系在一起,在当下的网络语境中,"点赞"不仅指网络用户点击"赞"按钮的行为,还可以表达用户对某一内容的认可、喜爱、支持,在现实语境中也可通过点赞的手势来表达相同的意思。通过对视频语料的检索发现,新闻 vlog 当中出现了 7 处点赞手势,见表 4-2。

---

① 李泓冰. 人民时评: 2013 热词,为中国力量"点赞". (2013-12-20). http://media.people.com.cn/n/2013/1220/c40606-23895321.html.

表 4-2 点赞视频的相关信息

序号	视频总时长	"点赞"手势出现的时间点	伴随的言语内容	关涉主题
1	0:02:11	0:01:56	点个赞哦	春运（人物）
2	0:04:22	0:04:19	祝福祖国	国庆70周年阅兵飞行梯队飞行员受阅（人物）
3	0:02:20	0:02:12	@大国外交最前线	外交
4	0:02:37	0:02:30	未来希腊人民的歌声当中也会有更多动人的中国故事 yeah	外交
5	0:02:00	0:01:54	在大国外交最前线为日益走向世界舞台中央的中国点赞	外交
6	0:05:57	0:05:18	给您竖大拇指	方舱医院建设采访
7		0:05:21	加油	

经过整合发现，在以上 vlog 新闻当中，点赞手势都出现在结尾部分，这一点对于 vlog 来说并不是一个不成文的规定，和在交谈中一样，说话人可以把它用在任何要表达赞同、支持的地方。但 vlog 视频的时长是有限的，如同经典的作文样式，一个主题明确的 vlog 会在开头或者结尾点题，以便能升华主旨、鼓舞人心，正面导向题材的 vlog 更是如此。7 个 vlog 的主题集中讲述中国在民生、航空、外交事业方面的发展，伴随着手势，"中国"成为点赞的高频词。2012 年后，在中国新闻语境中，中国梦是一个主要的关键词，新闻是国家价值观传输的主要路径，点赞中国作为新闻 vlog 点睛之笔的意义自然不言而喻。除此之外，和"一键三连""留下评论"的独白类似，vlogger 在言语和手势上的引导可以激发用户的点赞行为，以增加该视频的热度从而获取更多的关注。

无论是在 vlog 中还是在新闻报道中，手势都可以作为一种注意力引导机制被使用，在 vlog 当中手势可以被某些受众作为一种谈话的资料引用，例 4 展示了这种情况。

例 4

句一：在你面前（.）有一朵小黄花（.）

句二：你猜（2s）

句三：它是什么 fuɑ（（"花"））（3s）

句四：现在啊是北京时间 6 月 15 号早上 7 点（.）

句五：我脸旁边儿的这朵小黄花（（指向花朵））其实是苦瓜花

——【#山东寿光的苦瓜怎么到北京#？】①

在这长达十几秒的 vlog 开场白当中，句一至句三之间 vlogger 没有出镜，只有音频流出现，这三句是对画面中心"小黄花"的介绍，句二用"你"来给受众分配角色，指向 vlogger 认可的受众。句三中，vlogger 掀开画面中心的树叶直接来到镜头前，中间没有经过剪辑，是一个一镜到底的设计，以突出中心主题。fuā 是"花"在网络语境下具有萌属性的发音，vlogger 对"花"的读音有意误读，默认了他的大部分受众是熟谙这一发音的年轻人，因此以一种看似不太专业的言语试图和受众产生交互。句四是对时间标记的重复，属于新闻报道开场的必备元素。句五中有一个具体的手势，是对言语上的位置指向在形式上的重复确认，使受众的注意力由 vlogger 的面部表情转到"小黄花"这个主题上，vlogger 的这一设计在评论区得到了反馈（图 4-5）。

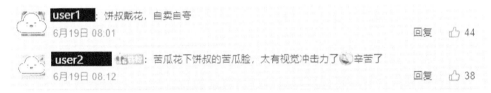

图 4-5　评论（图片来自网络）②

两个评论都提及了 vlogger 和花，由此可见言语上的重复和手势的使用作为一个注意力引导策略是有效的，尽管手势的引导过程不会持续很久，但它所指向的目标物在画面中成了焦点，一些感兴趣的受众可以就此在评论区留言，间接达到了和 vlogger 交互的效果。

4.3　身份建构中的角色分配

在语用学研究当中，"身份"是一个回避不了的话题。社会身份是多样的，包括实体世界当中的各种社会角色以及网络世界当中的虚拟角色，但并非所有身份都在交际过程中起作用，"只有在当下语境中被激活的身份才能成为交际中的

---

① 央视新闻.#山东寿光的苦瓜怎么到北京#？.（2020-06-19）. https://m.weibo.cn/status/4517438702347836? wm=3333_2001&from=10CC193010&sourcetype=weixin.

② 央视新闻.#山东寿光的苦瓜怎么到北京#？.（2020-06-19）. https://m.weibo.cn/status/4517438702347836? wm=3333_2001&from=10CC193010&sourcetype=weixin.

语用资源"，因此陈新仁（2017）将这种语境化的、语言使用者有意或无意选择的自我或对方身份，以及说话人或作者在其话语中提及的社会个体或群体的他者身份统称为语用身份。会话过程中，话语实践和身份具有交互关系，交际身份会影响话语实践，同样话语实践也会塑造相应的身份。央视新闻利用短视频和 vlog 进行新闻报道，无形之中也在加强原有的身份，同时也在构建新的语用身份。

4.3.1 强化原有主播身份

语码是指语言或者语言的任何一种变体。在视频语料中，以央视新闻主播作为 vlogger 的 vlog 作品有 9 个，"央视主播"是他们在镜头前最为鲜明的语用身份。一口标准的播音腔是央视主播最为鲜明的特征，尽管他们的表述不像在《新闻联播》中那样正式标准，甚至还带了一些日常交流中不连贯的语气词，但整体上还是以标准的汉语普通话为主。vlog 视频中也有多次强调主播身份的话语，如例 5、例 6。

> 例 5
> 句一：**央视新闻的各位网友大家好**，欢迎大家收看新一季（.）大国（.）最前线。（（刚强））
> 句二：（（拍拍刚强肩膀））接力棒第二棒。[哈哈哈$]（（康辉））
> 句三：[哈哈哈$]（（刚强））
> ——【#刚强的 vlog#上线啦！一起去"胞波"家走亲戚】①

> 例 6
> Hi 大家好我是康辉，这是我的第一支 vlog，这就是**中央广播电视总台**（.）我的单位，今天来上班了。
> ——【#康辉的第一支 vlog#：明天要出趟远门】②

vlog 仍承担着新闻报道的主要功能，新闻报道要求语言必须严谨得当，因此在"大国外交最前线"系列 vlog 报道中，转到正式报道画面或进行一些背景知识补充时，使用的书面用词占绝大多数，如例 7、例 8。

---

① 央视新闻.#刚强的 vlog#上线啦！一起去"胞波"家走亲戚.（2020-01-18）. https://m.weibo.cn/status/44620 2336886 6585?wm=3333_2001&from=10CC193010&sourcetype=weixin.
② 央视新闻.#康辉的第一支 vlog#：明天要出趟远门.（2019-11-09）. https://m.weibo.cn/status/443673078440 9990?wm=3333_2001&from=10CC193010&sourcetype=weixin.

例 7

现在红毯已经**铺就**（.），礼兵（.）在红毯两侧（.）**肃立**。当习近平**主席**和**夫人**彭丽媛步下舷梯的时候他们将行注目礼。

——【#康辉的 vlog#抵达雅典下飞机后第一件事做的啥？】①

例 8

在今天的欢迎仪式上担任**仪仗**任务的希腊总统卫队（.）现在正沿着红地毯走来（3s）。希腊总统卫队士兵的服装非常有特色（.），深红色的船形帽长长黑色流苏（.），被称为百褶裙一样的白色衬衣（.），还有（.），有着黑色大绒球的**木制鞋**。

——【#康辉的 vlog 也被抢镜#】②

从以上两个语料中可以看到，正式报道部分多以长句为主，并且用词如"铺就""肃立""夫人"等都属于书面正式用语，体现了新闻主播报道时的严谨性。这些职业规范用语也在进一步强化"主播"这样一种身份。

4.3.2　"博主"身份新构建

过去，"博主"是指发布博客，并且拥有一定粉丝数量的人，现如今的"博主"不仅指社交媒体上专门经营某一类内容，带有自身标签属性，拥有固定粉丝的一类人，如吃播博主、科技博主、美妆博主，还指以 vlog 为形式进行产出的人，叫作"vlog 视频博主"或者 vlogger。央视并非专做 vlog 的媒体，只是借用 vlog 形式进行新闻的宣传报道，但该形式也构成了一种语境，制约着博主的话语实践，因此央视主播在 vlog 中也呈现着"博主"的身份，在视频中体现为主播形象和博主形象的相互转换。

vlog 是一种集声音、画面、文字、语言、语言使用者的动作、语言使用者的神态等多模态元素于一体的视频形式，时长一般控制在 4～10 分钟。这些多模态的符号和元素对于语篇意义的构建、语用功能的实现具有重要作用，因此本书引入张德禄（2009a，2009b）建立的多模态分析框架，以央视"大国外交最前线"

---

① 央视新闻.#康辉的 vlog# 抵达雅典下飞机后第一件事做的啥？.（2019-11-11）. https://m.weibo.cn/status/4437489869361420?wm=3333_2001&from=10CC193010&sourcetype=weixin.

② 央视新闻.#康辉的 vlog 也被抢镜#.（2019-11-12）. https://m.weibo.cn/status/4437728374812300?wm=3333_2001&from=10CC193010&sourcetype=weixin.

"刚强的 vlog"为语料，描述"主播"如何利用这些多模态元素的功能在与受众互动中建构"博主"身份，表 4-3 是以"#刚强的 vlog#【学缅语 看老照片啦】"为例的 vlog 视频多模态话语分析。

表 4-3　vlog 视频多模态话语分析①

语篇意义	听觉模态	视觉模态	其他模态	前景化多模态特征
回应标题，提供信息	无	图像	文字模态（强调突出）手势 表情	视觉模态
事件一 介绍外交同行人员	无	图像	文字模态（非强化协调）	视觉模态
情节一 点明此行目的地	无	图像	文字模态 室外自然环境音（非强化协调）	视觉模态
情节二 提示正在观看的节目性质	无	图像	背景音乐（非强化协调）	视觉模态
事件一 总统府外景介绍	主模态	互补（非强化协调）	文字模态（强化突出）表情 手势 室外自然环境音 背景音乐 1（非强化协调）	听觉模态
事件二 中缅两国领导人会面	互补（非强化协调）	主模态	文字模态 室外自然环境音 背景音乐 2（非强化协调）	视觉模态
事件三 解释"胞波"为何意	主模态	互补（非强化协调）	文字模态 表情 手势 室外自然环境音 背景音乐 3	听觉模态

---

① 央视新闻. #刚强的 vlog#【学缅语 看老照片啦】.（2020-01-19）. https://weibo.com/2656274875/Iqa0ojHuo.

续表

语篇意义	听觉模态	视觉模态	其他模态	前景化多模态特征
情节一 对"胞波"的缅语发音感到疑惑	互补（非强化协调）	主模态	文字模态 表情（强调突出）	视觉模态
事件四 中缅建交 70 周年照片展介绍	互补（非强化协调）	主模态	文字模态（非强化协调） 背景音乐 4	视觉模态
情节一 主播佩戴的话筒没电了，打趣配音说明	主模态	互补（非强化协调）	文字模态（非强化协调） 主播配音	听觉模态
情节二 主播工作间隙打电话给妻子说做 vlog 不容易	互补（强化突出）	主模态	文字模态、手势（非强化协调） 表情（强调突出）	视觉模态
事件五 中缅文化旅游交流年启动仪式介绍	互补（非强调突出）	主模态	文字模态（非强化协调） 背景音乐 4	视觉模态
事件一 走出会议中心结束今日报道	主模态	互补（非强化协调）	文字模态（非强化协调） 背景音乐 4	听觉模态
情节一 回应康辉传授的 vlog 技巧：仰拍显脸小	互补（非强化协调）	主模态	文字模态（非强化协调） 表情（强化突出） 背景音乐 4	表情

从以上多模态话语分析中可发现，语言模态和视觉的图像模态始终占据前景位置，视频当中"主播"几乎全程使用汉语普通话语码，只在询问缅甸工作人员"胞波"一词的翻译时使用了英语，这是语境变化做出的语言顺应性选择。同时，每一次身份的转换都伴随着语体风格的转变。开头部分，图像和外环境音效占据前景，这种自然真实的场景"特写"交代了外交出行的时间、地点、人物，这种开场是旅游 vlog 常常使用的形式，此时主播的身份是"博主"。主题部分，事件一和事件二之间出现了明显的身份转换。事件一是对总统府外景的介绍，形式较为随意，以轻松平和的纯音乐作为背景烘托，从镜头的晃动幅度可以看出是说话人手持摄像机进行拍摄，如同 vlog 游记介绍一般，说话人依然保持"博主"身份。随着镜头的切换，事件二发生，几个镜头展现了中缅两国领导人的会面以及不同领导人之间握手的画面，此时的人物焦点变成了习近平主席，并且镜头之间的切换比较平缓，可以看出是专业摄像在拍摄，背景音乐也变成了激昂热烈的纯音乐，

说话人的话语风格也发生转变，如例9。

例9

缅甸海陆空三军和仪仗队（.）和军乐团，一个↑（.）225人的队伍正在列队进入仪式现场……缅甸总统温敏阁下呢↑也是早早地等候在总统府前（.）等待着与习近平主席见面的时刻（（说话人不出镜配音））。

——{#刚强的 vlog#【学缅语　看老照片啦】}①

说话人配音结束后只有画面、外环境音效和背景音，和《新闻联播》的展现形式相似，此时说话人的身份变成了"主播"。接着在事件三和情节一的采访环节就出现了中英文语码的转换，然而此时说话人身份并未发生变化，直到说话人对缅语发音感到疑惑时，视频上出现了围着说话人头顶一圈的问号花字，和说话人一脸难以置信的表情相互衬托，与屏幕外的观众形成了互动，这些带有强烈个人印记的模态元素使说话人身份变成"博主"。事件四情节一中说话人与观众进行了明显的互动，见例10。

例10

哎呀不用调了，不是你没开声音（.），是我的神器小蜜蜂儿↑（.）没：电了。

——{#刚强的 vlog#【学缅语　看老照片啦】}②

这本是拍摄当时的一个小失误，但后期剪辑时说话人再次配音并明确指出这个失误，不仅拉近了视频和观众之间的距离，而且直接"把握"观众看到该片段的心理反应，引起观众的兴趣。镜头一转，情节二中说话人坐在观众席和妻子通电话，"抱怨"做 vlog 太难了，见例11。

例11

媳妇儿啊↑（.），我可知道什么叫 vlog 了，哎呀（.）这做起来太不容易了：。

——{#刚强的 vlog#【学缅语　看老照片啦】}③

① 央视新闻. #刚强的 vlog#【学缅语　看老照片啦】.（2020-01-19）.https://weibo.com/2656274875/Iqa0ojHuo.
② 央视新闻. #刚强的 vlog#【学缅语　看老照片啦】.（2020-01-19）.https://weibo.com/2656274875/Iqa0ojHuo.
③ 央视新闻. #刚强的 vlog#【学缅语　看老照片啦】.（2020-01-19）.https://weibo.com/2656274875/Iqa0ojHuo.

作为新闻报道之外的小插曲，说话人和妻子的这番话语和平时大众所看到的严肃主播形象形成了反差，情节一和情节二都在无形之中强化了"博主"身份。主题部分的事件五和结尾部分的事件一属于新闻报道环节，"博主"又变成了"主播"。最后结尾情节中说话人回应了上一条 vlog 中康辉教他仰脸自拍的技巧，画面定格在说话人仰脸微笑的表情上，这既是一种和原有观众的互动，也用这个预设"康辉告诉过他这个技巧"引导新观众对原有视频进行观看。

4.4 微博引导用户交互的设计

4.4.1 微博的特点

在 Web 2.0 时代（O'Reilly, 2007），信息传播是通过交互和内容共享生成的，社交网络、参与式文化促进了虚拟交互和信息传播的发展（Yus, 2011）。微博是中国本土的一个社交媒体平台，其基于用户关系建立，并以文字、图片、视频等多媒体形式实现信息的即时分享和传播互动。与传统的博客相比，微博实现了以网页端和手机移动端为主的接入，并且在交互界面和功能设置上更加多元化。

在微博平台，用户可以了解最新的资讯，可以访问浏览过的历史，还可以点击热门微博等，每一次点击都会产生一次新的互动；另外微博还有好友圈和特别关注等功能。社区成员的交互有可能延伸到现实世界中，比如对同一话题从虚拟对话框的分享到实际的讨论。特别关注则更多地体现用户的兴趣和交互意愿，每一次刷新微博，首页将会展示特别关注用户最新发布的消息，用户可以在第一时间对这些微博进行评论。抢占第一的用户行为在中国网络语境下被称为沙发，它是 so fast 的中文音译，这种看似无意义的行为体现了用户与发布该微博的博主和将会在此评论的其他用户之间的强烈交际意愿，用户希望得到对该评论的回复，以获得和他人交流的机会。例 12 是该行为的一个实例。[①]

> 例 12
> 用户 1：我是第一！！
> 　　用户 4：回复：用户 1：他就是个老不正经的🐶

① 自律男演员的宵夜.（2020-08-26）. https://weibo.com/1730726637/JdbDkzX60?from=page_10060517307266 37_profile&wvr=6&mod=weibotime&type=comment#_rnd1671711098432.

用户 1：回复@用户 4：他不会，他只会翻让他尴尬的评论🐵

用户 4：LGX 会翻你这样的正经评论吗哈哈哈哈哈

用户 3：奖励你被博主拉黑

用户 2：💩

用户 1：@LGX（注：这条微博的博主用户名）

　　第一行是某中国明星的一条微博中的"沙发"评论，缩进的评论是其他用户对"沙发"评论的评论。用户 1 第一时间评论了这条明星微博并在自己的评论下@该明星，表达出再次与该明星互动的意愿；用户 2、用户 3、用户 4 在几分钟之后评论了用户 1 的评论，从他们的评论文本中可以猜测该明星一般只会对一些趣评进行回复，用户 1 大概率不会被明星回复；最后用户 4 的评论引起用户 1 的注意，利用回复功能直接产生虚拟空间的对话。于用户 1 而言，他没有完成最初的交际意愿，但微博评论区的功能设置却让他与另一用户产生了交互，一定程度上补偿了交互的需求。微博发展到现在，这种抢占"沙发"的用户行为较之前已经有所减少，这种行为表明用户对博主采取了第一时间关注的策略，一些博主可能会回复这种类型的评论，比如肯定回答"你是第一"，鼓励性答复"很棒""继续加油"，对另外一些博主来说，其他有趣的能够引起情感或者经历共鸣的评论更加值得他们回复。遗憾的是，由于央视新闻的 vlog 还没有形成规模化、专业化的制作发布模式，基于 vlog 新闻吸引的粉丝较少，搜集的语料中仅发现了一条类似的"沙发"评论："第一！叔加油！"①

　　该评论发布的时间和 vlog 发布的时间一致，并且该用户关注了"央视新闻"微博账号，可以推断：要么该用户当时正好在刷微博，首页推送了这条微博；要么该用户把央视新闻设置成特别关注，系统提醒用户博主发布了微博，用户第一时间抢占了"沙发"。但该评论并没有引起其他用户的交际意愿。抢"沙发"的行为是出于和 vlogger 交互的意愿，而其他用户通常不会因此与之交互。评论中的"叔"指向 vlogger 本人，但 vlogger 同时作为央视记者出镜，即使拥有自己的微博账号，他也从未在央视新闻 vlog 底下留言。从"叔"的昵称看，抢"沙发"用户显然从其他微博账号了解了 vlogger，并且是他粉丝中的一员，因此发起了这一交互行为。

　　微博中间部分的顶部为发布微博的矩形框，用户可以输入文字，嵌入表情、

---

① 央视新闻. #央视记者武汉 Vlog#【#林 QX 手写书信致敬抗疫英雄#】.（2020-03-10）. https://weibo.com/2656274875/Iy0RTiYKx#comment.

图片、视频模态，带"#"标记的话题，话题来自用户检索或者系统推荐。微博分为常规微博和长微博两种，常规微博有 140 字的限制，以便能在页面上完整展示内容，长微博的内容在页面上不完全展示，需要手动点击"展开全文"，如果想突破字数的限制，可以发头条文章。值得注意的是，微博页面底部有一个"消息"信封图标，和邮件系统的来信提醒设置一样都发出一个信号：吸引接受者注意到一种交际意图，而交际意图背后隐藏着交换信息的意图。

4.4.2　网络新闻标题的预设策略

央视网络新闻标题的命名体现出了一种预设策略。预设是会话当中的"言内之意"，是话语暗含的内容，是能够根据话语的语言结构推断出的、影响话语成立的先决条件（陈新仁，2017）。吴珏和陈新仁（2008）研究英汉新闻标题时提到，新闻标题中的预设机制能够实现标题的双重交际目的：提供信息和吸引读者。网络新闻标题同样有这样的作用，并且由于社交网络的功能性特点，网络读者比传统纸媒读者具有更多的互动性和反馈性，如央视新闻微博发布的两则 vlog 的标题："记者实测：#武汉晚上还能点外卖吗#？""#康辉的 vlog#上新啦！看#康辉配音的秘密武器#"。"测评"是 vlog 圈常做的内容之一，第一则新闻标题中的问句其实就是一个预设触发机制，读者会得到这样一则信息：特殊时期外卖很难送达，但随着情况好转，也许还能点上外卖。带着这样的猜疑，读者就会点开 vlog 视频进行观看。在第二个例子中，"上新"一词其实隐含着先前发过相关 vlog 的预设，既能引导新读者去看原有视频，也能与原来积累的粉丝读者进行新一轮的互动。因此，从语用学角度来看，标题中预设策略的应用也是顺应读者的心理需求和网络平台的物理功能需求的一种结果。

4.4.3　社交平台符号引起的互动

#和@是社交媒体当中经常出现的两种符号。#是一种 tag（标签），可以由用户自主定义生成，是用于概括博文内容的一种具有分类性质的关键词。#也在 Twitter 当中使用，用户可以通过检索找到与该主题相关的博文，它是一种有利于用户集群的符号。作为一个显性的语用标记，两个#标记的主题能够与特定受众保持密切的互动，并且随着时间的累积，可以形成一个固定的虚拟言语社区，包括那些根据搜索功能找到这个 tag 并加入的人员和那些因为经常参与兴趣话题的讨论而成为社区关注者的人（Yus，2011）。如"#两会 vlog#"本身就存在一定的

话题讨论度，两会是中国知晓度和影响力很大的政治事件，网民对此的关注度也在逐年上升，给关键词带上#，一些根据关键词检索的用户就能很快找到与两会相关的话题并参与讨论，使用这一策略比单纯依靠微博关键词搜索效率更高。下面的例 13～14 是两会话题下两个 vlog 的部分评论。

> 例 13
>
> 用户 1：两会也与时俱进，冲呀～
>
> 用户 2：两会圆满成功！
>
> 用户 3：两会冲冲冲
>
> 用户 4：加油
>
> 用户 5：关注
>
> ——【#两会 vlog#：代表委员受访现场】①
>
> 例 14
>
> 用户 1'：持续关注
>
> 用户 2'：辛苦了！持续关注
>
> 用户 3'：两会加油 为老百姓发声
>
> ——【明天#十三届全国人大三次会议开幕#，代表们在做啥准备？】②

带上#之后，关于 vlog 主题的提炼更加明确，一些受众可以直接针对主题进行评论，大部分受众对于两会的态度是积极的，比如预祝大会成功、对事件的持续关注。例 13 的用户 1 和例 14 的用户 1'、用户 3'在评论文本之后都带上了微博自带的表情符号。有的表情符号是根据文本生成的，比如用户 1'的表情指的就是"求关注"，用户 3'的手势表情指的是加油，有的表情是在文本之上延伸出来的，比如例 13 的两个表情，用户 1 的代表"中国赞"，用户 3 的代表发声话筒，二者所承载的文化意义要大于例 14 的表情符号，"中国赞"的符号说明用户 1 对两会主题的关注上升到了国家层面，用户 3 的话筒符号指代对于两会为人民发声的期许，这些表情符号填补了信息槽，丰富了文本的表达，在同一个网络语境下可以减少看到这一评论的用户所付出的认知努力。除此之外，一旦检索完成，用户可以同时看到此话题之下来自其他博主的 vlog 作品，从这个角度来说，#还有引流、

---

① 央视新闻. #两会 vlog#：代表委员受访现场.（2020-05-26）. https://weibo.com/2656274875/J3JkpnNa5?from=page_1002062656274875_profile&wvr=6&mod=weibotime&type=comment.

② 央视新闻. 明天#十三届全国人大三次会议开幕#，代表们在做啥准备？.（2020-05-21）. https://weibo.com/2656274875/J2Z7n51vD?from=page_1002062656274875_profile&wvr=6&mod=weibotime&type=comment.

导流的作用。vlog 新闻的目的也在于此，在吸引受众的基础上，让受众接收到更多元的新闻信息。

@是微博常用符号，意思是指提到某用户或对某用户说，以引起该用户的关注。@在互联网中应用于微博、微信、QQ 等社交平台，它最初源于电子邮件系统，用于在用户之间建立联系。2009 年微博上线@功能，该符号在微博语境中具有"对他说"的含义，"@+用户昵称"的形式可以引起被@的用户的关注并可能引发互动，观看到这个@用法的人也能通过其中的链接直接转到另一个未曾关注过的用户微博中。但在 vlog 新闻中鲜少涉及这一功能，因为出镜的主要 vlogger 或关涉的人物大部分为采访记者或者对象，vlog 新闻只代表新闻单位主体的声音，@个人账号可能在一定程度上消解这种官方性质。在视频语料当中涉及@功能的有两个 vlog，一个是两会代表拍摄的 vlog，被@的两会代表具有冬奥会冠军、国际奥委会委员①头衔，自带关注度，并且这个 vlog 是代表本人拍摄、央视新闻以单位名义发布的 vlog，使用@功能是对代表"著作权"的尊重。另一个 vlog【#林 QX 手写书信致敬抗疫英雄#】@了主题内容涉及的关键明星人物。②林 QX 是该 vlog 的中心人物，作为一个具有高知名度的明星其自带话题讨论度，例 15 是排名前十几的热评。

例 15

用户评论：

用户 1：正能量艺人🤍

用户 2：林 QX 耶　可帅可漂亮的女人　太喜欢她了

用户 3：很多人好奇 QX 姐姐为什么一口山东话，其实 QX 姐、邓 LJ 都是眷村长大的，从小说普通话和方言，邓的妈妈和林的父母都是山东人，所以他俩都会说。

用户 4：QX 姐一直是我的女神，正能量🤍🤍🤍偶像

——【#央视记者武汉 Vlog#评论】③

---

① 央视新闻. 全国政协委员杨扬：建议社区规划给孩子运动的地方. (2020-05-26). http://t.cn/A62cOuOB?m=4508776776694422&u=2656274875；代表微博地址：https://weibo.com/u/1919014323?from=feed&loc=at&nick=%E5%A4%A7%E7%E6%9D%A8%E6%89%AC&is_hot=1.

② 央视新闻. 林 QX 手写书信致敬抗疫英雄. (2020-03-10). https://weibo.com/2656274875/Iy0RTiYKx?filter=hot&root_comment_id=4481082180856066&type=comment&sudaref=weibo.com&sudaref=passport.weibo.com&display=0&retcode=6102.

③ 央视新闻. 林 QX 手写书信致敬抗疫英雄. (2020-03-10). https://weibo.com/2656274875/Iy0RTiYKx?filter=hot&root_comment_id=4481082180856066&type=comment&sudaref=weibo.com&sudaref=passport.weibo.com&display=0&retcode=6102.

用户 1 的评论算是中规中矩地表达了中心思想；用户 2 的评论显示出他对被 @明星的喜爱；用户 3 是围绕着 vlog 主题发表的评论，并使用了平辈间的亲昵称呼，并补充了新的信息；用户 4 称呼该明星为"女神"，这是一种显性的粉丝行为。这些评论显示了在被@对象的身上衍生出了新话题，增加了用户之间互动的可能性。

@具有通过点击链接跳转到被@的用户微博下的功能，在上面的 vlog 当中，@的这个功能确实发挥了应有的作用。翻看被@明星的微博，2020 年 3 月 10 日之后的几天，该明星当时最新的一条博文（2014 年 2 月 25 日发布）下面的评论呼应了央视新闻"林 QX 手写书信致敬抗疫英雄"这条微博，一批"谢谢"的评论出现在下面。

这些看似莫名其妙的、与微博内容无关的评论其实来自央视新闻的那条微博，@标签将两条相隔 6 年的微博联系在一起。2020 年 3 月 11 日 00 点 51 分的评论——"谢谢你对同济医院医疗物资的援助。永远的女神！"提到了关键地址"同济医院"，央视专访中也出现了这家医院，3 月 10 日央视首次报道了相关新闻，报道后一天就出现了这样的评论，因此有理由相信这个用户是看了央视新闻的微博并通过微博内部的@功能找到了这位明星的微博账号，并且选择了当时最新的一条微博进行回复，而不是通过转发微博表示感谢。如果这还不足以证明，2020 年 3 月 10 日 23 点 20 分的评论——"刚看到 QX 女神对武汉医院的捐赠物资新闻。过来看看"直接点明用户是看到相关新闻后发出的点评，而最早报道的新闻是在 2020 年 3 月 10 日 23 点 03 分发出的，可以认定该评论用户是通过直接（点击@的用户名）或间接（搜索）的方式来到了该评论区。@虽出于对话的意愿使用，但它不是用户之间对话的必要条件（Yus，2011），然而一旦使用，不管是否能实现对话，目标用户都会收到另一用户的互动提醒（除非他长时间没有登录该社交平台），如果目标用户回复，说明该对话连接成功，如果选择性忽略那么不能完成对话，但发起互动用户有可能会因为这一举动受到其他用户的关注并间接地和他们产生互动。

4.5 电视新闻和 vlog 新闻的比较

作为一种体裁，vlog 新闻和电视新闻的某些元素是类似的（Frobenius，2014a）。比如它们都有独白，都有固定的开场白和结尾。但前者是新兴的，后者是传统的，这就意味着 vlog 新闻和电视新闻有着很大的不同，最显著的区别在于 vlog 新闻给观众的感受是临场感，而电视新闻往往只是告诉观众今天发生了什么，这种缺失的临场感是很多电视新闻所弥补不了的。究其根本，两种体裁受众之间的互动是不同的，下面以央视《新闻联播》为例，对二者的区别进行分析。

4.5.1　开场视频和开场白

《新闻联播》是中央广播电视总台播出的晚间新闻节目，每晚 7:00 准时播出。该节目于 1978 年 1 月 1 日首播，作为中国影响力最大、最为官方的电视新闻栏目，拥有广泛的受众基础，官方性质决定了它的专业性。《新闻联播》开场视频持续 17 秒，是一个处在宇宙当中的地球背景和"新闻联播"字样变化的动态片段①。

和已经运营成熟的 vlog 一样，电视节目固定的开场视频可以留下一部分受众，在中国，《新闻联播》拥有广泛的受众基础，熟悉的 logo 和背景音乐是一代代中国人对《新闻联播》最为深刻的记忆，但这并不意味着它的播放数据也会随着时间的推移一直保持增长。随着互联网的普及发展，很多人选择从线上获取新闻资讯，目前观看电视新闻的多为老年人。新媒体环境下，电视新闻开始转战新媒体平台，转变新闻播报方式，吸引年轻受众，vlog 新闻也就由此诞生。vlog 新闻发展初期还未形成十分专业化的制作模式，在所收集的语料中还没有发现较为固定的开场视频，除非涉及特定专题的报道，比如"武汉观察系列"。在视频语料中也出现过其他的专题报道，但有的 vlog 缺乏开场视频，形式不统一。可以解释的是，在"武汉观察系列"出镜的记者——vlogger——在本职工作之外就是一个专业的 vlogger，在某个新闻 vlog 的结尾当中他曾提到自己还要剪片，这足以证明他还负责剪辑，这在 vlog 行业当中是很常见的，一些简单的 vlog 视频由 vlogger 本人独立制作完成，该新闻专题系列的 vlogger 具有较强的职业自觉性，他知道，一个好的 vlog 要有一个固定的开场视频，但总体而言它的影响力不及《新闻联播》的开场视频，这个 vlog 新闻的开场是严肃的、专业的，但和真正的 vlog 开场视频画面相比有点苍白，既没有丰富的模态组合，也没有吸引人的动画效果，较难促进与受众的互动。

在一段动画结束后新闻主持人出镜，开场白开始。与 vlog 新闻不同的是，电

---

① 《新闻联播》20200905 21:00.（2020-09-05）. https://tv.cctv.com/2020/09/05/VIDEIo1ysBO5TnYMCq252Lcm 200905.shtml?spm=C31267.PXDaChrrDGdt.EbD5Beq0unIQ.2.

视新闻的开场白由男女主持人出镜播报，两人无任何言语和身体姿势上的交流。vlog 新闻大多数是一个人的独白，在两人以上出镜的情况下会呈现交流的状态，或者在独白过程中有旁人插入打断。一些 vlogger 选择通过剪辑手段删除这些不和谐的片段，也有 vlogge 通过配音或现场录制等手段解释这一片段，这种"小插曲"在很大程度上会引起与观众的交互。《新闻联播》和 vlog 新闻本质上都是输出新闻。作为新闻要素的时间标记、称呼语、问候语在《新闻联播》开场白中是一个显性的标记，见例 16[①]。

例 16

句一：各位观众晚上好（.）（（男主持人））

句二：晚上好（（女主持人））

句三：今天是 9 月 5 号星期六（.）农历七月十八（2s）欢迎收看《新闻联播》节目（.）

句四：今天节目的主要内容有（（女主持人））

和弗罗贝尼乌斯（Frobenius, 2014a）分析的类似，TED 演讲开场白也使用了称呼语、问候语，这是任何交际场合礼貌的开场。《新闻联播》的开场白也是会话式的，句一称呼语没有指定观众，有些 vlogger 会以粉丝昵称称呼他的受众，这种广泛的称呼语和问候语的组合并不期待受众会给出回应，而是借此开启一段会话。句二是女主持人对问候语的再次重复，再次显示了礼貌用语在会话当中的作用。句三是一个时间标记，包括具体的日期，并且加入了具有中国特色的农历日期，这是一次明显的受众设计。句四是正式的新闻介绍，预示着正文内容即将开始，对于观众来说，这是一个提醒信号。在这简短的开场白当中主持人没有用言语进行自我识别，自我识别会缩短新闻部分的时长，并且对于熟悉《新闻联播》的观众来说，这是不必要的一步，因此识别的部分以图像字幕的形式展现出来。

与电视新闻不同的是，vlog 新闻在开场白中没有特别正式的介绍，对受众的角色分配可以用 vlogger 和部分受众默认的昵称进行。老观众会自动分配自己的角色，这是一次 vlogger 和粉丝之间的交互，新观众在多次观看同一个 vlogger 的视频后，会自觉把粉丝角色分配给自己，成为固定受众的一员，这种新颖的新闻形式比传统的电视新闻更能引发受众的期待和参与。

---

① 《新闻联播》20200905 21:00.（2020-09-05）. https://tv.cctv.com/2020/09/05/VIDEIo1ysBO5TnYMCq252Lcm200905.shtml?spm=C31267.PXDaChrrDGdt.EbD5Beq0unIQ.2.

4.5.2　言语行为策略

本小节列举了电视新闻和 vlog 新闻的出镜者在言语行为策略上的不同以及播放平台的特点（表4-4）。

表 4-4　电视新闻和 vlog 新闻的不同

	出镜人物	语言内容	会话历史	身体姿势	平台特点
电视新闻	固定的《新闻联播》主持人	播音员级别的标准，汉语普通话报道	偶尔引用上个新闻报道中的内容	保持固定坐姿	固定时间直播、重播，用户不能在电视上选择何时观看
vlog 新闻	不固定，可以是记者、采访对象、主持人等	汉语普通话报道，标准要求不高	引用上一个 vlog 的内容，可以包括人、事物、语言；也可以引用过往评论区留言	多数外景拍摄呈移动状态，室内拍摄保持较为轻松的姿势	发布时间不固定，用户可以随时随地反复播放。平台发布的 vlog 可以下载、转载、评论等

第一，电视新闻和 vlog 新闻都面向屏幕之外的观众，由于平台发布的特点不同，电视新闻受众没有"当场"发言的机会，即使这种当场性是可以设计出来的，vlog 制造的就是这种临场感，正在观看 vlog 的观众可以立即在评论区留言。当然，在电视新闻播报完毕后，官方会在官网放出当天的节目视频，视频下方也设置了点赞、留言功能。然而，由于老年受众对网络不熟悉，年轻受众可能因为评论得不到及时回复而不愿留言，这些官网视频的点击率通常远低于社交媒体上的资讯。第二，电视新闻出镜人物和言语特点的专业性、官方性进一步拉大了新闻和受众的社交距离，电视新闻是一种单向的信息输出。vlog 则不同，新闻主持人可以走出专业的演播厅，走进观众的视野，可以说口语化的语言，用更通俗易懂的话语播报资讯和表达想法。第三，电视新闻不会针对受众设计内容，vlog 可以在各个渠道收集受众的期待和反馈，为下一期视频做好规划，受众一旦发现他们的期待被满足，他们的话语得到了重视，便会积极和 vlog 进行交互，本章 4.2.2 小节会话历史部分的展示足以证明。剪辑手段在电视新闻中经常使用，电视新闻通过剪辑把不同新闻内容拼接起来，叙事简短、紧凑，近 30 分钟的时长和专业术语的运用会使观众付出更大的认知努力。vlog 新闻的主题更为集中，时长更短，一个靠 vlogger 串联起来的完整故事片段更吸引受众，受众也不用付出更多的认知努力，他们可以拉动进度条反复观看视频的细节。例 17 展示了 vlog 新闻下用户的互动。

例 17

用户评论①：

用户 1：这个墨镜还有一个作用就是戴起来很帅😎😎😎

用户 2：电动牙刷存在的意义还是要暴躁刷么😂😂

用户 3：好可爱喔！"骑上心爱的小摩托"😂怎么这么可爱！帅气可爱又专业的小哥哥！！毫无抵抗力

　　在上面的评论中，用户关注到了 vlogger 身上的小物件，以及与主题无关的电动牙刷。电动牙刷的细节可以在视频后期中剪切掉，但该 vlog 上方的 logo 和下方滚动的新闻文字证明它也被作为《新闻联播》中的视频片段播放出来，这些看似无意义的细节正是引起互动的元素之一。对于观众来说，接受过严格训练的飞行员使用"电动牙刷"的力度、速度与普通人不同，这一片段引发观众在评论区探讨。在 vlog 当中，观众保持着这样的提问习惯，出于求知的需要，他们会在评论区表达自己的疑问以期望得到其他用户的回复。vlogger 在视频中唱出的网络流行歌曲，成功引起了观众的兴趣，用户 3 针对歌词在评论中作出了回应。在特定的网络会话语境之下，观众对网络热词保持着较高的灵敏度，vlogger 利用这一现象进行了一次受众设计，与观众完成了一次异步互动。

　　此外，剪辑手段的加入使 vlog 中处于不同时空的采访者和受访人能够以一问一答的形式展现完整的对话，解答观众关心的问题，见例 18②。

例 18

句一：这个（.）物资供应有问题吗？（2s）（（vlogger））

句二：基本上没有什么问题（.）（（被采访 1 号））

句三：食品类的没有什么影响（2s）就是医护类的东西没有（.）（（被采访 2 号））

句四：您觉得这种情况还得持续多久？（.）（（vlogger））

句五：可能最多两个月吧（.）（（被采访 1 号））

句六：最少一个星期吧（.）（（被采访 2 号））

句七：应该是很有信心的（（被采访 1 号））

---

① 央视新闻. 看过来！#空中护旗梯队飞行员受阅前 vlog#.（2019-10-03）. https://weibo.com/2656274875/I9PRT9jHE?filter=hot&root_comment_id=0&type=comment.

② 记者实测：#武汉能买到零食吗#?（2020-01-29）. https://weibo.com/2656274875/4465859256474666?wm=3333_2001&from=10E2293010&sourcetype=weixin&s_trans=5185014330_4465859256474666&s_channel=4.

这是一段新闻外拍采访，vlogger 既是拍摄者也是采访者，在旁观的观众看来，这是三个人之间的一次流畅会话。句一至句三是一个提问回答单元，句四至句七又是另一个单元，采访者提问完后，被采访者依次作答的画面呈现和面对面交谈的形式无异，即使对被采访 1 号来说有可能的采访顺序是 1—2—4—5—7，但为了营造出多人共同对话的"假象"，剪辑打乱了这个顺序，允许被采访 2 号在 1号回答完毕后紧接着作答。电视剧当中也经常使用这样的手法，两个正在"对话"的演员也极有可能是在不同时间不同地点拍摄合成的。为了让"对话"更加真实，镜头没有将两个被采访者放到一个共同的画面内，虽然技术上有可能实现，但成本更高。vlog 观众就这样旁观了整段对话，这是在电视新闻中少有的镜头，以上帝视角观看新闻事件和社会临场感相比，后者就是社交媒体的优点所在，vlogger充分利用了媒介的特点，通过镜头将被采访者的声音信号、表情、手势等非语言因素传递出来，把信息最大化地传输给用户。电视新闻媒介自身限制了这个功能，它可以通过真实的画面来调动受众的情绪，主播具有磁性的声音也许在一开始能给人带来美感，但过于规范和标准也在一定程度上失去了特点和温度。沟通本质上是人与人的交流，vlog 呈现的效果即是如此，因此 vlog 新闻赋予了受众较强的社会临场感，更能吸引受众。

为了从统计上验证 vlog 新闻比电视新闻更能吸引受众，本书将微博平台"@央视新闻"的点赞、评论、转发的总数作为互动指标，在该账号下以关键词"新闻联播"进行检索找出第一页的所有节目直播视频数据，并在 Excel 中排序，利用随机数表生成 38 个数据条，vlog 新闻的互动数据也在同一时间收集。[①]虽然视频发布的时间不同、各时段粉丝数量不同会对数据有一定的影响，但收集数据的时间距离视频发布的时间跨度为两个月以上，并且由于都在同一平台、同一账号下，会尽可能减少这些误差。本书利用 SPSS 软件，以 vlog 新闻和电视新闻为分类变量，把互动指标（转发+评论+点赞）作为连续变量进行分析。由于互动指标的数据不符合正态分布，因此采用曼-惠特尼 U 检验（Mann-Whitney U test）描述两组数据的集中趋势，结果如图 4-6 所示。

渐近 p 值小于 0.001，即相关系数在 0.001 的水平上显著，因此拒绝原假设，认为 vlog 新闻和电视新闻的互动指数有统计学上的差异性。两组数据的直方图分布基本一致，vlog 新闻的中位数值 22 551.50 大于电视新闻的中位数值（相差2785.50），说明 vlog 新闻比电视新闻具有更强的交互效果。

---

① 数据收集时间：2020 年 9 月 7 日。

检验统计 [a]

	互动指标
曼-惠特尼 U	198.000
威尔科克森 W	939.000
Z	−5.444
渐近显著性（双尾）	0.000

a. 分组变量：平台

图 4-6　检验结果

4.6　结　　语

中国互联网环境的发展和成熟催生了一批社交媒体，社交媒体成为大众传媒的重要组成部分。在当今媒介融合的趋势下，一批官媒主动下沉，靠近民众，利用年轻人喜闻乐见的 vlog 形式对新闻进行报道，由此"vlog+新闻"的模式在中国流行起来。vlog 产生于 YouTube，YouTube 的土壤决定了 vlogger 要求观看视频的用户对其视频提供反馈（Frobenius，2014a），这种反馈机制是双向的，用户的回应会激励 vlogger 进行二次创作，二者之间形成良性的互动，在社交媒体当中这种互动会把成员固定下来形成言语社区，每一轮的新互动又会吸引新成员的加入，vlog 就是以这种形式吸引当下的年轻受众。

受众参与和设计是 vlog 交互中一个重要的维度，戈夫曼（Goffman，1981）、贝尔（Bell，1984）等提出并发展了这个概念，区分了听话人和说话人的几种角色，角色分配可以指导 vlogger 设计出满意的交互。尽管 vlog 是异步的，vlogger 和受众不在同一个空间和时间进行交流，但 vlog 视频存放于网站当中，一旦上传完成，用户就可以随时随地观看。网站下方的留言区提供了二者交流的平台，这个平台的开放权限在 vlogger 手中，在开放的情况下任何一方都可以随时随地发表评论或者进行回复。评论区是一个显性的互动窗口，除此之外，vlogger 还可以通过言语内容、会话历史、身体姿势、网站特点调动受众的互动积极性。

独白是 vlog 中的重要表现形式，vlogger 能够通过称呼语、问候语、句式组合分配受众的角色，在视频语料中，"你们""大家"是最为常见的称呼语，本职工作为新闻媒体人的 vlogger 并不具有专业 vlogger 的自觉性，他们把一切能看到视频的受众包括认可的听话人和旁观者都称作观众，这是他们新闻职业素养的一种体现。除此之外，另一社交化的称呼"小伙伴"也值得注意，出镜的记者除了是一名新闻人外，他还是拥有几百万微博粉丝的专职 vlogger，这一专业的开场白显示了他如何区分粉丝和其他受众。会话历史是一种可追溯的互动因素，互联网的记忆在于它允许用户访问 vlog 的过往历史，包括 vlog 视频本身、评论区，以及 vlogger 发过的微博。手势表达的语义具有指向性，有时它作为一种注意力引导机制，和"在下方留下你的评论"一样要求用户做出相应的行为，被视为一种功能性的互动。身份的建构作为对 vlogger 自身角色的分配被讨论，vlog 新闻本质是新闻报道，新闻主播身份的建构显示了新闻报道中的专业性，vlogger 这一新身份的建构是主动向 vlog 用户靠近的一种体现。

微博是一个聚集大量用户的社交媒体网站，它的数据源是相对开放的。"@央视新闻"是入驻微博的中央广播电视总台央视新闻官方账号，央视新闻在中国新闻界的地位和影响十分重大，2018 年央视新闻开始尝试"vlog+新闻"的报道模式，从根本上来说，这是中国官方媒体在主动打开和年轻人对话的窗口。微博网站的多模态组合是迎合用户交互需求的一种设计，作为社交媒体其提供#和@两种符号以减轻用户为了社交所付出的认知努力，方便用户直接找到相关的话题和人物。

电视新闻作为传统媒体的代表，它的互动性自然弱于新兴的 vlog 新闻。Z 世代[①]的年轻人习惯于互联网的沟通方式，传统官方媒体为了吸引这些新的受众，不再局限于电视，而是将网络作为另一种信息传递的媒介。电视新闻开场白的设计符合老一辈受众的阅读习惯，比如时间标记上的农历时间的设计，但年轻一代不满足于此，他们要求在称呼上被提及等互动体验。电视新闻代表着一个国家的形象，在电视媒体上新闻主持人必须着正装、说标准的普通话，这种专业性和严肃性让年轻用户产生了距离感，而 vlog 的新闻报道更生动。

---

① Z 世代．（2022-06-06）．https://baike.baidu.com/item/Z%E4%B8%96%E4%BB%A3/20808405?fr=Aladdin.

5 学术微信公众号意见领袖知识传播研究

2012 年 8 月，微信公众平台正式向普通用户开放并上线，曾命名为"官号平台""媒体平台""微信公众号"，最终定位为"公众平台"，包括服务号、订阅号、企业号三种账号类型。微信公众平台对移动咨询服务运营商产生了强大的吸引力，众多公司、媒体、组织和个人都开始注册微信公众号，为不同的微信用户群体提供不同类别的信息服务。截至 2022 年 9 月 30 日，微信及 WeChat 的合并月活跃账户数 13.089 亿，同比增长 3.70%[①]。作为中国最大用户体量的 APP，微信用户的活跃空间到达了顶峰，但近年来，公众号平均阅读量却持续走低，头部效应显著。一些新创的公众号如果没有媒体矩阵或者外部引流，在当前的微信生态中很难获取流量。根据新榜（newrank.cn）发布的数据，2020 年新增的公众号占活跃样本的 8%，且很多账号在其他平台有一定流量积累。2020 年，微信公众号数量已接近 3000 万个，截至 2019 年一季度，仍保持活跃的公众号累计已达 175.6 万个，累计发文量 3.22 亿篇，平均每月产出 1.07 亿篇内容。无论是从体量还是影响力上看，微信公众号已经从最初的野蛮生长逐渐转变为国内新媒体行业中顶级且专业化的流量平台[②]。公众号大数据分析及监控平台"西瓜数据"发布的《2021 年微信公众号半年度生态趋势调查报告》指出，2021 年上半年公众号整体发文量稳定增加，原创文章增长近 30%，依旧内容为王。公众号依然是重要的图文内容输出平台，但是阅读量总体下滑，2021 年上半年的总体阅读量同比下降 17.44%，评论数减少 24.62%[③]。即使是头部微信公众号，近年来阅读量下降幅度也较大。

在众多类别的微信公众号中，作为科研工作者获取学术信息的重要来源之一，学术微信公众号近年来迅速发展，数量日益增多，覆盖的领域日趋完善。科

---

① 腾讯控股: 微信及 WeChat 合并月活跃账户数 13.089 亿. （2022-11-16）. https://new.qq.com/rain/a/20221116A063GY00.

② 2019 年 Q1 季度公众号数据分析报告. （2019-05-29）. https://data.xiguaji.com/Help/ShowHistoryDetail/22

③ 2021 年西瓜数据公众号半年度生态趋势调查报告. （2021-08-04）. https://data.xiguaji.com/Help/ShowHistoryDetail/202

研圈、领研网等联合发布"2020 学术公众号 100 强",显示学术公众号"100 强"的学科领域覆盖了包括信息科学与技术，医学，生物科学，化学、材料与能源，物理、天文与天体物理学，地球科学，土木、建筑与环境工程，环境科学与生态学，心理学，社会学，食品科学与技术，光学，农学与植物学，经济学，机械工程，药学，统计学与数学，动力与电力学，文献情报与图书馆学在内的 19 个垂直学科大类，显示出中国各领域研究者对于新媒体学术平台的需求与认可，信息科学与技术，医学，生物科学，化学、材料与能源领域的优质公众号数量最多，这些领域研究者在微信上的学术传播活动最为积极。网民对科学知识需求的普遍性增长促进了学术微信公众号的生态繁荣，学术研究的繁荣发展也在学术微信公众号体系的动态变化中得到体现。

5.1　学术微信公众号意见领袖

5.1.1　微信公众号意见领袖概述

微信公众号作为移动用户端非常重要的信息接口，已成为一种主流的线上线下信息推广方式。不同领域和行业纷纷创建微信公众号，进行一对多的线上互动，微信公众号的群媒体属性也明显增强，已成为半公共舆论空间。2016 年以后，新媒体逐渐从"流量为王"向"内容为王"和"资讯为王"转变，人们对微信公众号的资讯功能也越来越重视和依赖，微信公众号的原创内容比例明显提升，一些注重原创且内容质量较高的微信公众号很快脱颖而出，迅速成长为意见领袖。

微信所衍生的意见领袖通常局限于某单一场域内。根据关系强弱，可将其分为两大类：一类是微信用户朋友圈中的意见领袖，另一类是微信公众号意见领袖。陈雪奇和刘敏（2015）就认为微信意见领袖存在于微信朋友圈和微信订阅号中，前者与用户之间的关系多为亲人、朋友，由于关系亲密和互动频繁，这类意见领袖往往有更大的话语权，属于"强关系意见领袖"；后者多为订阅号组织或者个人公众号，这类意见领袖通过消息推送来发布信息，受众可以通过回复订阅号或者留言与其进行互动，这类意见领袖属于"弱关系意见领袖"。梅明丽和朱森晨（2018）认为微信公众号意见领袖是比其他微信公众号更活跃的账号，它们在各自感兴趣并且擅长的领域更积极地代表账号背后的个人或团体传播意见，并且凭借高质量的推送内容吸引用户关注，提高自身知名度，引导微信场内舆论，对用户的意见和决策施加影响。微信公众号意见领袖的传播是带有大众传播属性的人际传播，具有闭环传播、互动传播、口碑传播等方面的传播特征。

5.1.2 学术微信公众号意见领袖概述

新媒体环境下，传统的知识传播格局受到明显冲击。各类新媒体平台给知识传播带来了新的途径和手段，知识传播被赋予数字化、虚拟化、多模态化、无限复制、高速传播、无限空间和零边际成本等特征。微信公众号作为一种新兴的知识传播媒介，丰富了知识的载体与形态，在很大程度上影响了知识的生产，改变了知识的传播速度和范围，还改变了知识的表征形态、记录载体、类型划分和传播方式等。曹继华（2018）认为微信公众号已经成为一种重要的传播文化媒介，学界越来越多的群体和个人借助微信公众号发布学术观点，传播专业知识。徐媛媛（2020）认为，多元化、风格化、自发性的个人或组织参与自媒体平台的知识生产与传播，经由微信公众平台进行话语表达，通过点赞、评论、转发等形式参与知识播散，已经成为自媒体时代重要的数字知识景观。微信公众平台与头条号、百家号、微信视频号、抖音等其他新媒体平台相比，是更具专业性的知识生产与传播平台，其知识传播的影响力更大。

新榜将微信公众号分为 24 类，分别为文化、百科、健康、时尚、美食、乐活、旅行、幽默、情感、体娱、美体、文摘、民生、财富、科技、创业、汽车、楼市、职场、教育、学术、政务、企业、时事。学术微信公众号与非学术微信公众号差异明显，在内容上，学术微信公众号以专业化的学术科研知识为主要发布内容，更注重知识性、学术性、专业性、学理性、思想性和原创性；在功能上，主要发布学术资讯，传播和普及相关学科知识；在传播对象上，以从事学术科研活动、具有学术信息需求的个人或组织为主要对象。王丹等（2018）认为学术微信公众号的运营服务的主体由高校图书馆、学术期刊、研发机构与数字媒体公司构成。本书将学术微信公众号界定为，学术组织（包括学术管理机构、学术研究机构、学术出版机构、学术团体、协会、学会等）、企业和个人等在微信公众平台上创建的以发布学术科研信息为主要内容，以学术知识、学术观点和学术思维的传播和交流为目的，以科研人员、学者、知识分子、学术爱好者等学习型受众为传播目标，可以进行学术知识、学术信息、学术动态等的生产、分享、传播和互动交流的专业型微信公众号。"募格学术""小木虫""学术志""中科院物理所""知识分子""科学网"等都是极具影响力的学术微信公众号意见领袖，清博指数的 WCI 均超过 1000，新榜指数均超过 800。[①]语言学领域的学术微信公众号主要是发布语情信息，分享语言和语言学知识，推介学术研究前沿和热点，对于传播语言知识、推动学科发展、繁荣学术研究等起到了积极作用，如"语言茶座""语言服务""语言学通讯""咬文嚼字"等都是较有影响力的学术类语言微信公众号意见领袖，其清博指数的 WCI 均超过 500，新榜指数也都超过 600。[②]

近年来，加强新媒体环境下知识普及和传播的呼声愈来愈高。微信公众号作为知识传播和学术信息服务的重要载体发挥了重要作用，但学术微信公众号建设水平良莠不齐，内容同质化严重。马睿（2020）认为期刊类学术微信公众号存在平台推送内容无特色、信息推送频率低、互动性不强等不足。章诚（2020）指出期刊类学术微信公众号普遍面临运营低效的困境，表现为微信公众号活跃低度化、推送内容简单化、选项设置同质化、服务功能单一化、关注用户小规模化，不仅影响了读者的数字阅读效果，也制约了学术期刊的学术传播及影响力提升。本书以学术类语言微信公众号意见领袖为研究对象，考察其知识传播的现状，多维度解析其运营与服务特征，并通过调查受众对于学术类语言微信公众号意见领袖的态度，探讨提高意见领袖知识传播影响力的相关策略，进而推动学术微信公众号意见领袖的运营发展。

5.2　学术类语言微信公众号现状

本书通过"清博智能""搜狗""微众圈""新榜指数"和微信终端的搜索功能筛选语言类微信公众号，调查发现语言类微信公众号数量大、种类多，在运营模式、类型、性质、内容、风格、呈现样式等方面存在差异。本书根据 WCI 指数或新榜指数筛选出了意见领袖，它们通常是阅读量大、关注人数多、内容丰富、原创性高、影响力大、活跃度高，在知识科普和学术传播中具有非常重要作用的账号。在新榜中检索相关关键词后发现[③]，微信公众号名称中含有"语言"的账号数量为 4299 个，含有"汉语"的账号有 583 个，含有"汉字"的账号 178 个，含有"方言"的账号 268 个，含有"普通话"的账号 202 个，含有"英语"的账号 13 039 个。标签中含有以上词语的账号数量分别是"语言"74 个、"汉语"13 个、"汉字"8 个、"方言"36 个、"普通话"9 个、"英语"709 个。对以

---

① 检索时间为 2022 年 11 月 10 日。

② 检索时间为 2022 年 11 月 10 日。

③ 检索时间为 2022 年 8 月 24 日。

上账号逐一筛选，删除不相关的账号，发现学术类语言微信公众号内容覆盖面广，涉及语言生活、语情资讯、学术研究、语言教育、语言文化、语文知识等，已形成了较为成熟的分享和传播语言知识的"学术类虚拟社区"。

5.2.1　学术类语言微信公众号榜单

"应用语言学研习"[①]微信公众号以清博指数中的 WCI 指数为依据，每月发布"语言类公众号热度榜"，2022 年 7 月榜单以 260 个语言类微信公众号的传播数据为依据，筛选出了 WCI 指数前 100 位的公众号。本书在该榜单基础上进一步筛选出学术类账号，发现排名前 50 的学术类账号的 WCI 指数变化幅度较大，从346.03 到 908.27 不等，说明学术类语言微信公众号意见领袖的头部账号少。当月发布信息的篇数也有较大差距，最少为 5 篇，最多为 248 篇。总阅读数最少仅为6943 次，最高为 51 万+次。公众号的头条阅读数也有较大差距，最少为 6993 次，最高 22 万+次。为避免 WCI 指数的局限性，更全面地观察意见领袖的影响力和传播力，本书又检索了这些账号的"新榜指数"和"西瓜指数"，见表 5-1。

表 5-1　学术类语言微信公众号热度榜榜单前 50 名

排名	微信公众号	发布篇数/篇	总阅读数/次	头条阅读数/次	平均阅读数/次	点赞总数/次	清博指数WCI 指数	新榜指数	西瓜指数
1	语言茶座	68	29 万+	22 万+	4 357	2 119	908.27	673.40	518.00
2	华南翻译市场	248	51 万+	17 万+	2 070	754	854.52	708.60	517.30
3	翻译教学与研究	133	22 万+	13 万+	1 675	2 306	801.48	674.00	483.70
4	机器学习算法与自然语言处理	83	22 万+	14 万+	2 686	641	785.72	674.40	491.00
5	语言服务	62	15 万+	10 万+	2 516	1 226	760.78	674.60	474.70
6	译·世界	68	14 万+	84 874	2 068	1 082	729.14	643.70	459.80
7	语言治理研究（语言治理）[②]	101	14 万+	64 804	1 479	773	705.22	654.60	465.80
8	语言学心得	93	12 万+	55 390	1 380	770	694.49	640.90	454.20
9	语言学人	58	82 926	66 074	1 430	1 128	671.83	603.70	435.30
10	语言学通讯	91	12 万+	52 050	1 409	390	662.39	636.70	453.50
11	语合中心	35	81 180	78 309	2 319	561	659.42	657.90	474.30

① 2023 年 7 月已更名为"应用语言学研习与区域国别学"。

② 因公众号名称更改，采用研究检索时的旧称+新名括注的格式标注，新名统计截止时间为 2024 年 6 月，余同。

续表

排名	微信公众号	发布篇数/篇	总阅读数/次	头条阅读数/次	平均阅读数/次	点赞总数/次	清博指数WCI指数	新榜指数	西瓜指数
12	外研社国际汉语	24	62 130	61 360	2 589	332	648.02	536.50	430.50
13	汉府中文	62	98 832	67 158	1 594	217	645.65	609.40	454.80
14	外语学术科研网（外研社外语学术科研）	53	87 091	64 849	1 643	224	632.96	601.70	445.20
15	应用语言学研习（应用语言学研习与区域国别学）	240	13 万+	28 501	570	438	630.06	630.70	422.30
16	古文字微刊	58	70 395	50 073	1 214	611	616.13	614.90	453.80
17	汉语堂	97	73 747	42 124	760	834	613.21	595.70	429.40
18	国际汉语人	97	70 098	41 718	723	662	603.71	609.40	434.10
19	咬文嚼字	58	60 104	33 143	1 036	769	601.49	601.10	457.90
20	语言科学	78	80 716	40 572	1 035	270	598.63	616.90	438.70
21	CATTI考试资料与资讯	26	45 041	23 287	1 732	266	557.91	642.30	473.10
22	汉字学微刊（汉字文明）	58	41 047	28 160	708	675	557.79	570.50	424.60
23	区域国别学与跨文化研究（区域国别学与跨文化传播）	240	79 171	16 393	330	337	552.59	569.30	396.10
24	对外汉语	125	75 255	45 565	602	91	548.83	613.60	458.90
25	语言文字报	23	35 488	33 675	1 543	276	544.06	563.60	458.90
26	啄木鸟的天空（语林新语）	29	34 261	30 418	1 181	195	526.11	590.20	425.50
27	北大外文学堂	24	23 721	23 578	988	207	487.92	543.40	426.50
28	高教社外语	14	23 449	22 094	1 675	77	485.02	458.50	451.60
29	麻辣汉语	9	16 396	16 396	1 822	364	484.04	481.00	450.90
30	语言学	60	24 720	13 531	412	472	473.95	462.50	407.00
31	语言教学与研究	14	18 539	18 539	1 324	150	472.84	475.60	423.70
32	语言资源快讯	199	31 250	13 917	157	947	469.13	528.60	408.50
33	语言文字	33	22 512	18 765	682	254	467.30	520.60	424.90
34	语言文字周报	15	16 149	15 968	1 077	201	460.20	558.00	458.90
35	友直友谅斋	29	15 872	15 872	547	611	453.80	459.40	410.70
36	对外汉语公开课	11	27 590	17 039	249	117	437.26	557.30	423.60

续表

排名	微信公众号	发布篇数/篇	总阅读数/次	头条阅读数/次	平均阅读数/次	点赞总数/次	清博指数WCI指数	新榜指数	西瓜指数
37	语用学种草	54	19 954	12 462	370	379	436.40	524.20	417.30
38	语言生活研究	22	13 769	11 852	626	109	431.72	526.40	406.70
39	语宝	21	13 441	13 441	640	227	428.63	504.90	414.30
40	中国训诂学研究会	16	12 244	12 244	765	133	418.47	447.00	428.90
41	中国中文信息学会	15	15 834	7 868	1 056	51	413.45	—	445.50
42	语言资源高精尖创新中心	59	18 769	10 877	318	172	412.75	530.30	413.50
43	语言与未来	25	14 847	12 143	594	73	407.15	448.40	420.10
44	郑新民谈英语教学与研究	56	16 903	15 183	302	142	399.59	520.20	407.10
45	文字研究	68	15 312	9 184	225	324	399.18	474.40	399.70
46	外语教师研究与专业发展	23	12 724	12 009	553	56	385.00	510.30	421.20
47	中国翻译研究院	6	7 947	7 949	1 325	45	375.72	494.00	441.50
48	商务印书馆汉语中心	18	7 626	7 626	424	157	373.89	499.70	404.10
49	当代外语研究	5	6 943	6 993	1 359	25	353.63	510.70	417.40
50	现代外语	8	8 792	8 792	1 099	22	346.03	470.80	408.20

　　该榜单主要针对学术类语言微信公众号，未收录外语学习和语言培训方面的高 WCI 值账号，如"蔡雷英语"（WCI 指数为 12 345.42）、"沪江日语"（WCI 指数为 952.16）、"沪江英语"（WCI 指数为 869.34）、"英语学习资源中心"（WCI 指数为 880.75）等，虽然它们都具有较高的 WCI 指数，但非学术类。因此，该榜单可被看作学术类语言微信公众号热度榜，上榜账号属于学术类语言微信公众号意见领袖。在该榜单中，语言生活类意见领袖的 WCI 指数最高，如"语言茶座"；其次是翻译类意见领袖，如"华南翻译市场""翻译教学与研究"的 WCI 指数都高于 800；科研类意见领袖的 WCI 指数虽略低于前两类，但是账号数量较多，包括专业知识领域类账号和科研机构类账号，WCI 指数居前的专业知识领域类意见领袖为自然语言处理和热点研究领域的账号如"机器学习算法与自然语言处理""语言治理研究""语言服务"等，科研机构类意见领袖如"语合中心"等；也有学术类的语言教育教学微信公众号意见领袖，如"汉府中文""麻辣汉

语""对外汉语公开课"等。

本书综合参考"清博指数""新榜指数""西瓜指数"数据，以频序为依据，再依据公众号发布的内容，剔除学术性不强的公众号，如"字媒体"等，得到了学术类语言微信公众号意见领袖排行榜，表5-2列出了排名前30名的意见领袖。

表 5-2　学术类语言微信公众号意见领袖前 30 名榜单

公众号	清博指数排名	新榜指数排名	西瓜指数排名	综合排名
语言茶座	1	4	1	1
机器学习算法与自然语言处理	3	2	2	2
翻译教学与研究	2	3	3	3
语言服务	4	1	4	4
语言治理研究（语言治理）	6	6	7	5
语合中心	10	5	5	6
译·世界	5	7	8	7
语言学心得	7	9	14	8
CATTI 考试资料与资讯	20	8	6	9
语言学通讯	9	10	16	10
汉府中文	12	15	13	11
古文字微刊	15	13	15	12
对外汉语	23	14	9	13
语言学人	8	17	22	14
咬文嚼字	18	19	12	15
外语学术科研网（外研社外语学术科研）	13	18	19	16
语言科学	19	12	21	17
国际汉语人	17	16	23	18
语言文字报	24	23	10	19
应用语言学研习（应用语言学研习与区域国别学）	14	11	32	20
汉语堂	16	20	25	21
外研社国际汉语	11	27	24	22
语言文字周报	32	24	11	23
汉字学微刊（汉字文明）	21	21	29	24
北大外文学堂	25	26	27	25

续表

公众号	清博指数排名	新榜指数排名	西瓜指数排名	综合排名
麻辣汉语	27	38	18	26
高教社外语	26	42	17	27
区域国别学与跨文化研究（区域国别学与跨文化传播）	22	22	44	28
对外汉语公开课	33	25	31	29
语言文字	31	32	28	30

5.2.2　学术类语言微信公众号意见领袖类型

语言类微信公众号数量庞大，已成为传播语言知识的重要载体，主要涉及学术类和教育培训类两大类别。据统计，截至 2022 年 7 月，还活跃着的学术类语言微信公众号有 216 个。王宇波和程谢飞（2017）曾依据推送内容及服务性质的不同，从 2057 个语言类微信公众号中筛选出了有一定影响力的账号，然后将其分为 4 类：语言生活相关的资讯热点类，占比约为 16.00%；语言能力培养的教育培训类，占比约为 21.00%；语言科学相关的研究评论类，占比约为 45.00%；语言运用相关的兴趣交流类，占比约为 18.00%。该分类并非学术类账号的分类，还包含语言培训类的非学术类账号。本书对排名前 100 位的学术类语言微信公众号意见领袖进行分析后发现，虽然公众号通常不会只推送单一类型的文章，且综合影响力越靠前，推文的类型越多样，但可以根据推文的倾向性，将学术类语言微信公众号意见领袖分为语情资讯类、学术研究类、语言知识类等。

5.2.2.1　语情资讯类

这类微信公众号意见领袖主要有两种：一种是将语言与社会时事紧密联系起来做语言动态跟踪分析，从当前事件中寻找语言热点，比如结合国内外的最新资讯，挖掘语言要点进行解读，或总结当下流行语、网络热词等，分析其流行原因，或以此揭示社会问题等；另一种是推送语言学讲座和会议信息，推介语言学书目，介绍语言生活领域的事件或发明成果等，如中国语情、今日语情、语言学通讯、语言茶座、汉语堂、语宝等，见表 5-3。这类微信公众号有的由学术机构创办，有的由个人或商业机构建立和运营。

表 5-3 语情资讯类微信公众号意见领袖

微信公众号	功能介绍	推送消息列举
中国语情	本号主办者武汉大学中国语情与社会发展研究中心，是国家语委科研基地，国家语言文字智库首批试点。宗旨：观测语言生活，解读社会万象，提供决策咨询，服务国家发展。主要从事语情监测分析、语言战略、语言政策与规划、有关国计民生的重大现实语言问题研究	议程｜第四届中法非三方高等教育论坛·语言教育与文明互鉴分论坛 要闻｜田学军出席第二届高校语言文字工作论坛开幕式并致辞
今日语情	分享最新的语情信息，有料、有趣。由国家语委和中国传媒大学共建的科研机构——国家语言资源监测与研究有声媒体中心运营	汉语盘点 2022 年度字词揭晓！"稳""党的二十大""战""俄乌冲突"当选
语言学通讯	欢迎关注语言学通讯、翻译学通讯公众号。18 万学者关注了我们，本号主要发布国内外语言学、翻译学、文学相关的会议讲座、教师研修、专著推荐、期刊动态等	博士招生｜英国纽卡索大学奖学金项目博士招生 学术讲座｜12 月 3 日语言学、文学、翻译学讲座（持续更新）
语言茶座	人是会讲语言的动物，语言之于人的重要性，如同空气、粮食之于人一般。本草根小号旨在传播与语言及以语言为载体的雅俗共赏的那些事儿	"卡塔尔"的读音，涉及连续变调吗？
汉语堂	更多语言资讯，请关注"汉语堂"！文摘、讲座、观点，专注语言文字领域的大数据！相比于其他语言文字类公众号，本号特点是特别关注语言信息处理、关注翻译与本地化、关注语言生活状况	白乐桑｜我为什么学汉语 回放｜国际中文教育数字资源工作坊 2022
语言科学	聚焦语言学交叉、前沿学科建设，融入学术、服务科研！	2022 年认知神经语言学研讨会（12.3～12.4） 第四届外国语言学及应用语言学前沿高层论坛
语宝	中国语言资源保护研究中心系国家语委科研中心，由教育部语言文字信息管理司和北京语言大学共建共管，依托北京语言大学语言科学院进行建设。目前中心的主要任务是负责"中国语言资源保护工程"的具体实施和管理工作	《中国语言资源集·宁夏》出版 传承阳信方言文化的民间语保人

5.2.2.2　学术研究类

这类微信公众号意见领袖主要发布语言学相关的学术研究成果和观点，涉及语言本体和应用研究，介绍语言学研究进展，推送学术论文和专著，分享学术资源等。如 Corpus Talk、汉字文明、古文字微刊、北大外文学堂、追梦汉语等，详见表 5-4。它们通过新的媒介形式加快学术成果的传播，引领了语言学研究的学术前沿，也提高了重要语言学研究成果的可见性和学术影响力。学术研究类微信公众号意见领袖有较为明显的研究领域区分，如"追梦汉语"主要关注汉语语法词汇等方面的研究、"汉字文明"关注古文字研究、"语合中心"主要关注国际中文教育等，它们在各自的研究领域具有较好的学术品牌效应，形成了较大的学术影响力，其读者群体具有很强的黏性和专业性，主要由语言学科研工作者构成。

表 5-4　学术研究类微信公众号意见领袖

微信公众号	功能介绍	推送消息列举
Corpus Talk	Corpus Talk，讲述语料库相关的研究故事，兼及其它话题。坚持原创，不定期更新	Liu，Zhu & Lei（2022）依存距离最小化：句长与依存类型效应 HSSM｜CorpusTalk
今日语言学	今日语言学作为中国社会科学院语言研究所官方学术交流平台，将致力于：跟踪理论前沿，报道学界动态；交流学术热点，普及学术常识；展现学人风采，推介优秀成果；弘扬优秀传统，推动学术创新。立足本所，放眼学界！立足国内，放眼世界！立足今日，放眼未来！	【摘要】董秀芳：汉语方式存在句的性质、特点与历史来源 【摘要】冯胜利："寡人"词义观念考与 2+1（三重）证据法
汉字文明	本号是郑州大学汉字文明研究中心官方公众号，主要推送汉字理论与汉字史、出土文献与古文字、汉语史等方面的相关研究成果和学术信息，并发布汉字文明研究中心的工作动态	季旭昇：释金文、《诗·行露》、楚简一种特殊用法的「足」字
古文字微刊	复旦大学出土文献与古文字研究中心官方公众号	新知｜张富海：说"井" 期刊｜出土文献与古文字研究类简目（2022 年 3 月所见）
北大外文学堂	Better reading, better living! 欢迎关注北京大学出版社外文部！	如何写好文献综述？几点提示 新书推荐｜英美法律术语汉译研究
追梦汉语	汉语既是五千年中华文明传承的精神载体，也是华人生存思维的精神家园。"追梦汉语"致力于宣传根植于汉语特色的语言学理论，致力于推广揭示汉语语法规律的学术成果，致力于推动汉语教学、应用与研究的国际化，致力于发布汉语研究、教学、应用等学术信息！	王福堂 2001《平话、湘南土话和粤北土话的归属》《方言》第 2 期 于根元 1991《副+名》《语文建设》第 1 期

5.2.2.3　语言知识类

这类微信公众号意见领袖主要发布语言文字和文化类知识，在一定程度上起到了科普语言知识的作用，见表 5-5。它们不同于语言教育培训类微信公众号意见领袖，前者的运营主体通常以学术组织和出版机构为主，后者主要以教辅公司为主；前者是公益性的，后者是营利性的。

表 5-5　语言知识类微信公众号意见领袖

微信公众号	功能介绍	推送消息列举
孔子学院 Confucius Institute	从语言入手，用文化交融，促民心相通	孔院微课堂｜线上汉字课程

微信公众号	功能介绍	推送消息列举
译·世界	每日精选新鲜双语资讯,最懂爱翻译的你	梅西获得的大力神杯为什么是"Trophy"而不是"Award"?
咬文嚼字	《咬文嚼字》于1995年创刊。以宣传语言文字规范、传播语言文字知识、引导语言文字生活、推动语言文字学习为宗旨。致力于介绍现实生活中的语文知识,纠正语言文字使用差错,剖析语言文字现象等语言文字规范工作	网言网语丨"懂王"懂什么 一针见血丨"万籁俱寂"应为"万籁俱寂" 学林丨各类书刊都要重视语文的规范使用
语言文字报	为语言文字规范化标准化服务,为教育事业服务,为提高全民族文化素质服务。主要展示国家语言文字政策,社会语文生活,语文教育理论与实践,语言资源的开发与共享,语言文字信息化	趣味语文丨苏轼《赤壁赋》中的"美人"指什么? 要闻丨教育部、国家语委发布《中小学生普通话水平测试等级标准及测试大纲》(试行)和《汉字部首表》 关注丨"万能量词"当慎用
语言文字	雅言传承文明,经典浸润人生	普通话测试用必读轻声词语表(示范朗读) 怎么用诗词文化地吐槽"天气真冷"吧

上述三类学术类语言微信公众号在内容推送上存在交叉,学术热点资讯在三类学术类语言微信公众号中都会出现,科普性内容则较少出现在学术研究类微信公众号中。三类学术类语言微信公众号借势语言生活热点,剖析语言现象,立足学科研究前沿,追踪语言研究动态,表达学术观点和立场,依托微信新媒体平台,传播语言知识。学术类语言微信公众号在新媒体语言学知识传播的过程中已形成了意见领袖知识传播矩阵,促进了语言学学科的发展和繁荣,拓展了语言知识传播的方式和途径。

5.2.3　信息推送情况分析

5.2.3.1　非活跃账号比例持续上升

王宇波和程谢飞(2017)调查了2016年的2057个语言类微信公众号,研究发现不活跃的账号数量超过了活跃的账号数量,不活跃的账号比例达到54%,相较2015年的29%,增长了25个百分点。一些推送信息频率较高的账号具有更高关注度和阅读量,一些推文量少的账号,阅读量也会逐渐减少,于是出现断更或停更现象,甚至成为"僵尸账号",这与公众号的建设缺乏规划和长久运营的意识有密切关系。微信官方数据显示:2017年,微信公众号数量超过2000万个,月活跃公众号仅 350 万个[①]，只占总数的 1/6 左右。这意味着很多微信公众号陷入停更或断更状态，大量账号沦为"僵尸账号"。2016 年 3 月企鹅智酷发布的《微信影响力报告》指出：72.70%的公众号运营者为企业和组织机构，个人仅占27.30%。[②]相对于企业或组织机构，个人账号因随意性较强，停更现象更为普遍，而坚持下来的个人账号除了部分成功实现了商业化外，大多是出于兴趣，内容生产困难加上时间精力不够，导致一批公众号断更或停更。本书调查发现，截至 2022年 8 月，语言类非活跃账号比例已经增长到 75.80%，活跃账号仅占 1/4。曾登上"语言类公众号热度榜"月榜百强名单的多个意见领袖账号也出现了断更或停更，成为非活跃账号或僵尸账号，如"中国中文信息学会""元任国际中文""中国民族语言学会"等。

5.2.3.2　推送时间较规律

公众号运营者一般选择在工作日推送信息，周一至周五推送信息量较为均衡，周末的推送量相对较小。调查发现，文章阅读量与推送时间之间并未构成相应的比例关系。微信信息传播的生命周期大致为 7 天，活跃曲线呈倒 U 形，具体有三大发展阶段：①信息推送之后 1～2 天是信息传播初期，此时受众刚刚获知；②信息推送之后 3～5 天为信息传播膨胀期，达到传播效应值临界点；③信息推送之后6～7 天为传播效应的淡化期。故而在推送量较小的周末，学术类语言微信公众号的推文依然能形成后期传播效应。

从发布的时间上看，每个学术类语言微信公众号意见领袖的发文时间有一定规律，主要集中在 8 点、12 点、18 点和 24 点左右。这 4 个时段是信息推送的高峰期，8 点是多数意见领袖集中推文的时段，如"语言茶座""语言服务""语言学通讯""古文字微刊"等都选择在此时段推送文章。图 5-1、图 5-2、图 5-3、图 5-4 分别是"机器学习算法与自然语言处理""语言茶座""翻译教学与研究""语合中心"4 个微信公众号的推文时间分布。壹伴助手统计了 100 个微信公众号的推文数据[③]，从平均打开率观察推送效果，其中打开率=阅读量/预估粉丝总数，结果显示大多数微信公众号选择在 17～20 点推送，推文数量和平均打开率成反

---

① 微信公众号注册数量上限调整将会带来怎样的风暴．（2018-03-10）．https://www.sohu.com/a/225260010_653126.

② 1000 万＋公众号"垂死"中，你还能撑多久？（2017-11-17）．http://home.gsdata.cn/news-report/articles/2141.html.

③ 壹伴助手．微信公众号推文规律分析，什么时候推送公众号效果最好？（2019-11-27）．https://yiban.io/blog/6004.

比，某一时间段推文数量越多，平均打开率越低，推文效果就越差。18 点是微信公众号推送最为集中的时段，由于此时段为下班时间，用户空余时间较多，受到广大运营的青睐。正因为推送扎堆，短时间的饱和推送反而导致阅读量减少，呈现推文数量和平均打开率成反比的现象，所以选择理论上的黄金时间，集中在下班时段发文，阅读量并不能达到最佳效果。分析排名前 30 的学术类语言微信公众号意见领袖推文的时间分布，发现只有"语合中心""外语学术科研网""外研社国际汉语""对外汉语公开课"4 个账号的推文集中在 18 点左右，其他账号都避开了此时段，最常见的是在 8 点，其次是在 24 点。语情资讯类的微信公众号倾向于在 8 点推文，学术研究类微信公众号由于推送的文章具有较强的学术性，通常需要深度阅读，这类账号倾向于在 24 点推文。从推送时间看，学术类语言微信公众号意见领袖已经形成了各自固定的推送时间，有助于用户养成定时阅读习惯，提高推文打开率。不同领域的微信公众号的用户阅读习惯和兴趣存在差异，因此微信公众号的最佳推送时间并不存在统一标准，甚至在同一领域不同类型的公众号的最佳推文时间也存在差异。所以，选择合适的推文时间需要进行综合判断。首先，从推文时间的整体趋势看，推文推送数量越多的时间段，推文的打开率就越低，推文效果越差，学术类语言微信公众号应尽量避开这些时段。其次，学术类语言微信公众号推送时间不能简单地按照一般微信公众号用户的总体阅读习惯

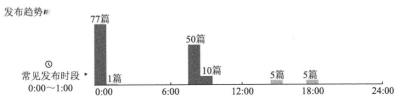

图 5-1　"机器学习算法与自然语言处理"微信公众号的发文时间分布（图片来自新榜，2022-10-10）[1]

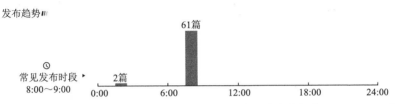

图 5-2　"语言茶座"微信公众号的发文时间分布（图片来自新榜，2022-10-10）[2]

---

① 图片来源：https://newrank.cn/new/?account=MLNLPer-World.

② 图片来源：https://newrank.cn/new/?account=languageteahouse.

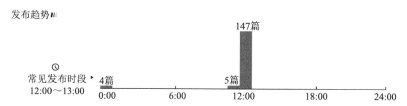

图 5-3　"翻译教学与研究"微信公众号的发文时间分布（图片来自新榜，2022-10-10）[①]

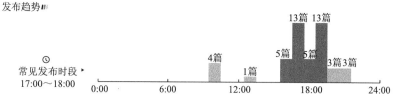

图 5-4　"语合中心"微信公众号的发文时间分布（图片来自新榜，2022-10-10）[②]

进行武断设置，两者的相似性并不强，不能简单仿效。最后，学术类语言微信公众号的最佳推送时间需要运营者根据微信公众号的阅读量数据进行反复调整，尽量培养用户的推送认知。

5.2.3.3　语情资讯类活跃度高

本书分别从三类微信公众号中各选取 20 个意见领袖作为研究对象，利用"新榜"指数统计其一周（2022 年 7 月 11～17 日）发文次数（f）及一周发表文章数（n），根据活跃度指数计算公式：$0.5 \times \ln(f+1) + 0.5 \times \ln(n+1)$，计算各学术类语言微信公众号平均活跃度指数，见表 5-6。

表 5-6　学术类语言微信公众号平均活跃度指数统计

微信公众号类型	一周发文次数/次	一周发文数/篇	平均活跃度指数
语情资讯类	5.80	26.40	2.61
学术研究类	6.20	22.50	2.57
语言知识类	5.20	20.50	2.45

结果显示，语情资讯类微信公众号意见领袖的活跃度指数最高，其次是学术研究类，语言知识类活跃度指数最低。王宇波和程谢飞（2017）曾研究了 4 类语言微信公众号的活跃度指数，资讯热点类的活跃度为 2.10、教育培训类为 2.40、研究评论类为 2.28、兴趣交流类为 2.28。将这 4 个数据与表 5-6 中的数据对比后

① 图片来源：https://newrank.cn/new/?account=fanyiluntan.

② 图片来源：https://newrank.cn/new/?account=yuhezhongxin.

不难看出，3 种学术类语言微信公众号意见领袖的活跃度指数都明显高于这 4 类微信公众号活跃度指数。

5.2.3.4 学术研究类影响力高

清博智能研发了微信传播指数 WCI（V14.2）的计算公式[①]，该公式如下：

$$
\begin{aligned}
\mathrm{WCI} = \Big\{ & 0.6 \times \big[0.85\ln\left(R/d+1\right) + 0.09\ln\left(Z/d\times10+1\right) + 0.06\ln\left(L/d\times10+1\right) \big] \\
& + 0.2 \times \big[0.85\ln\left(R/n+1\right) + 0.09\ln\left(Z/n\times10+1\right) + 0.06\ln\left(L/n\times10+1\right) \big] \\
& + 0.1 \times \big[0.85\ln\left(Rt/d+1\right) + 0.09\ln(Zt/d\times10+1) + 0.06\ln\left(Lt/d\times10+1\right) \big] \\
& + 0.1 \times \big[0.85\ln\left(R\mathrm{max}+1\right) + 0.09\ln\left(Z\mathrm{max}\times10+1\right) + 0.06\ln\left(L\mathrm{max}\times10+1\right) \big] \Big\}^{2} \\
& \times 1.2 \times 10
\end{aligned}
$$

$$（5\text{-}1）$$

公式包括 4 个一级指标：整体传播力、篇均传播力、头条传播力和峰值传播力，其权重分别为 60%、20%、10%、10%。每个一级指标下面又有 3 个二级指标，共 12 个二级指标，包括日均阅读量、在看数和点赞数，篇均阅读量、在看数和点赞数，头条（日均）阅读量、在看数和点赞数，以及最高的阅读量、在看数和点赞数。本书调查发现，一些非头条文章的阅读量、在看数和点赞数并不低，有的数据甚至高于头条文章，非头条文章被读者点开、点赞或在看，这更能体现微信公众号对读者的影响。该公式考虑了所有文章的篇均传播力，把头条的篇均传播力纳入其中的同时也将非头条的篇均传播力纳入其中。本书认为，计算微信公众号传播力指数，一级指标中不能忽视非头条的篇均传播力，且权重不应低于头条文章。同时，由于"在看"会被好友看到，增加了二次传播的可能，所以权重可以提高。本书对公式进行优化后如下：

$$
\begin{aligned}
\mathrm{WCI} = \Big\{ & 0.5 \times \big[0.85\ln\left(R/d+1\right) + 0.1\ln\left(Z/d\times10+1\right) + 0.05\ln\left(L/d\times10+1\right) \big] \\
& + 0.2 \times \big[0.85\ln\left(R/n+1\right) + 0.1\ln\left(Z/n\times10+1\right) + 0.05\ln\left(L/n\times10+1\right) \big] \\
& + 0.1 \times \big[0.85\ln\left(Rt/d+1\right) + 0.1\ln\left(Zt/d\times10+1\right) + 0.05\ln\left(Lt/d\times10+1\right) \big] \\
& + 0.1 \times \big[0.85\ln(Rc/d+1) + 0.1\ln(Zc/d\times10+1) + 0.05\ln(Lc/d\times10+1) \big] \\
& + 0.1 \times \big[0.85\ln\left(R\mathrm{max}+1\right) + 0.1\ln\left(Z\mathrm{max}\times10+1\right) + 0.05\ln\left(L\mathrm{max}\times10+1\right) \big] \Big\}^{2} \\
& \times 1.2 \times 10
\end{aligned}
$$

$$（5\text{-}2）$$

[①] 清博指数. 微信传播指数 WCI（V14.2）. https://www.gsdata.cn/site/usage.

其中的 R 为评估时间段内所有文章（n）的阅读总数；Z 为评估时间段内所有文章（n）的在看总数；L 为评估时间段内所有文章（n）的点赞总数；d 为评估时间段所含天数（一般周取 7 天，月度取 30 天，年度取 365 天，其他自定义时间段以真实天数计算）；n 为评估时间段内账号所发文章数；Rt、Zt 和 Lt 为评估时间段内账号所发头条的总阅读量、总在看数和总点赞数；Rc、Zc 和 Lc 为评估时间段内账号所发非头条的总阅读量、总在看数和总点赞数；$Rmax$、$Zmax$ 和 $Lmax$ 为评估时间段内账号所发文章的最高阅读量、最高在看数和最高点赞数。表 5-7 为优化后的 WCI 各级指标分布与测算公式。

表 5-7　优化后的 WCI 各级指标分布与测算公式

一级指标	二级指标	指标权重	标准化方法
整体传播力 O（50%）	日均阅读量 R/d	85%	$O=0.85\ln(R/d+1)+0.1\ln(Z/d\times10+1)$
	日均在看数 Z/d	10%	$+0.05\ln(L/d\times10+1)$
	日均点赞数 L/d	5%	
篇均传播力 A（20%）	篇均阅读量 R/n	85%	$A=0.85\ln(R/n+1)+0.1\ln(Z/n\times10+1)$
	篇均在看数 Z/n	10%	$+0.05\ln(L/n\times10+1)$
	篇均点赞数 L/n	5%	
头条传播力 H（10%）	头条（日均）阅读量 Rt/d	85%	$H=0.85\ln(Rt/d+1)+0.1\ln(Zt/d\times10+1)$
	头条（日均）在看数 Zt/d	10%	$+0.05\ln(Lt/d\times10+1)$
	头条（日均）点赞数 Lt/d	5%	
非头条传播力 C（10%）	头条（日均）阅读量 Rc/d	85%	$C=0.85\ln(Rc/d+1)+0.1\ln(Zc/d\times10+1)$
	头条（日均）在看数 Zc/d	10%	$+0.05\ln(Lc/d\times10+1)$
	头条（日均）点赞数 Lc/d	5%	
峰值传播力 P（10%）	最高阅读量 $Rmax$	85%	$P=0.85\ln(Rmax+1)+0.1\ln(Zmax\times10+1)$
	最高在看数 $Zmax$	10%	$+0.05\ln(Lmax\times10+1)$
	最高点赞数 $Lmax$	5%	

根据优化的 WCI 测算公式，计算三类学术类语言微信公众号意见领袖的 WCI 指数，每类选取前 20 的账号进行计算，其中语情资讯类为 554.70，学术研究类 573.60，语言知识类 513.80。学术研究类意见领袖的影响力最高，语情资讯类次之。

5.3 学术类语言微信公众号意见领袖传播特征

微信公众号意见领袖的传播是一种公众号与粉丝用户之间形成的弱关系人际传播。这种传播不同于传统的人际传播，甘惜分（1993）指出，传统的人际传播是指个人与个人间发生的信息沟通活动，如夫妻、情侣、朋友、同事等之间，包括面对面的交谈和通过中介的信息沟通，最大的特点是双向互动，信息在传受两个主体间循环流动，并且不断地扩展，从而建立、维持和发展人际关系。梅明丽和朱淼晨（2018）认为，微信公众号意见领袖的传播与传统的人际传播不同，不能单纯地将微信公众号意见领袖的传播和传统的人际传播画等号，前者的本质是带有大众传播属性的人际传播。二者的不同主要表现在多个方面：第一，传统的人际传播具有私密性，微信公众号意见领袖的传播具有公开性，任何读者都可以对传播内容进行分享；第二，传统的人际传播具有非团队性，微信公众号意见领袖的传播具有一定的组织性和团队性，微信公众号能发展成意见领袖，离不开团队的协作，如果没有成熟的专业团队，普通的微信公众号很难成为意见领袖，即使个人账号发展成了意见领袖，为了保持意见领袖的地位，后期也需要专业的团队甚至公司运营；第三，传统的人际传播具有双向互动性，微信公众号意见领袖的传播具有一定的多向互动的特点。从这三个层面上来看，微信公众号意见领袖的传播模式就带有部分大众传播特点。梅明丽和朱淼晨（2018）认为微信公众号意见领袖作为一种传播渠道具有有别于传统媒体和其他新媒体的新型传播特征，该文以带有大众传播属性的人际传播模式为立足点，从互动、口碑、病毒三种传播模式，探讨了微信公众号场域的闭环传播特征。学术类语言微信公众号意见领袖是一种领域意见领袖，虽然其传播特征和大众类微信公众号意见领袖的传播模式有明显的相似点，但因为领域知识的传播局限性，其又具有如下鲜明的传播特征。

5.3.1 多元模式的半闭合传播

相较传统媒体的单向传播和微博平台的开放式传播，微信传播相对闭环，主要体现在其基于熟人关系的"强社交属性"上，同时也体现在基于粉丝关注的微信公众号传播上。微信公众号内容创作者发出的信息只对订阅用户可见，不会推送给未订阅该公众号的用户。学术类语言微信公众号意见领袖的传播方式既不同于传统媒体的单向传播，也不同于微博的开放式传播，而是融合了大众传播、组织传播和人际传播等多元模式的半闭合式传播。

普通微信公众号推文的受众通常仅为公众号的关注者，文章的阅读量和影响力有限，但微信公众号意见领袖推文的传播路径会不同于普通的公众号文章，尽管微信公众号呈现出一种"弱大众传播"的特点，但由于订阅者数量大和朋友圈分享，微信公众号的传播已经具备了大众传播特点，这种大众传播是由订阅者的二次传播促成的。影响力大的学术类语言微信公众号意见领袖可以突破弱大众传播模式，实现大众传播。大量的粉丝用户，可以助力该意见领袖实现高效的二次传播。用户接收到微信公众号发布的优质信息后，如果将信息分享到朋友圈或者微信群，就实现了一定程度的组织传播；如果将信息转发给自己的微信好友，就能实现点对点式的人际传播；如果对文章点击"点赞"或"在看"，就可能带动好友点开文章，实现潜在的人际传播。

学术类语言微信公众号意见领袖发布原创语言知识，进行首次传播，关注用户将信息分享到朋友圈、微信群、微信好友的传播行为属于二次传播。如果信息质量高，知识内容受目标人群的喜爱和好评，信息会在不同人的朋友圈、微信群、微信好友之间进行数次转发分享，加速了学术类语言微信公众号意见领袖的口碑传播，形成传播上的长尾效应，达到更广泛意义上的大众传播效果。由于微信平台和微博平台的传播方式存在差异，微信信息并不完全对外开放，仅对粉丝和朋友开放，信息只能传播给微信公众号粉丝及粉丝的关系圈。因此，与大众传媒、微博等自媒体相比，学术类语言微信公众号意见领袖的知识传播仍然属于半闭合式传播。张超（2018）认为微信公众意见领袖还具有裂变式传播特征，按照信息流瀑理论（Information Cascade），微信好友的交往模式基于信任关系，这种信任关系往往会带动更多的转发，通过不断的转发，微信公众号的信息实现大范围的传播。微信传播由最初的一对多的一级传播演变为通过微信订阅者的二级传播，最后实现裂变式传播，从而实现阅读量、影响力、品牌的三重构建。

5.3.2　学术知识的碎片化传播

微信、微博、短视频等社交媒介，其信息传播都具有明显的碎片化特征。学术类语言微信公众号意见领袖信息传播的碎片化主要体现为知识碎片化，难以构建基于用户认知需求的完整学科知识体系。传播影响力排名前50的学术类语言微信公众号意见领袖的运营主体有学术组织、公司、民间团体和个人，非学术组织类的意见领袖对学术微信公众号的定位还不够明确，文章内容同质性水平高且不完全聚焦语言学知识。这类微信公众号推送的碎片化信息通常只停留在浅层阅读层面，但学术类微信公众号的订阅者是在已有相关知识储备的基础上进行知识获取与学习，因此在信息接收上反而能深层次阅读。学术类语言微信公众号意见领袖推送的信息不属于社会资讯、时政热点或娱乐新闻等碎片信息，其订阅者通常需要获取专业性、学术性、权威性的语言学知识和学术资讯，他们对专业知识的需求促使其以深层次阅读的方式丰富自身的专业知识体系。因此，学术类语言微信公众号除了发布碎片化知识以外，也要经常发布专业极强的长文，在文尾还要附原文链接，这有利于受众对语言学知识进行纵深和扩展阅读。

5.4　学术类语言微信公众号读者态度和行为调查

为调查学术类语言微信公众号意见领袖的读者态度，我们设计了一份关于学术类语言微信公众号使用情况的调查问卷，通过线上问卷和线下访谈收集相关数据。线上问卷收集共收到 256 份，其中有效问卷 251 份。在性别分布上，男性占 24.30%，女性占 75.70%；在年龄分布上，年龄分布在 17～55 岁，其中 20～30 岁居多；在专业分布上，语言类专业占 80.08%，非语言类专业占 19.92%；在受教育程度上，以在校大学生和硕士研究生为主，占 81.00%。线下访谈为半结构化访谈，共 20 位访谈对象，语言学专业的研究生和教师各 10 人。分析问卷和访谈数据后发现，学术类语言微信公众号读者具有如下特征和态度倾向。

订阅者一般具备专业学术背景。学术类语言微信公众号意见领袖的知识传播是一种社群化传播，具有一定的圈层性和半闭合性，其订阅者通常具有语言学专业的学术背景或一定的语言学知识储备，以高校学生、学者、科研工作者为主体。在 251 个调查对象中，207 人订阅了学术类语言微信公众号，占总人数的 82.47%。在订阅者中，有 83.81% 具有语言学相关专业背景，主要是学习过语言学相关课程或从事语言学相关科研工作，16.19% 的订阅者不具有语言学专业背景，订阅的微信公众号多为语言学习类。40.00% 的受访者表示仅会订阅语言学及相关学科的学术微信公众号，60.00% 的受访者表示也会订阅其他学科的学术微信公众号。

5.4.1　态度分析

资讯信息需要具有及时性、新颖性和前沿性。调查结果显示，70.00% 的订阅者认为订阅学术类语言微信公众号是为了及时获取与语言学相关的热点资讯和专业知识。本书在"新榜"中检索排名前 10 的微信公众号意见领袖，并分析其发文规律，"头条阅读数分布"的数据显示，阅读量居前 25.00%的文章主要为语情热点类，以及内容新颖的前沿性文章。

微信公众号的实用性、实时性和学术性的需求度最高。调查发现，调查对象对学术类语言微信公众号意见领袖的服务需求主要包括：①实用性，提供语言文字应用知识和语言学专业知识；②实时性，及时发布语情热点，推送语言生活领域的热点和学术前沿成果；③学术性，推送的学术性文章具有较强的学术性，内容有深度；④生活性，关注和贴近社会语言生活；⑤互动性，增加有效互动，人工回复相关评论和问题，做出针对性更强、专业性更高的解答，以弥补自动回复的不足；⑥趣味性，语言风格应更活泼；⑦针对性，根据订阅者群体特征和服务定位，有针对性地发布相关信息；⑧原创性，重视文章内容的原创性；⑨多样性，内容丰富多样，风格亦庄亦谐，表达方式多样化，适度扩展视野范围。根据调查结果，将调查对象对于学术类语言微信公众号意见领袖的服务期待从高到低排序：实用性>实时性>学术性>生活性>互动性>趣味性>针对性>原创性>多样性。调查对象最注重实用性、实时性、学术性，说明其对学术类语言微信公众号的定位比较明晰，即集工具性、媒体性和学术性为一体的学术性微信公众号。

学术类语言微信公众号意见领袖知识传播成效的认可度较高。67.33%的调查对象认可意见领袖推动了学术知识的传播，可以从所关注的微信公众号中获取有价值的学术信息，但是 32.67%的调查对象持不同意见，认为学术类语言微信公众号意见领袖的学术性和专业性还不够突出，还需加强内容建设，提高知识传播的成效。

读者更喜欢活跃度高、互动性强的微信公众号。有 77.92%的调查对象表示喜欢信息推送频率高、互动性较强的微信公众号。受访者认为，学术微信公众号意见领袖应该及时发布热点资讯和学术前沿观点，加强与读者之间的交流互动。

5.4.2　行为调查

用户阅读方式多元化，以碎片化阅读为主。对于学术类语言微信公众号推送的信息，仅有 8.77%的人表示会对一些感兴趣的资讯认真阅读，11.55%的人选择扫描式阅读，随意浏览，79.68%的人进行碎片化阅读，会选择感兴趣的段落，以泛读、跳读、精读相结合的方式阅读。受访者认为导致其碎片化阅读的主要原因有：一是阅读时间的碎片化；二是很多学术类语言微信公众号的内容泛化、知识杂糅且缺乏系统性。

调查对象关注内容的侧重点不同。选择关注重点为语情热点资讯的人数占比最高，为 62.55%，选择语言文字知识的为 61.36%，选择学术研究类的为51.00%，选择语言教学类的为 42.30%。轻松幽默的语言风格更受年轻人青睐。选择诙谐幽默语言风格的人数占比最高，为 84.86%，其中 30 岁以下的人群占比为 92.36%，选择学术语言风格的占比为 46.22%，选择严谨正式语言风格的占比为 36.25%。

信息分享率低、互动率低。调查结果显示，仅有 19.12%的调查对象经常将微信公众号的信息分享给微信好友，或转发到微信群或朋友圈，43.82%的调查对象选择极少或不会分享信息，21.92%的调查对象表示常给自己所关注的微信公众号留言评论。

5.5 学术类语言微信公众号意见领袖的建设策略

学术微信公众号水平参差不齐，针对内容无特色、信息推送不规律、互动性不强等问题，不同学科领域的学者从本学科视角提出了改进和提升策略。马睿（2020）认为要将学术信息从被动等待读者阅读转变为主动向读者推送，除了优质的内容，还要加强微信运营团队建设，实施精准化的内容推送，二次加工满足读者阅读需求，强化作者、读者、编辑三方沟通，加大平台宣传力度。李宇佳和陈为东（2022）提出优化学术微信公众号用户体验效果的策略，指出应从美学、含义、情感、行为和价值 5 个体验视角优化学术微信公众号用户体验效果，进而提高知识服务质量，秉持以用户为中心的原则，让用户感知学术微信公众号的实用和享乐双重价值。牛晓菲和白雪（2022）认为，以资源内容聚合用户，以智能便捷的服务提升用户体验、培养用户忠诚度，进而依托知识服务，通过用户圈层化、社群化实现联结、沉淀用户。在语言学微信公众号研究方面，徐媛媛（2020）调查了 41 个语言学微信公众号后指出了学术微信公众号存在的问题，认为运营主体更多地将微信公众号作为个人或学术团体进行信息传播、学术话语表达的"门户"，尚未形成专业化的运营观念和品牌传播意识，知识生产的方式仍以对传统学术成果的二次加工为主，原创的知识内容较难在短时间内达到预期的传播效果，且内容转化不足、互动方式单一。刘飞雨等（2019）以语言学习和资讯类微信公众号

"CHIREA 传送门"为例，提出语言类微信公众号的运营策略，认为要注重推文内容的实用性和新颖性，提升图文排版的精美性，提高推文更新的频率，减少不必要的广告信息等。罗海燕（2021）以"语宝"微信公众号为例，从 4 个方面提出语言保护微信公众号传播力提升策略：一是加强内容推送的规律性，强化语言传播效果；二是加大原创文章的推送力度，提高语言传播质量；三是加强互动交流机制建设，增强语言的趣味性；四是增强方言推文板块的丰富性，增强方言的传播力。本书结合调查结果及读者对微信公众号使用态度，从如何提高学术类语言微信公众号意见领袖的影响力方面提出建议。

5.5.1 满足读者需求，提升阅读体验

新媒体权衡需求理论认为，当受众发现传统媒体无法满足其需求而新媒体恰好可以满足该需求时，才会持续关注该新媒体。对于读者来说，学术类语言微信公众号是语言知识的生产者和传播者，学术类语言微信公众号意见领袖在知识传播中要实现价值引领，应首先做好自身的内容定位，致力于给读者带来有价值的信息和知识收益，如引介国内外学界的前沿研究成果、推介优秀论著、推送热点资讯、分享语言文字知识和学习资源等相关内容。

提升阅读体验需满足读者对高质量信息的需求。不少学者研究证明了信息质量对用户满意度的影响，Delone 等（2003）提出了修正的信息系统成功模型（the DeLone and McLean model of information systems success，D&M 模型），认为信息质量会影响用户满意度和持续使用意愿。赵勇（2017）认为内涵建设是微信公众号生存和发展的关键。李进华和陈欣欣（2018）在其研究中也验证了信息内容质量和信息效用质量对学术微信公众号用户满意度的正向影响。因此，学术微信公众号意见领袖应做好内容质量建设，提高信息质量，减少低质和同质化内容。提升阅读体验也需满足读者对信息可读性的需求。微信公众号在推送专业化内容时，根据定位和目标读者的特征，可对一些专业性较强的晦涩、深奥的学术知识进行二次加工，使专业的内容大众化、通俗化，以提高文章的可读性，满足不同类型的读者阅读需求；同时，也要认识到学术性是学术微信公众号最显著的特征，不能将所有的学术性信息进行通俗化的加工，否则会失去学术微信公众号的学术性、专业性和严肃性，这不仅不符合学术微信公众号意见领袖的品牌定位，还会导致有学术研究基础的核心读者流失。

手机阅读是一种"快餐式"的浅层阅读，学术类语言微信公众号避免不了推

文内容的学理性、学术语言的严谨性、图文形式的单一性，需要读者进行深层阅读，读者会在一定程度上产生阅读疲倦。因此，在建设微信公众号的过程中，要积极开发和利用平台的新功能，不仅需要寻找选题创新点，加入互动性设计和题材，还要重视运用多模态信息提升阅读体验。除了传统的图文信息模式以外，恰当地运用语音、音乐、视频或视频号等多种模态形式发布信息，可以增强推文内容的可读性，提升学术类语言微信公众平台的传播效果。"语言茶座""翻译教学与研究""语言服务"等微信公众号意见领袖就运用了纯图文、视频、视频号、音乐、原创、转载、小程序、留言等多种模态形式或平台功能。图 5-5 为"语言服务"微信公众号的多模态特征。

图 5-5 "语言服务"微信公众号的多模态特征（图片来自新榜，2022-10-10）[①]

5.5.2 注重读者互动，提升传播影响力

交互性是新媒体区别于传统媒体的重要传播特征，最大限度地体现了参与性和平等性。徐媛媛（2020）认为，在互动方式上，学术微信公众号主要通过分享、点赞等形式存在于学术共同体内部，经由强弱纽带形成扩散，互动方式总体较为单一，一般性的学术微信公众号之间较少进行联动，学术类语言微信公众号之间的互动也较少。在调查中发现，一些学术类语言微信公众号并没有设置与用户互动交流的模块，因此读者无法在平台上表达自己对文章的看法和建议，更无法将好的建议反馈给作者。也有一些学术类语言微信公众号设置留言权限，只允许订阅用户参与评论，虽然能在一定程度上提高关注量，但平台互动机制的不健全会导致难以与读者建立长期有效的沟通模式，进而阻碍数据的反馈，不利于微信公众号的长远发展。还有一些学术类语言微信公众号只考虑到推文内容，而对评论

---

① https://newrank.cn/new/?account=Language-service.

和消息回复不及时，甚至没有回复。这些因素都降低了互动性，影响了学术类语言微信公众号意见领袖的传播效果和影响力。学术类语言微信公众号意见领袖可通过后台回复留言、评论等方式与读者交流观点，鼓励不同学术观点交流碰撞，倡导严肃认真的学术讨论和评论，增强与读者之间的互动性，提高读者的黏性。

5.5.3 营造"云学术"氛围，构建"语言知识分享社区"

新媒体具有全方位的数字化、交互性、个性化、超时空性等特点。微信构建了人际、群体和大众的复合传播模式，微信公众平台为构造全方位、立体化的知识分享虚拟社区提供了可能。学术类语言微信公众号可利用微信的人际传播、群体传播与大众传播的三重传播优势，营造网络空间的"云学术"氛围，构建具有传播影响力的"语言知识分享社区"。

受众关注微信公众号的目的是获取感兴趣的信息，优质的原创内容才能强化微信公众号与粉丝之间的关系，学术类语言微信公众号意见领袖要从众多同质的账号中脱颖而出成为传播影响力大的账号，就必须提供给粉丝高质量的原创内容。目前学术类语言微信公众号的内容建设缺乏学术引领，有影响力的微信公众号文章并不多见。学术类语言微信公众号意见领袖应当积极发挥知识传播的引领作用，在内容生成、知识分享、专业解读等方面加强建设，发挥辐射作用，增强推送内容的专业性和权威性，使其在语言知识传播的知识分享社区中建立话语权，营造良好的知识分享氛围。例如一些学术类语言微信公众号会邀请领域大家做解读或审稿，在文章中引用各学科专家，尤其是跨学科领域如心理语言学、法律语言学、社会语言学等相关领域人士的观点意见来佐证或充实内容，提升文章的可读性和深度性。

5.6 结　语

加强学术类语言微信公众号意见领袖的高质量建设，有效提升知识传播效果，不仅要目标明确、方向清晰、定位准确、主题鲜明，还要重视品牌建设和品牌推广，更要重视语言学原创内容的生产。要结合语言学学科特色进行原创和特色内容生产，紧跟学术前沿，关注语言生活热点，兼顾学术传播和知识传播，遵循个性推广和不断优化的原则，让读者拥有良好的阅读体验，打造具有高用户黏性的语言知识分享平台。在内容期待上，读者较注重推文的实用性、实时性、学术性等，因此必须注重做好知识内容的整体规划。在服务建设上，要有针对性地满足读者的知识需求，提高读者的参与度与认可度，营造良好的学术互动氛围，构建互动型"语言知识分享社区"，提高学术类语言微信公众号意见领袖的学术影响力和引领力。

6　直播带货意见领袖的多模态话语研究

6.1　直播带货的多模态语言互动

6.1.1　引言

　　直播带货是一种伴随电商经济发展起来的新型营销模式，是中国数字经济当中最活跃、最集中的表现形式之一。近年来，"宅经济"的发展推动直播带货成为网络消费的新风口。根据商务部的商务大数据监测，2020年上半年直播带货超1000万场，活跃主播数超40万，观看人次超500亿，上架商品数超2000万。①以多模态语言互动为核心的直播带货已成为当下流行的视频社交方式之一，人际交往围绕着视频展开，各种角色和要素发生着直接或者间接的互动，形成一种网缘式的交往关系。2020年，"带货"入选国家语言资源监测与研究中心发布的"十大网络用语"，"直播带货"也成为快手、百度、《咬文嚼字》发布的年度热词。

　　2016年以来，各大综合类电商和垂直类电商平台纷纷加入直播带货行列，如淘宝直播、抖音电商、快手电商、京东直播、微信视频号、苏宁直播等。随着大量商家和视频主播等加入直播电商的大军，直播带货越来越火，商品交易总额动辄百万、千万，甚至上亿元，直播带货这一新兴模式逐渐进入用户视野。主播作为平台、商品、用户之间的联系纽带，扮演的角色是关键意见领袖，他们凭借知名度、专业性、互动性、优惠力度等特征对用户的商品态度认知、购买行为产生影响。意见领袖主播通过深入详细的介绍和刺激手段来弱化用户对竞品的印象，强化用户感知，减少用户决策时间，促进用户购买转化（吴旭晖，2020）。直播带货领域已产生了一批非常有影响力的意见领袖，且具有多元性，头部意见领袖型主播占据着巨大的流量，影响着用户的消费行为。肖锡君（2021）认为电商直播依托意见领袖"带货"已成为现阶段商企最重要的营销策略。对电商直播中意见领袖的分

---

　　① 商务部召开网上例行新闻发布会（2020年7月30日）.（2020-07-30）. http://www.mofcom.gov.cn/article/ae/ah/diaocd/202007/20200702988096.shtml.

析和研究，对学术研究和满足现实需要都有深远的意义（吴旭晖，2020）。

从语言经济学的角度来看，直播带货行为本质上是一种以语言为核心枢纽的经济行为。李宇明（2018）认为，经济活动是通过语言来组织的，语言是经济活动得以进行的枢纽。直播带货中语言的枢纽作用更为凸显，主播的带货话术和语言互动能力直接影响直播间的留人率和销售量，是带货能力的直接表现，多模态语言互动已然成为直播带货的关键要素和核心枢纽。从语言研究的角度来看，直播带货是一种以达成商品交易为目的的视频交际行为，交际过程以视频记录的方式存储在互联网中，因此直播带货视频被视为一种动态语篇。视频语篇由不同模态构成不同的话语特征，包含音响、音强、语调等语音特征，手势、面部表情、身体姿势等身体语言特征，背景、网络、设备等环境特征。从互动传播的角度来看，多模态语言作为重要的信息要素参与直播带货双方的交际过程，主播和观众都可以作为信息发出者（信源）和信息接收者（信宿），对来自对方的语言信息进行解码和反馈，形成双循环互动。

直播带货是对现实面对面言语互动的模仿，尽管直播间的公屏只呈现主播的影像，但每位观众都可以在直播间公屏上发送文字、表情符号、语音和虚拟礼物等，这些信息都会呈现在公屏上，并被主播和所有观众看到，从这个角度上来说，直播间形成了一个半封闭的语境。与其他社交媒体的功能一样，在"主播-观众"的言语互动过程中，直播间的其他模态也参与其中，作为直播话语策略的关键因素引导观众参与互动。网络直播的互动不仅发生在直播间内部，还包括社交媒体上直播前的预热和直播后的反馈，三者形成完整的互动链，对间接引发观众的购买意愿、促进直接消费具有重要的作用。

意见领袖的直播带货话语特征属于互动语言学的研究范畴，本节结合多模态综合分析框架和会话分析中的受众设计理论，对该动态多模态语篇进行分析。

6.1.2 文献回顾

6.1.2.1 多模态互动

基于 Web 2.0 的网络社交处在互联网虚拟世界和现实世界相互交织渗透的环境中，交际由多种模态共同完成。"模态"（modal）最初作为人机交互相关研究的一个术语（顾曰国，2007），指的是语言、图像、声音等在系统功能学中被称为符号的资源。"多模态互动"则指人类感官和外部物理环境之间的互动方式，这种互动依赖多种模态资源来完成。S. 诺里斯（S. Norris）指出，互动本身就是多模态的，交际互动不仅仅依靠语言，交际者的姿态（头部动作、眼神、身体姿势、转向等）有时超越语言表达，成为互动的主要形式（Norris，2004）。因此，语言互动研究不能忽略多模态，而某些认为多模态偏离了语言结构研究的观点在一定程度上割裂了整个语言交际环境。本书的"多模态语言互动"并非仅局限于基于语言表达的互动，而是将整个多模态的交际环境都囊括在内。将聋哑人的语言称为手语，实际上承认了手势在聋哑人交际中的重要性，因此可以将图像、声音、姿势、眼神、动作等在互动交际中具有意义的模态称作"广义语言"，使用"语言的多模态互动"来描述直播带货这样以多种交际模态为主的交际活动，并且使用"多模态话语"来指称说话人和听话人之间的交际表达。

多模态研究具有不同的视角，冯德正等（2014）指出，基于社会符号学、系统功能语法和社会互动视角的研究是不充分的，他认为，当前，多模态隐喻研究和语料库视角的多模态文本分析同样十分重要。任何模态都具有表意功能，语言与非语言符号都能在一定语境下建构意义（Halliday，1994）。在这个视角下，学者们针对多模态语篇的研究注重模态之间的关系和意义表征分析，如克雷斯和列文（Kress & Leeuwen，1996）利用视觉语法解读静态的图像模态，易兴霞（2015）在视觉语法的基础上分析动态多模态语篇中的图文关系。此外，冯德正等（2014）还提出，有关多模态隐喻研究和以多模态语料库为主的文本分析是该领域发展的前景。隐喻是认知语言学的重要话题，该多模态隐喻研究认为，除了纯语言之外，非语言的其他符号具有构建意义的重要功能，并且符号本身及符号之间的组合是人类思想的投射。刘熠和张文烨（2020）认为，国内的多模态隐喻研究主要关注与时政传播相关的主题，以国家形象为中心，对涉及的国家纪录片或者海外媒体相关报道进行研究。多模态结合语料库的方法是近年新的研究方法，但囿于大型语料采集较为困难、多模态语料库集成的技术尚未发展成熟等原因，该研究方法仍处于起步阶段。此外，黄立鹤和张德禄（2019）提到，多模态在神经语言学研究中具有广阔的前景，对解决言语障碍等问题具有较大的帮助。多模态机器学习也是目前人工智能发展中的一大难题，对多模态的深入研究有助于提高机器处理和理解多源模态信息的能力。

目前，国内外对视频语篇的多模态分析是一个热点和趋势，主要有三种分析模式：第一类是社会符号学派的分析，注重探讨视频语篇当中的图文关系，涉及语言学当中的语域、语篇衔接等理论；第二类是诺里斯的多模态互动分析模式，主要是以视频为载体记录社会交际行为并进行分析（Norris，2004）；第三类是顾曰国的现场即席话语研究（王正，2013）。目前国内多模态语篇研究的模式基本遵循了张德禄（2009a，2009b）的理论框架。在系统功能语言学的理论指导下，张德禄将框架分为文化层面、语境层面、意义层面、形式层面、媒体层面，并将模态之间的关系归纳为互补与非互补两类。张德禄和袁艳艳（2011）利用该框架对电视天气预报语篇中的模态协同关系进行了研究。该框架围绕着话语意义的建构，对模态的使用进行了较为全面的总结，对于本书全面分析视频语篇具有指导作用。目前对视频语篇的多模态研究还没有统一的框架，并且正如冯德正等（2014）所谈到的，学界的研究还存在着模态意义解读主观性太强、相关实证研究还未完全跟上、跨学科互动不足的情况。

6.1.2.2　直播带货

直播带货是直播的一种，以促成商品交易为主要目的。2015年前后，国内开始了关于购物直播的相关研究，部分学者从经济学角度分析了大型电视直播购物活动，他们指出，传统电视节目中增加直播环节可以增强互动性，弥补了电视媒体互动性弱于新媒体的缺点。在关于跨境电商的研究中也发现，"视频直播+海淘"的模式为视频互动和跨境电商产业带来了新的思考，消费者的临场感和参与感会进一步刺激购物消费，直播互动成为电商的核心竞争力（孙莎莎，2016）。此后，关于直播+电商的研究逐渐增多，大多集中于商业角度，网红经济、粉丝经济成为衍生的研究对象。需要指出的是，直播带货的研究目前仍集中在商业领域，关于营销模式、经济价值的探讨众多，部分学者关注到了直播带货的互动性问题。此外，有学者指出"主流媒体+直播"成为一种新的模式，主流媒体、电商界的意见领袖、平台自身凝聚力、用户、技术等网状交互枢纽实现了广泛的社会动员（王红缨和丁静，2020）。直播带货互动中，人际互动是一个重点。有研究者通过分析头部电商网红的直播文本，指出电商类网红直播的互动行为目的主要是强化人设、满足社交需求和促成购买，并通过制造狂欢和建构"圈子"来实现以上目的，这一过程是"大众传播向人际传播的回归"。从直播带货的目的来讲，无论是身份建构的"人设"，还是建构"圈子"的虚拟网络社区，都是为了促成购买这一行为，互动仍是本质，这在传播学和互动语言学当中是一样的。此外，意见领袖电商主播的互动不仅限于塑造人设，个性鲜明的语言风格和手段是独特的互动元素，主播话语风格研究也受到关注。有些学者则从语用学角度分析了官员直播带货的特点，认为其在语用上塑造了平等、可信的形象。[①]

[①] 韩静."干部直播带货"的语用学分析.（2020-12-13）. https://www.sohu.com/a/437937694_312708.

直播带货兴起于中国，国外相关的研究论文数量较少，相关文章大多是国内研究团队近几年发表的，并偏向于实证研究。有学者以影响观众购买虚拟礼物为切入口探讨了直播中影响人们连续观看意向和消费意向的因素，研究发现，在直播中，观众的持续观看意愿受互动性和语言幽默性、吸引力影响（Hou et al.，2019）。学者还对实时商务社交中的现场互动进行研究，发现个性化、响应性、娱乐性、相互性、感知控制等因素对用户的感知有用性产生积极影响，对感知风险和心理距离产生消极影响，从而促进社会商务参与（Xue et al.，2020）。Su（2019）同样证实了直播带货中，感知兴趣、感知有用性、社交存在和"沉浸式"体验之间存在互动关系，对用户行为具有间接影响。Liu（2020）从社会存在理论角度探讨了影响用户购买意愿的因素，研究发现，视觉场景和沟通正向影响用户的感知享受，感知享受正向影响用户采纳意愿。以上实证研究结果表明，互动性是直播带货中的关键因素，互动的好坏会直接或者间接影响消费者的购买意愿，国内一些相关的定性研究同样指出了这一点。然而，国内外的研究中对于直播主播如何与消费者互动、如何促进社会商务参与等却鲜有描述，以往的研究关注的是直播的结果，对直播过程较少关注。直播前的预热、直播过程以及直播反馈作为一套完整的互动链未被关注。在一般模型中，研究者并未解释认知状态、情感状态、感知有用性、感知风险和心理距离等维度在具体的直播中如何体现，因此"互动性"虽被证实在直播中属于关键因素，但缺乏相关例证佐证，实证研究大多依赖问卷调查的数据和网站的数据进行分析，对于互动的发生过程却缺乏具体描述。

目前，直播带货领域已经日渐规范和成熟，意见领袖主播创造了大量"现象级"的带货案例，但直播带货意见领袖的多模态语言互动作为网络语言生活的新现象，还未受到学界的过多关注。本书的研究目的是从语言学的角度解释主播如何通过多模态语言互动引导受众付诸购物实践，探讨了直播带货语言体现了网络语言生活发展的特点等问题。

6.1.3　理论与方法

6.1.3.1　理论背景

"互动"是互动语言学（interactional linguistics）的中心论题，相关研究旨在揭示在社会交际中，言谈参与者的交际意图、会话行为是如何通过语言以及非语言的多模态资源（如眼神、手势、身势等）来实现的（方梅等，2018）。因此，本书基于互动语言学的研究范式，探讨人们在动态多模态语篇中如何调用交际资源进行互动。不管是依赖言语还是其他方式，互动都是话语产生的重要条件，因此本书使用多模态话语来描述基于多模态的互动交际。

在互动交际中，言语是重要的模态，对于直播带货而言更是如此，因此要引入会话分析的理论来研究直播中的言语互动。会话分析认为，语境对互动具有重要的作用，即只有处于社交环境当中的互动双方才有可能相互理解。会话分析涉及使用的语言、言语风格、话轮的转换，包括词汇和句法选择，公式化的表达，使用的韵律，会话开头、结尾和话语顺序等，借助这些语境线索可以解释处于一定情境中的言语行为，避免了过于主观化。无论是哪种视频形式，一旦被放置于社交环境下就存在"受众设计"（Bell，1984；Frobenius，2013，2014a，2014b）。受众设计指在言语行为中，说话人会通过一些方式分配听话人的角色，使其参与到说话人所建构的互动框架内，例如视频博客中的剪辑就是一种明显的设计，直播中言语独白、姿势、图像等模态都可以作为直播对受众角色分配的策略。根据贝尔（Bell，1984）对受众的分类，在视频直播过程中主要涉及 addressees（说话人直接对话的听话人）、auditors（说话人认可的旁听者）两种，受众一旦进入直播间，主播即可看到，有时主播会自动忽略进入直播间的其他人，与前两种类型的受众直接对话，但直播互动不仅限于直播间，社交平台上的互动被称为直播前的预热和直播后的反馈，此时的受众除了以上两种外，还涵盖了 overhearers（说话人知晓但未被认可的旁听者）、eavesdroppers（说话人没有意识到的偷听者）。戈夫曼（Goffman，1981）提出说话人承担了 animator、author 和 principal 三种角色，而主播主要承担着 principal 的角色，因为他们需要不断用言语表达自己的意见，以此说服观众进行购买。弗罗贝尼乌斯（Frobenius，2014a，2014b）在多模态和受众设计的框架下探讨了 vlogger 在独白中如何利用模态信息和互动参与的框架引导受众。尽管主播在直播时会注意到受众发出的言语信息并对此进行回答，但独白在主播言语过程中仍十分重要。直播也和其他虚拟社交一样，现有的技术并不能完全支持在场观众的全程实时互动，这就意味着仅凭屏幕上的留言并不能对所有受众进行设计，因此主播有时会依靠"所有人听我说"这种独白对想象中的受众做出响应。

6.1.3.2 数据来源与研究方法

本章研究基于一个由 12 个直播回放视频以及主播相关社交媒体动态和评论文本组成的语料库展开。一个成熟的主播在直播策略的使用上也更为成熟，本书选择"凤凰网电商研究院"发布的"2020 年度带货红人主播 Top100"①上的淘宝主播作为语料对象,分别从每位主播的直播带货视频中选取浏览量排前两名的"现象级"视频,制作成含 12 个视频、共 28.42G 的语料库。评论是观众反馈的一部分,是他们与主播互动的一种证据,2019 年起微博和淘宝建立了深度的合作关系,微博拥有广泛的社会关注度和较为庞大的粉丝群体,基于以上特点,本书选取微博作为主播社交媒体语料的主要来源,对主播个人社交媒体动态、观众评论等内容进行搜集(检索时间为对应直播日期的前后两个星期)。

　　针对多模态语篇,国内众多学者提出了一些可供研究的成熟框架,但仍局限于对静态画面的描写,对于分析动态语篇仍有局限。直播是一个具有强对话性质的交际语篇,因此本书引入会话分析理论,构建以互动话语为核心的多模态框架,以说话人和听话人的言语交际为核心,同时结合张德禄(2009a,2009b,2018)的多模态话语分析框架、克雷斯和列文(Kress & Leeuwen,1996)的视觉语法理论,并以贝尔(Bell,1984)等提出的受众设计为理论基础,对直播带货动态多模态语篇进行分析,本书的多模态话语分析框架见图 6-1。该框架能够将话语双方纳入研究范畴,将语料分析具体化、立体化,从而揭示直播带货中多模态的使用和配置,以及说话人如何使用由多模态要素构成的交际策略引导听话人付诸购物的过程。

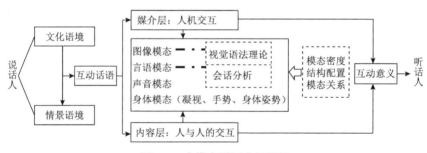

图 6-1　多模态话语分析框架

　　本书使用 ELAN 软件对视频语料建库。首先,将视频语料分离出 MP3 和 WAV 格式的音频,WAV 格式的音频将随视频一同导入 ELAN 当中进行标注,MP3 格式用于提取文本语料。其次,基于新浪 API 采集微博语料,分别制作直播视频语料库和对应的文本语料库。文本语料以 UTF-8 格式保存,分词和词性标注工作依赖 Python 的 jieba 模块进行。文中依靠文本和图片来展示案例,言语部分遵循杰

---

　　① 2021 年 1 月 20 日,凤凰网电商研究院以粉丝数、销量、脱水销售额为数据指标进行排名,发布了 2020 年直播带货红人排行榜。

斐逊（Jefferson，1984）的转写体例，文中涉及的"说话人"指主播，"听话人"指受众。

需要说明的是，视频语料属于直播回放视频，由于一场直播持续的时间较长，受众的实时互动信息在界面上停留的时间也较短，因此即使采取录屏形式采集，在标注时也比较困难。然而，这些"消失"的信息会不完全反映在主播的言语当中，有时主播会使用重复观众问题或直接回答的策略进行反馈。因此，本书依然可以从这一角度继续进行研究。

6.1.4　语境互动

多模态话语互动行为会受到社会文化背景和社会规范所制约，即受到言外语境制约。Feez（1998）和黄国文（2001）认为语篇的文化语境分析就是对语篇题材的探讨。在文化语境下，直播视频语篇可以按照体裁结构进行划分，一场完整的直播包含如下几个步骤。

第一步，直播预热，主播在社交媒体上预告直播商品及部分直播嘉宾；

第二步，直播过程（1），开场白打招呼；

第三步，直播过程（2），介绍售卖商品；

第四步，直播过程（3），直播结束；

第五步，直播反馈，观众在主播微博下评论。

情景语境由文化语境决定，包含语场（field）、语旨（tenor）和语式（mode）三个部分。语场指的是语篇的具体内容，直播预热包括对下场直播的预告，含直播商品、直播嘉宾、直播链接等，直播反馈则是消费者对上一场直播中遗留问题或者就直播经验和主播互动。语旨是指交际双方之间的关系，在社交媒体平台，更倾向于表现为"意见领袖-粉丝"的互动关系。一些"头部主播"作为直播带货领域内的意见领袖，具有专业的圈层知识和庞大的粉丝基础，在社交平台具有较大影响力。语式是指交际的媒介和渠道，主播通过社交媒体平台和用户交际，交际模态以文字为主，是一种线上的异步交流。基于社交媒体平台的互动呈现出"意见领袖-粉丝"的关系，主播作为意见领袖引导受众关注、评论他的动态，以维持直播的热度和流量。主播在与受众的言语交际中呈现出以下两个特点。

首先是频繁使用交互符号。弗罗贝尼乌斯和哈珀（Frobenius & Harper，2015）指出，互联网社交平台拥有自己的一套互动机制，上传图片、视频，创建超话（一个由话题发起并聚集起来的虚拟社区），发布状态更新、共享照片并通过链接与外部网络建立联系以及发表评论，所有这些社交功能都被视为用来吸引用户注意力的交际行为。@是建立 A 用户和 B 用户之间联系的一种协议，虚拟社交领域，使用"@+用户昵称"的形式是一种礼貌策略，有的直播预热微博中，博文还会使用@功能，提及微博"大 V"用户，并由此引发互动和吸引更多网民关注。

例 1

在下李××（带货主播的名字），[链接]今晚 9 点，恭候晴明大人@陈×（艺人名字）#李××直播#（带货主播的直播间链接）

这则微博中，超链接部分被系统自动标识为较高的色彩饱和度，在视觉上属于高感官情态，并且具有显著意义，这样的做法能够吸引用户注意力并可能诱发互动行为，如在微博下留言或者打开有颜色标记的链接。

例 2

用户"陈×"（艺人名字）：哈哈哈哈哈，又见了①

用户 1：哈哈哈哈哈哥**这次要对准镜头多露露你的帅脸嗷**～👀👀@陈×（艺人名字）

用户 2：晴明来了，**今晚见！**

用户 3：哇⊙ω⊙陈×（艺人名字）终于又粗现了

用户 4：三个月就返场的男明星必须敲锣欢迎😁

用户 5：**晚上抢起来～抢不到我自己买票也得看去！！！** 😝😝😝

用户"陈×"回复了这条微博，"又"的使用意味着他和主播此前已经有了合作的经历，用户 1、3、4 的留言证明了这一点。尽管没有直接的后台数据证明用户 2 和用户 5 是否真的前往直播间购物，但用户 2、5 的留言说明该微博内容引起了二者的注意，并付诸了口头的承诺。

其次是情绪化的个人表达。除了典型的交互符号，在文字的话语风格上，主播也进行了设计。在直播预热相关微博的博文中，感叹句的使用率非常高，主要有以下几种用法。

第一种，在特定词语之间加上感叹号。

例 3

2021 新年限定礼盒大！开！箱！😊祝所有女生所有男生在新的一年都可以红红火火～

————————————
① 注：用户 4、5 是对原帖的回复，用户 1、2、3 是对"陈×"的回复。

第二种，感叹号重复叠加使用。

例4

📢手机、电脑、电视、电热毯、鹅绒被、抽纸……家居的好物来这里就够！！！

第三种，感叹号代替句号，在句末出现。

例5

📣来咯来咯，宝宝们看过来！除夕夜惊喜开大奖啦！春节放假，福利不打烊！万元红包还有大牌包包、苹果电脑手机耳机……全都送！点点小手指就有机会！

第四种，感叹号代替问号。

例6

🎁都挑好过年的新衣服了吗！24号晚8点，"服饰美妆爆品日"来了。

感叹号的连用和叠用可描摹主播直播时卖力说服观众的激动语气和热情状态，同时也作为吸引观众注意力的手段，常用于特定的字词之后，如"送""开箱"等与让利密切关联的词语，或者直播时间等重要信息，给观众留下强烈的视觉冲击。

微博等网络社区话语由多种模态组成，但文字依然是主体模态。微博社区话语与口头语篇相似，耿敬北和陈子娟（2016）认为，社区交际语篇具有语篇同步性、语言结构和词语选择口语化和简单化、可纠正性等特点。因此文字模态无疑成为微博网络社区交际的主体选择。但就直播预热和直播反馈阶段的模态间的关系而言，多数情况下视频为主体模态，文字和图片作为补充说明。在这两个阶段中，图片和视频通常不会一起出现，否则大量的信息需要受众付出更大的认知努力来识别，影响受众关注的焦点，因此设计模态数量和合理配置结构也是与受众互动的重要环节。

6.1.5 言语互动

直播过程共包含开场白、介绍商品、结束直播三部分，其中言语是最直接的能够分配听话人角色的方式（Frobenius，2014a），主播可以通过单一称呼语、问候语、特殊句式等方式告诉听话人其是何种角色。大部分情况下主播面对的是不在现场的听话人，因此他作为说话人发起的对话中一部分是自己的独白、手势、声音等其他模态，有时可以作为一种话语补偿策略，弥补听话人不在场而导致的对话非一致性（Frobenius，2011）。当主播看向评论区并回答问题时，就发生了实际的对话，这种对话机制和电话交流类似，有话轮的转换和角色的协调。下面就开场白和直播过程的互动策略进行分析。

6.1.5.1　非正式开场白

弗罗贝尼乌斯（Frobenius，2011）认为，开场的问候是为接下来的谈话互动做铺垫。直播开始时，简单的问候语和称呼语作为开场白并不能直接引起受众的兴趣，直播模仿的是一种现实的面对面交流，营造对话氛围是互动的开始。

> 例 7
>
> 句一：××的直播间（（微笑））（（招手））
>
> 句二：今天的话是我们的女装大（0.3s）上（0.3s）新（1s）
>
> 句三：　　　　　　　　　　　　　（（拍三次手））
>
> 句四：哈喽（1s）都来了吗？（（招手））
>
> 句五：都来了，>哈喽哈喽哈喽<<<（（招手））
>
> 句六：晚上好，晚上好，晚上好，先进下我们的直播间哦
>
> 句七：新粉丝第一次来到我们直播间的话，就先关注一下
>
> 句八：非常的巧，正好是我们的大上新哦，今天
>
> 句九：还没开（3s）我没显示开呀，你看是不是啊？再说一遍了
>
> 句十：诶（4s）开始了，哈喽（.）哈喽，来了吗？来了吗？来了吗？
>
> 哈喽晚上好
>
> 句十一：（（低头看手机））
>
> 句十二：刚以为开了一次，嗨（0.5s）
>
> 句十三：（（招手））
>
> 句十四：晚上好（.）晚上好，欢迎来到×姐的直播间
>
> 句十五：有吗？>来了来了来了<<<，>开了开了开了<<<
>
> 句十六：（（低头看手机））

这段视频以主播的微笑和招手开场，接着是自我识别（××的直播间），没

有出现称呼语和问候语，这个不寻常的缺省是直播技术出错造成的，主播在句九对观众进行了解释。在未发现出错之前，主播依然遵循了以往的开场惯例，先强调了本次直播的主要内容，以重音和长音，伴以有节奏的拍手凸显关键信息的重要性（句三）。接着是一连串快语速并且重复的问候语（句四、句五、句六），但缺乏对观众角色的分配符号"称呼语"，表明主播默认对所有观众问候，由于网络交际的匿名性，主播并不清楚屏幕对面的观众是老粉丝还是新粉丝。主播为了等待更多观众进直播间，采取了话语重复策略。句七中出现了一个指定的称呼"新粉丝"，说明此时主播对新粉丝发起了对话，默认老粉丝已经熟知了"关注"这一操作。句九出现小插曲，在 vlog 当中可以通过剪辑技术进行切除，然而直播时不具备实时剪辑的操作条件，接着失误得到纠正，说话人重新开启话轮，低头看手机的动作显示她正在观看听话人的反馈，并试图解释失误的原因（句十二）。

类似"××的直播间"的话语包含自我识别和地址识别，直播间是一个虚拟的交际场所，问候语、称呼语的泛化是为了与更多观众互动。重点内容的阐述一般都使用了拉长声音或者重音标记的策略。较长时长的开场白不同于前面的例子，呈现出对话开始之前的无序状态和更具体的商品预告。对话开始前的无序状态表现为说话人在直播间内整理直播手稿，与直播间之外的其他说话人交谈，这种纷杂的语境说明说话人还未把听话人纳入对话框架中来，每个进直播间的观众都是一个潜在的听话人，等待着被分配角色，进行互动。此时，说话人为了应对这种还没准备好的风险，可以通过相关策略进行补偿，比如抬头看直播间左下角观众的进场情况，或者正视屏幕增加观众的临场感和互动体验。

6.1.5.2 会话历史

会话历史指的是过往的会话被重新引入当前会话并对此会话产生影响。例 8 中展示了会话历史如何在互动中发挥作用。L. 加文（L. Gavin）研究发现，说话人会使用回顾性讲述创造新的话语片段，回顾性讲述只会发生在与听话接受者的互动情境中（Gavin, 2019）。在会话分析中，互动实践也依赖会话历史进行。

例 8

句一：我要跟观众道歉，前两次我们两个人直播，大家都说耳朵不好啦=（（捂耳朵））（（女嘉宾））

句二：=啊哈哈哈哈哈哈哈 HHHHH =（（男主播））

句三：=哈哈哈哈哈哈哈 HHHHH（（女嘉宾））

句四：对，大家都说耳朵不太好（（捂耳朵）），大家都在说耳朵都快聋掉了，他们两个嘴巴<u>太吵啦，</u>这两个什么人，把他们给我们关起来！

句一中的"前两次"表明这是明显调用会话历史的策略。说话人通过强调"耳朵不好""太吵啦"（句四）来表明这是上次直播的观众反馈，他们将此作为互动元素引起听话人的注意。尽管视频语料中没有记录下听话人的反馈，但社交媒体上保留了相关证据，图 6-2 的"耳朵聋了""人间大喇叭""音量调小"等相关评论证明了这个会话历史的真实性。说话人的意图在于告诉原有受众他们看到了这一会话反馈，并且他们知道这一因素必定能引起受众的新互动，因此实施了这一会话策略。

图 6-2　微博用户评论

6.1.5.3　以"货"为核心的策略性话语

直播带货语言本质上是一种广告语言，其话语具有明显的策略性，并且呈现出鲜明的语言风格。

1）以"货"为中心的话语结构

以"货"为中心的带货话语结构，呈现出以下程式化特点：口头预告货物名称，介绍货品特点、功能、效果，强调货品价格优惠、数量有限、附赠其他货物，告知观众做好"抢货"准备，给后台技术人员指令打开链接，引导观众购买。

货物的介绍是值得关注的部分。与一般平面广告和视频广告语言不同，直播带货语言更口语化，如主播介绍某款产品："××产品真的安全，他们家的产品真的让消费者得到了很好的体验……其中含有的 β-葡聚糖、神经酰胺帮大家做了修护和维稳，所以他们家的产品真的好到不行，温和又不刺激，不添加香精，帮你促进屏障修复，特别适合大家。上脸真的很舒适。我特别推荐。"这一段介绍以短句为主，并且将专业性较强的产品成分类话语转述为更简单的语言。大量代词的使用对话语角色做出区分，带货主播将自己介于产品供货商与消费者之间，摆脱传统广告由产品供货商说服消费者的模式，使得主播的话语更具有说服力。

极富感染力的语言描述是吸引观众关注货品的重点，主要表现为以下几点。

（1）大量使用"程度副词+形容词"，如"超级美的""非常好""太美了""业内口碑非常非常好""巨美丽""绝美的"，这些在广告法中被禁用的词语在这里以夸张的效果呈现，其中"非常"一词成为最高频副词。

（2）高频使用网络流行语或独特性的形容词，如"纯欲""氛围感""浓郁""复古感"等，形容某款口红"真的太仙了！"，形容某件大衣"穿起来就是复古港女"，这一类话语用于强调产品使用的效果。在语料中还发现，动宾式的"买它"短语结构在实际运用中被形容词化，用来修饰后面的名词。比如"××丝绒哑光唇釉，这是一个'买它'唇釉"，这里的"买它"变成了修饰语"值得买的""一定要买的"，这一结构本身并不符合汉语语法规范，但主播为了强调商品的效果采取了特殊的结构表达，呈现出鲜明的个人话语风格。

（3）经常使用比喻修辞格，让产品的使用体验具象化。如"这款丝绒 999，涂上它真的就像嘴巴上铺了一层丝绒，很软""这个包包真的很轻，就像背了一朵云，完全感觉不到，出街不会累，真的"。

2）以重复策略凸显话语的重要性

重复在话语研究中是一个重要的特征，在会话当中普遍存在并具有功能性，包括参与性倾听、认可倾听、质疑、强调、幽默、拖延、参与、评价等。例如例 7 中重复性的问候、例 8 中会话历史的再现。在直播话语中，重复的作用不仅限于建立初步的联系，还突出表现在"读评论"阶段，主播会选择性地读取界面上呈现的留言，并口头重复，这是对观众的一种反馈，通常表现为参与性倾听或认可倾听的功能，如观众通过评论区询问××商品的信息，主播会重复该问题并回答。重复的另一作用体现为增强话语内容的重要性，如主播在介绍一款产品时会不断重复有关产品信息的词汇。

例 9

句一：××网红镜它来了。

句二：这个我们本来放在**开学季**，但我发现开学真的塞不下那么多东西了。

句三：这个镜真的好适合**开学季**的女生跟猪猪的女生。

句四：如果你没有一个好镜子你真的**需要买它**。

句五：……

句六：好不好，上大学的女生们一定要买它！

在上面这段介绍中，主播重复了名词"开学季"，分配了观众的现实角色——学生，动词"买它"以强烈的姿态引导观众进行购买。

3）以沉浸式叫卖为特征的语态

直播带货本质是一场通过"带货"实现"卖货"目的的营销，依然延续了现实社会的传统吆喝式做法。主播群体嘶吼式的叫卖，既营造了热烈的直播氛围，又强化了与观众之间的互动。沉浸式叫卖凸显出号召性，主播近距离展示或敲击货品，举着货品限额的牌子，伴随整齐划一的"上链接"或者"开始抢购"的口号呼吁观众购买。号召话语通常音量大、语速快、信息密集度高，制造紧张的购物氛围，并试图说服观众购买。此外，与传统街边叫卖和电视购物叫卖广告不同，传统叫卖突出"货"本身，强调货品的质量，直播带货在突出"货"的同时也突出"人"和"购物"本身。对观众的关注始终贯穿于带货全程，"宝宝""姐妹""美眉""女生""家人们"等称呼拉近了听话人和说话人的社交距离。针对不同货品，主播的称呼对应分配不同的观众角色，当售卖某款平价货品时，称呼会变成"所有女生""猪猪女孩"，当货品价格较为昂贵时，称呼会变成"贵妇女孩"，针对性的称呼是主播向特定购买对象发起对话的开端，这是引导对方购买的重要一步。与此同时，叫卖过程凸显购物行为的合理性，购物被赋予更多娱乐性因素，主播的"家人们，帮帮主播，冲到第一！""买到就是赚到""买的就是快乐"等号召话语抓住观众心理，让购物成为沉浸式的交际体验。

6.1.5.4　多话题、多话轮的会话模式

直播带货过程中，主播对话题和话轮的分配具有话语权。为了在有限的几个小时内呈现既定数量的商品，主播依次介绍不同的商品，不同商品的展示具有不同的时长，围绕一件商品进行的会话过程形成一个话语循环，不同的商品构成不同的会话主题，一个主题内可以是单个话轮也可以是多个话轮，一般依照受众提出的问题来分配不同的话轮。日常会话和其他多模态视频语篇的会话大多是线性的，具有"交流"性质的 vlog 也有自己的话题，但话题数量均不及直播带货的会话。此外，直播带货话题的转换都较为生硬，主播有意识地结束上一个话题，以"我们来介绍下一个"这样的话语来进行话轮和话题的转换，在有限时间和空间的直播场景中，这种转换是被受众允许和接受的。

直播带货作为独特的线上语言生活有其不同于其他多模态交际语言的特点，和一般的 vlog 类似，主播的言语可视为一种独白。尽管如此，vlog 实际上仍是一种异步交流，直播带货则是实时的交互，说话人和听话人之间的互动性更强。直播带货语言的核心是货，带货主播对语言、场景的运用程度要高于其他主播，呈现出以下特点：①高昂的话语基调，为了保持直播间的热度以及吸引观众的注意，主播时常使用高昂的语调进行情绪化的表达，烘托直播间的氛围；②繁复的修辞手法运用，主播通常使用夸张、比喻、拟人、排比等多种修辞手法形容货品，同时为了让观众付诸购买，更是用通感来形容奇妙的使用感受；③贯穿于语言中的带货话术，不管是称呼的使用还是开场白，不同的主播具有不同的话术和个人表达风格，尽管如此，带货话术仍具有统一的功能，如吸引观众注意力、引导观众购买等；④辅助性话语的补充，直播带货场景下，主播作为主要的说话人承担了大部分互动交际的工作，直播间其他工作人员充当补偿的角色，当主播的话语表达不够充分时他们就可以适当地和受众互动，对话语进行补偿。此外，多数情况下，他们举着货品或者信息提示的牌子时也是一种画面补偿。

6.1.6 图像互动

直播过程中，语场、语旨、语式都发生了变化，交际场所从社交平台转移到直播间内部，交际双方的角色以"主播-观众"为主。语式属于同步的直播交流，主播通过语言表达和观众互动，观众通过键入文字将信息发送到公共平台，双方以不同方式加入直播的互动框架，互动框架由直播间搭建，主播作为说话人向听话人发起会话。

"屏幕"提供了一个模拟现实交际的虚拟对话框架，限制了言语交际的范围和空间。随着短视频的爆发，"竖屏"成为社交互动的新样态。移动互联网和智能终端的普及突破了传统电视和电影 16：9 和 4：3 的画框，重新定义了适合移动终端的影像规则，竖直化的 9：16 比例更符合当代人的视觉习惯。它以更加直观、全面的视觉展示，成为用户最便捷、舒适、习惯的短视频观看选择，也是符合移动互联一代语言、思维与行为模式的视听新形式（文卫华和林小平，2021），更窄的边框和细节化的结构设置将更有利于用户注意力的集中。本节将借鉴视觉语法的分析框架，从再现意义、互动意义和构图意义角度分析画面构图是如何引起屏幕"内"和屏幕"外"的人互动的。

6.1.6.1　再现意义

直播画面的分类结构呈现"图像+文字"的模态配置，图像模态为主，包括说话人的形象、直播间的背景、互动的矢量图标，文字模态为辅，包括左下角的评论部分和背景中嵌入的文字，描摹的是现实交互的可能环境。分析结构可分为承载者和若干不同的特征，承载者即所有直播间的形式，包括直播背景、分享图标、点赞图标、购物车图标、对话框，不同的特征可以表现为形式的内容，即不同的主播、不同的言语内容等。承载者的展示是不完全的，因为镜头只能展示现实直播环境的一部分，分享图标、点赞图标、对话框体现为听话人对说话人的反馈，将心理和行动以图标的形式具象化。在象征结构中，显著性的、与整体格格不入的元素往往具有象征属性。在语料库中发现，观看人次和点赞量较高的直播往往与节日相关，节日的直播背景常用红色作为主色，高饱和的红颜色在以愉悦原则主导的购物情境中属于高情态。适当的色彩能够增强观众对商品的良好认知，研究表明，红色能够使人心理活跃，引起人们对商品的兴趣（朗德森和孟鸿，2010）。

6.1.6.2　互动意义

互动意义是指图像观看者即"听话人"和图像世界中"说话人"之间的关系，这里的"说话人"是图像的直接表现者，即主播，其一言一行都属于构造长视频的动态元素。互动意义由距离、接触和视点组成。竖屏在取景上只截取了主播上半身的画面，特写镜头排除了多余的信息，突出主播个人，是说话人主动和听话人亲近的一种视觉表现。视点体现的是说话人和听话人之间的权势关系，听话人观看视角是平视的，这是一种平等的对话姿态。接触指的是构造想象中的关系，说话人直视听话人，这种图像被称为索取类图像，对应功能语法中的索取性言语行为（李战子，2003），意味着主播想要从评论区获取听话人的反馈，并将此信号传递给听话人，鼓励他们在评论区互动发言。

6.1.6.3　构图意义

信息值、取景和显著性是重要的构图资源。信息值由元素在图像中的位置决定。克雷斯和列文（Kress & Leeuwen，2000）认为，图像左右两边分别对应"已知-新信息"的结构，上下的元素分别对应"理想-真实"的结构，但特定图像的情境会导致不同的结果。直播画面左右两边的元素并非按照对称安排，不符合"已知-新信息"的结构，但上下元素呈现了"理想-真实"结构，即上方是一种概括性的信息，下方是真实性的、更实际的信息。显著性是吸引受众注意力的程度，在以往研究者看来，上方的信息是最显著的部分，然而在意见领袖直播带货时，下方的信息才是更具有显著性的信息，听话人要跟随说话人的引导关注上架商品、对话等实际信息。在取景上，说话人的头部之上是一条明显的分割线，说话人的脸部处于界面焦点位置，因此可以认为下方的信息更具有显著性。

6.1.7   姿态互动

姿势是多模态研究中除了言语之外的重要内容，伴随着言语输出的姿势，比如凝视、指示、点头指明了各模态要素的配置。有时候身体姿势能够提供比言语更多的信息，姿势的封闭和开放与社交距离的远近有着重要的关系（Givens，2016），在面对面交谈中亦是如此。例如主播李××在直播中要展示一支口红，会将涂了口红的嘴唇靠近镜头。有时候姿势的表现要依赖摄像技术进行辅助，主播说出"看一下 057，特别特别漂亮"的话语时，摄像人员迅速领会了主播的意图并给了特写镜头，让嘴巴部分处于画面焦点处。接着主播用手指向嘴巴，眼神看向左下角的留言区，并询问观众"好看吗？"，以此引发互动。主播重复了观众的问题"它会发出荧光吗？"并给出回答，这表明主播对观众提出的问题作出了回应。最后，主播告诉观众"大家可以去抢 057 号色"，便完成了此次互动。手势在这里起到将听话人的注意力转向所关涉的东西上的作用。

凝视也是一个注意力模态，它展示了说话人的注意力焦点，以及让听话人明确说话人的言语对象是谁。凝视是说话人对听话人互动框架内的状态进行确认，并且会伴随言语上的活动。例如，某直播带货意见领袖在直播中凝视商品的动作持续了 20 秒，然后头部向右转动。头部和眼神的转动说明说话人暂时中止与观众互动，并与画面之外的另一个人开启了新的互动，这是观众观察到的画面。为了不让观众离开，说话人很快又将视线转了回来，恢复到凝视状态。这个实例说明，说话人清楚地意识到现实的互动和虚拟的互动是分开的，并且当现实互动威胁虚拟互动时，说话人快速转头并恢复凝视，这是对先前状态的修复。弗罗贝尼乌斯（Frobenius，2014a）认为，自我修复是受众设计的标志，甚至是观众潜在的预期。

6.1.8   结论

直播带货意见领袖的多模态话语研究旨在回答如下问题：直播带货的多模态语言互动是怎样呈现和发挥作用的？这种网络语言生活的新形式怎样影响当下的语言生活？在社交媒体发布直播预热信息是直播带货的第一步，由于意见领袖主播和观众之间是"带货人-消费者"和"意见领袖-粉丝"的关系，发布信息、评论、回复等过程使二者形成了具有稳定关系的消费社群，社群力量不仅能强化成员对意见领袖的认同，也以集体的力量强化了消费关系。此外，主播发布的文字对部分观众来说具有导向性作用，部分观众会据此做消费攻略，从而增强直播购买意愿。在直播过程中，无论是镜头语言还是主播卖力地吆喝，语言、手势等模态在主播引导观众购买中发挥了重要作用，这一过程在会话分析中被称为"受众设计"，其本质是主播"说服"观众。主播作为说话人以手指指向他要听话人注意的产品，这是一种注意力触发策略。当主播以非常肯定的语气说出这件产品的优点时，部分观众有可能相信并记住该产品。使观众信服的要素还在于主播的话语权威性、说服的内容和对象。头部主播被认为是直播行业的权威，主播在介绍产品时使用夸张化和情感煽动性的表达等言语策略成功地吸引了观众。戴维·迈尔斯（David Myers）（迈尔斯，2016）指出，说服有一条外周路径，即当被劝说者接收信息时心不在焉，也不会注意论据是否令人信服时，熟悉易懂的表述更具有说服力。例如，当主播说"所有女生""我们来咯""听我的，3，2，1"等话语时，这些号召命令对观众来说具有集体狂欢的感染力，观众点击链接进行购买时，说服已经完成。因此，直播带货的互动活动实质上是一种说服行为，实现以"购买"为核心的交际意图。竖屏的直播观看体验和独特的镜头取景，拉近了主播和观众的交流距离。直播间的诱导性提示，诸如"××正在购买""点赞"等让观众具有沉浸式的购物体验。主播幽默的话语能够制造热烈的对话氛围，在近距离的直播社交情境下，主播话术对观众购买会产生明显影响。

直播带货意见领袖的多模态话语互动是网络语言生活的新形式，对当代语言生活的影响主要表现为：①语言作为一种生产要素的作用越发凸显。语言要素深刻融入经济的发展中，语言数据成为驱动数字行业发展的关键。语言负载信息、表达话语，越来越多像直播带货类行业的发展需要语言助力，新闻传播行业、自媒体行业等也越发重视话语表达的重要性，语言消费激发经济发展新活力。②语言的发展呈现出高"互联网"化特征。直播带货语言是新媒体语言的进一步发展，与互联网的融合程度进一步加深。首先，语言的更新速度加快，部分表达突破传统的语言规范，寻求形式上的突破和创新。新词新语的应用场景多元化，直播话语中新颖词汇往往成为主播和观众互动的切入点，词语本身承载的情感也能使二者产生某种程度上的共鸣。其次，语言的碎片化表达成为主流。在以社群交互为主的网络社交平台互动和直播互动中，言语交流更趋向简单化、口语化。表情符号和标点符号的非常规使用切断话语表达的完整性，话语本身凸显情感性和情绪性，微博的直播预告博文即是一种视觉上的语言碎片化的话语表达。最后，网络语言生活呈现出高度的多模态交互特征。网络虚拟空间的语言交际不仅限于文字、图片和声音，视频直播让肢体语言表达成为可能，增加了话语表现力。③行业语言服务呈现发展活力。直播带货使得"话术"进入大众视野，备受各行业关注。话术是具有特定的使用人群、场景、输出对象的行业语言，尽管语言要素不是绝大多数行业关注的核心，但其渗透在行业中，起到辅助行业发展、为大众提供语言服务的作用。

以上语言生活的发展变化显示当今社会语言走向了多元化、网络化、互动化，并呈现出多姿多彩的局面。随着网络交际程度加深，线上语言互动比过去更广泛、更深入，语言和生活的交织将推动语言服务、语言产业进一步发展，语言领域进一步拓展，语言将逐渐成为社会各界关心的话题（郭熙，2019）。

6.2　直播互动对受众购买意愿的影响分析

作为一种实时的视频社交形式，直播带货与 vlog、短视频作品不同，其更贴近于面对面的交流。尽管直播带货的视频界面只呈现了主播的个人影像，但对于处于共同直播场次的观众来说，每一个个体都可以在直播间进行文字交流，所有对话皆可呈现在界面上，并被所有观众看到，从这个角度上来说，直播间形成了一个半封闭的语境。直播带货中的互动行为本质上是一种视频社交，与社交媒体的功能一样，优秀的直播带货主播在直播中通过互动吸引观众，并将他们发展成为固定的粉丝受众。"直播带货"作为一种新兴的销售模式引起了学界的关注，但国内关于直播带货的实证研究较少，何种因素在影响着直播带货的传播效果？这些因素对直播带货造成多大程度的影响？对这些问题的解答有利于进一步分析观众对直播带货的意向，同时对理解网络互动环境下直播带货形式的创新也有着重要的理论价值。基于此，本书通过问卷调查，分析直播带货意见领袖带货的互动维度对受众观看意愿和购物意愿有何种影响。

2015 年前后，国内外开始了关于直播带货的相关研究。有学者发现，直播的功利和娱乐价值通过影响用户对产品的信任程度，从而间接影响用户参与度（Wongkitrungrueng & Assarut，2020）。童万菊和徐荷萍（2022）认为，电商直播意见领袖是用户及消费者重要的信息来源，会对消费行为产生影响。冯家欣（2022）认为电商主播关键意见领袖专业性、互动性对消费者购买意愿、感知质量具有显著正向影响。吴琰凡（2021）认为意见领袖依靠粉丝实现流量变现，利用新媒体技术带货，对直播经济产生了重要影响。孙玉苹和郑艳霞（2021）认为电商直播中，意见领袖对消费者购买商品的意愿具有直接影响。相关研究还有上文提到的Hou等（2019）、Xue（2020）、Su（2019）、Liu（2020）等。电商直播中的互动可以增强受众的购物体验，减少购物的不确定性，并增加他们对电子商务卖家的信任程度（Hajli，2015）。"互动"是影响受众直播体验的重要因素，并且最终对受众的直播观看意愿和购买意愿产生重要影响；"互动性"虽被证实在直播中属于关键因素，但相关例证展示较少。

已有研究证明信任关系、网站建构、用户动机、用户感知等对直播受众的行为意图具有显著作用，而交互性亦是其中的重要因素。互动性是一个大维度，也是一个中介因素，包括直播间的环境设计、互动策略、网站建构等，这些因素影响了受众对产品的信任，并最终影响受众的行为意图。在以往的研究中，网络问卷是一种常用的调查方法，被调查者主要依靠回忆过去的行为是否符合调查选项填写问卷。对被调查者信任关系和心理感知等"主观"维度的测试，在一定程度上可能与实际存在偏差。因此，本书将上述影响因素用更广泛的概念——"互动"涵盖，采取网络问卷的形式，使调查对象根据以往的直播经验对自己的行为进行评估，将调查问题具体化，以贴近实际直播经验，以"是否会持续观看直播"和"是否会付诸购买"的提问来调查他们的行为意图。接下来将分析直播带货意见领袖是以何种互动方式影响受众参与直播带货活动，并进一步影响他们的消费意愿的。

6.2.1 研究假设和模型

本书将互动性分为社群互动、工具互动、娱乐互动、信息获取、主播策略、人口学变量等维度，在此基础上构建研究模型，见图6-3。

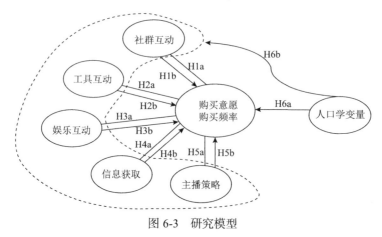

图6-3 研究模型

6.2.1.1 社群互动

当前，社群营销是互联网商业发展的新模式。学者们研究了社群认同对购买意愿的影响，李先国等（2017）和许青（2019）等研究发现，消费者的群体认同对购买意愿存在显著的正向影响。陈晓琳等（2021）认为，社群认同（信任）在认知临场感、情感临场感对购买意愿的影响中起到部分中介作用。本书的"社群互动"定位于微博社区。微博和淘宝建立了深度合作网络，"橱窗"是微博中具有展示商品性质的一项功能，用于引导粉丝用户进行购买。这一功能模块综合了意见领袖营销和社群营销的优势，是社交媒体移动购物逐渐发展的结果。国内外众多研究早已证实互联网名人代言的一阶效应和粉丝群体内部的互动产生了内容营销的二阶效应（Geng et al.，2020），一些拥有个人粉丝的带货主播是直播带货领域的意见领袖。除了微博自身的"橱窗"功能外，便捷的直播接口是将社交媒体用户转化为直播用户的一种途径，如微博自身以热搜形式嵌入淘宝直播链接，意见领袖主播号召社群粉丝，粉丝内部的互动又激励群体进行参与，从而实现用户引流，对用户的直播观看意愿和购买意愿产生影响。因此，做出如下假设。

H1a：社群互动和购买意愿、购买频率之间呈正相关。

H1b：社群互动在购买意愿、购买频率上具有统计学差异。

6.2.1.2 工具互动

N. 哈吉（Hajli，2015）考察了商务网站、论坛等设置对用户直播行为意图的影响，发现良好的商务结构为用户之间的共同创造、参与、共享和协作提供了机会，从而对用户的购买意愿也有积极的影响。这里的工具互动包括直播间的互动元素（点赞、转发、分享等）、横竖屏的观看体验、"××正在剁手"等的外向激励。因此，做出如下假设。

H2a：工具互动和购买意愿、购买频率之间呈正相关。

H2b：工具互动在购买意愿、购买频率上具有统计学差异。

6.2.1.3 娱乐互动

Su（2019）研究发现，感知有用性、感知乐趣、"沉浸式"体验对使用行为意向有间接影响。Xue 等（2020）也发现娱乐性对感知有用性产生积极影响，对感知风险和心理距离产生消极影响，并且幽默也作为一种个性化的互动方式提高用户的社交参与度。过往研究证明，娱乐是影响社交媒体用户行为的关键因素（Lin and Lu，2011）。直播带货是一个高度互动的人际交互过程，主播颜值高低与直播内容的有趣与否常常成为影响用户进入直播间的关键因素。据此，做出如下假设。

H3a：娱乐互动和购买意愿、购买频率之间呈正相关。

H3b：娱乐互动在购买意愿、购买频率上具有统计学差异。

6.2.1.4　信息获取

直播带货本质上是一种商品交易行为，Oh 等（2009）指出，面部表情、文本和身体姿势、即时反馈（如对查询的即时响应）、语言多样性，这几个方面影响媒介传递信息的丰富性，越丰富的信息对消费者的购买决策越具有影响，即感知有用性增强。因此，做出如下假设。

H4a：信息获取和购买意愿、购买频率之间呈正相关。

H4b：信息获取在购买意愿、购买频率上具有统计学差异。

6.2.1.5　主播策略

在直播交易过程中，商家隐匿在直播间背后，直播带货主播变成名义上的商家和消费者进行互动，互动过程也是"消费者剩余"和"生产者剩余"的博弈过程，因此为了说服观众进行购买，主播不得不使用个性化的策略营销商品。众多的研究都提到了带货主播的营销策略，包括语言策略（李彦迪，2021）、表演策略（王婉，2021）、沉浸式和压力感知式体验策略（刘嘉量，2021），但对此却鲜有量化研究。尽管一些策略和上述某些维度有重叠之处，但由于主播策略在实际直播中具有较大影响，因此将其作为一个综合变量进行测量。做出如下假设。

H5a：主播策略和购买意愿、购买频率之间呈正相关。

H5b：主播策略在购买意愿、购买频率上具有统计学差异。

6.2.1.6　人口学变量

直播是一项社会经济活动，人口学变量对其亦产生影响。传统意义上认为，女性比男性拥有更强的购买力，近几年"她经济"的崛起似乎也印证了这一观点。QuestMobile 数据显示，截止到 2021 年，中国移动互联网女性用户规模已达 5.47 亿，其中，24 岁及以下女性用户月度使用时长突出，已经超过 170 小时，月人均使用 APP 超过 32 个，女性消费崛起正当时！女性的线上中高消费能力不断提升，由于经济条件的大幅改善，年轻女性表现出更强的消费意愿。①尽管一些研究指出，性别在网购中不是一个显著的影响因素（Gong et al.，2013），但随着网购的发展和网民结构的变化，已有文献已不能解释当下的现状。因此，做出如下假设。

H6a：性别在购买意愿、购买频率之间具有统计学差异。

H6b：性别在社群互动、工具互动、娱乐互动、信息获取、主播策略维度上分别具有统计学差异。

6.2.2　问卷设计与数据处理

使用网络调查问卷进行测试，调查对象为国内三所高校的大学生。第 47 次《中国互联网络发展状况统计报告》显示，网民结构中排名前三的群体分别是学生、个体户/自由职业者、农村外出务工人员。报告还显示，网络直播成为数字经济的新发展模式，直播电商广受用户喜爱，66.20%的直播电商用户购买过直播商品。②因此可以假设观看直播和由此购物的群体主要为学生、个体户/自由职业者和城市务工人员，这也进一步证明了 Hou 等（2019）将学生作为直播用户调查对象的合理性。问卷制作之初先由 5 名学生进行预实验，并参考有关专家的意见，对问卷内容的专业性和完成度进行初步评估和改善。

问卷共分为两个部分，第一部分主要测量调查对象的人口学信息，其中包含一项"是否看过直播带货"，用来排除没有相关直播带货观看经验的回答，确保实验数据更贴近真实情况。第二部分为量表部分，分为社群互动、工具互动、娱乐互动、信息获取、主播策略 5 个维度，部分设计参考并改编自 Venkatesh 等（2012）、Chiu 等（2005）、Kuo 和 Feng（2013）的量表。使用利克特量表进行测量，从 1 分"非常不符合"到 5 分"非常符合"分为 5 个等级。因变量是购买意愿与购买频率，购买意愿衡量用户在社交网站上支付的意愿以及他们通过社交网站购买的意愿，自变量为上述 5 个维度及某些人口学变量。

使用 SPSS 软件对研究数据进行统计分析，采用 α 系数来判断研究变量的内部一致性或稳定性程度，采用 KMO 测量有效性。描述性统计分析主要通过频数分析反映调查对象的总体分布特征。

---

① Mobile 2021 "她经济" 洞察报告：女性用户规模达到 5.47 亿，女神消费崛起正当时！. QuestMobile.（2020-03-09）. https://mp.weixin.qq.com/s/30UD7_T-Gz4vypO8asbDUg.

② CNNIC. 第 47 次中国互联网络发展状况统计报告. 北京：中国互联网络信息中心，2021.

6.2.3　数据分析

6.2.3.1　描述统计

通过网络发布和收集问卷，共收到 103 份问卷，其中有效问卷 72 份，即其中拥有直播带货观看经验的调查对象共 72 人。男性为 16 份，女性为 56 份，分别占 22.22% 和 77.78%。由表 6-1 可知，69.90% 的人表示看过直播带货，在观看过直播带货的样本中，40.28% 表示有过购买行为，经常购买和有时购买共占 22.23%。

表 6-1　人口学变量频率分析

变量	选项	频数/份	占比/%	平均值	标准差
观看行为	是	72	69.90		
	否	31	30.10		
性别	男性	16	22.22	1.78	0.42
	女性	56	77.78		
购买行为	买过	29	40.28	1.60	0.49
	没买过	43	59.72		
购买频率	从不	43	59.72		
	很少	13	18.05	0.68	0.95
	有时	12	16.67		
	经常	4	5.56		

6.2.3.2　量表品质检验

通过 SPSS 统计，采用 α 系数测量各个维度的一致性，数据显示，5 个维度的系数分别为 0.76、0.72、0.85、0.82、0.9，均大于 0.7，且问卷总体信度系数为 0.94，说明量表具有较高的内部一致性。结构效度以 KMO 检验系数和巴特利特球度检验结果体现，通过探索性因子分析发现，KMO=0.89 > 0.8（$p < 0.001$），表明量表具有很高的结构效度，在问卷制作初期，通过小范围测试和专家指导调整，问卷获得了较高的内容效度。

6.2.3.3　假设检验

经过 P-P 图和 Q-Q 图检验，问卷数据不符合正态分布。首先进行相关性分析

（表 6-2），发现社群互动、娱乐互动、信息获取、主播策略和"购买意愿"之间存在正相关，即上述 4 个维度有可能影响调查对象购买意愿。社群互动、工具互动、娱乐互动、信息获取、主播策略和购买频率之间存在正相关关系，即上述 5 个维度有可能影响调查对象的购买频率。由此证明了 H1a、H3a、H4a、H5a，部分证明了 H2a。

表 6-2　5 个维度与购买意愿、购买频率的相关性

维度	r	
	购买意愿	购买频率
社群互动	0.40[**]	0.43[**]
工具互动	0.23	0.31[**]
娱乐互动	0.30[*]	0.32[**]
信息获取	0.37[**]	0.41[**]
主播策略	0.27[*]	0.32[**]

注：* $p<0.05$；** $p<0.01$，余同。

对 5 个维度在"购买意愿"上是否存在统计学差异进行分析，检验结果（表 6-3）表明，社群互动、工具互动、娱乐互动、信息获取、主播策略在购买意愿上存在统计学差异，且"购买"的均值明显大于"未购买"的均值。

表 6-3　5 个维度在"购买意愿"上的差异性分析

维度	购买意愿 中位数 M（P_{25}，P_{75}）		Z	p
	未购买（$n=43$）	购买（$n=29$）		
社群互动	11.00（11.00，13.00）	13.00（11.50，16.0）	-3.21[**]	0.00
工具互动	12.00（10.00，14.00）	13.00（11.00，16.0）	-2.01[*]	0.04
娱乐互动	14.00（12.00，16.00）	16.00（14.00，17.0）	-2.48[*]	0.01
信息获取	10.00（8.00，11.00）	12.00（10.50，13.0）	-3.19[**]	0.00
主播策略	14.00（10.00，17.00）	15.00（13.00，19.0）	-2.18[*]	0.03

对 5 个维度在"购买频率"上是否存在统计学差异进行分析，克鲁斯卡尔-沃利斯检验结果显示，社群互动、工具互动、娱乐互动、信息获取、主播策略在购买频率上呈现统计学差异，并且 5 个维度均显示，"经常购买" > "从不购买"和"很少购买"。表 6-3 和表 6-4 都证明 H1b、H2b、H3b、H4b、H5b 成立。

表 6-4　5 个维度在"购买频率"上的差异性分析

维度	购买频率 中位数 M（P_{25}，P_{75}）				H	p
	从不（n=43）	很少（n=13）	有时（n=12）	经常（n=4）		
社群互动	11.00（11.00，12.00）	12.00（11.00，14.50）	15.50（11.30，16.80）	14（13.00，17.30）	10.41	0.02[*]
工具互动	12.00（9.50，13.00）	11.00（10.50，13.50）	14.50（13.00，16.00）	15.50（10.50，16.80）	10.32	0.02[*]
娱乐互动	14.00（12.00，15.00）	16.00（12.00，17.50）	15.00（14.00，16.00）	18.00（15.50，19.00）	8.92	0.03[*]
信息获取	10.00（8.50，11.00）	11.00（9.00，12.00）	11.00（10.30，12.80）	13.50（13.00，14.80）	16.62	0.00[**]
主播策略	14.00（12.00，15.00）	15.00（11.50，16.00）	16.50（14.30，20.00）	18.00（14.00，20.50）	9.93	0.02[*]

为验证 H6a、H6b 性别变量对二分变量"购买意愿"是否产生影响，使用卡方检验进行分析，结果发现 p=0.80>0.05，同理，对性别和"购买频率"进行检验发现，p=0.50>0.05，证明性别在两个变量上均无统计学差异。从频数分布亦可知，在"购买"上，男性占 37.50%，女性占 41.07%，在经常购买、很少购买、从不购买上，男性和女性占比差别不大，因此否定 H6a。对性别在 5 个维度上是否存在统计学差异进行分析，曼-惠特尼 U 检验发现 p 值分别为 0.50、0.41、0.88、0.68、0.65，均大于 0.05，则性别在 5 个维度上均无统计学差异，否定 H6b。

6.2.4　讨论

意见领袖互动性对受众购买意愿和购买频率影响的分析结果支持了互动对受众观看直播带货的行为意图产生积极影响的有关结论。该互动模型强调直播带货主播以及虚拟社交对直播带货的影响，受众在社交网站参与直播带货的分享、讨论、点赞等行为促使其从单纯的信息接收者转变为潜在的消费者，这些社会关系为企业和消费者创造了价值（Hajli，2015）。同时，个性化直播间的建设以及类似粉丝经济的运营模式给社交电商提供了新的发展路径，受众的交流不再局限于传统的商品评论区，直播间的实时讨论不仅为受众提供了与现实购物相似的体验，而且对于受众获取信息也具有重要作用。直播带货主播成为受众和商家之间的中介角色，主播更易吸引受众使其成为固定粉丝，打造潜在的消费者群体。

意见领袖互动性对受众购买意愿和购买频率影响的研究价值在于证明了社群互动、工具互动、娱乐互动、信息获取、主播策略对受众的购买意愿和购买频率产生影响。

社群互动在本书中特指依赖于微博的社交活动。电商主播，特别是在娱乐、电商领域拥有较大影响力的意见领袖主播，通常会依靠社交技巧吸引观众。直播主要分为三个阶段，即直播预热、直播间直播、直播反馈，第一和第三个阶段通常在社交网站上完成。直播预热包括对下场直播的预告，含直播商品、直播嘉宾、直播链接等，直播反馈则是消费者对上一场直播中遗留的问题或者就直播经验与主播互动。在预热阶段，主播通常预告邀请嘉宾，并使用@功能将预告博文与待邀嘉宾的 ID 联系，借此引起嘉宾及嘉宾粉丝的注意，吸引其在微博下留言。如某条微博"今晚 10 点，走起！@周××（艺人名字）"对直播进行了预告，诸如"欢迎周××（艺人名字）🦋小李今晚见呀！❤"和周××（艺人名字）十点直播间见！"等留言暗示了这部分粉丝可能成为直播间的受众。

为留住受众，平台设置了一系列提高互动性和参与性的功能，允许用户进行评论、点赞、分享等操作。直播间竖屏的观看体验符合受众在移动终端的阅读习惯。镜头取景上突出主播主体形象，拉近了主播和受众的交流距离。直播间的文字提示，诸如"××正在购买""321 上链接"等让受众具有沉浸式的购物体验。

娱乐互动主要包括主播个人在外貌颜值上对年轻受众的吸引和直播过程中的幽默互动，有研究表明，性感、幽默和展示社交地位对直播有积极的影响（Hou et al.，2019）。幽默性的呈现方式会影响说服的效果，Weinberger 和 Gulas（1992）认为，广告中的幽默因素会提高用户的注意力和理解效果。幽默是一种常见的互动手段，尤其在脱口秀当中被说话人频繁使用，幽默话语能够制造热烈的对话氛围，并引发受众参与。

通过外部信息获取，"垂直差异化"对消费者购买行为的抑制作用可以得到一定程度的控制（周末等，2022）。直播带货在一定程度上相当于消费中的促销活动，受众从各个渠道获取产品的相关信息后降低感知威胁，从而更积极地投入直播购物中。直播预热阶段，主播会以图文或视频的方式在社交媒体或个人店铺平台呈现预售商品；直播过程中，主播会以反复强调产品特性、商品数量等方式向受众输出更丰富的信息以降低他们的购物风险。解释水平理论（construal level theory，CLT）认为，在较远的心理距离下，人们倾向于理解抽象和基本的信息（如产品功能、质量和性价比）。在近心理距离下，人们专注于具体的和非必要的信息（Bar-Anan et al.，2007），如支付方式和更友好的关系。据此可以解释为，直播预热时更全面清晰的信息呈现是一种吸引受众的传播策略，直播过程近距离的互动会让受众更关注虚拟社交空间内的人际交往，从这个角度来说，不同平台不同宣传策略是对受众的不同"设计"。

主播策略是一个显著的受众设计策略，通常指的是直播话术。主播常用的称谓"宝宝""姐妹""美眉""女生""家人们"是一种拉近听话人和说话人社会距离的称呼。直播过程中出现的抽奖话语"废话不多说,先来抽波奖""仅限1000份""只需要9.9""3,2,1,开抢"等限时促销话语能够营造紧张热烈的氛围,并且对受众购买的行为产生影响。叶晶和胡翠兰(2021)也从服装直播电商角度证明了直播促销时间对消费者购买行为有直接影响。

　　除了以上五个因素对受众的购买意愿和购买频率产生影响,已有研究表明,性别因素也有影响。黄文泽和郭承龙(2020)就认为,女生相对于男生更喜欢网购,她们在网购频率上、网购金额上都明显高于男生。尽管"她经济"正在不断崛起,但在大学生购物群体内部,男性对网购的需求并不一定低于女性。2020年苏宁金融研究院发布的《男性群体消费趋势研究报告》[①]提到,"他经济"被严重低估,男性线上消费更猛,且热衷于超前消费。虽然有越来越多人参与直播带货活动,但和其他互联网社群类似,直播带货也具有圈层性,直播带货中的受众角色具有无性别化特征,不能依靠性别区别看待直播受众。

6.2.5　小结

　　本节描述了直播带货这一领域中,互动如何影响受众的购买意愿和购买频率。基于网络社交纽带的社群互动为直播平台带来了消费流量,个性化的平台设置为受众之间的共同创造、参与、信息共享和协作提供了机会,直播间的娱乐互动和主播积极的营销策略对受众的购买意愿和购买频率也产生了积极的影响。数字化经济发展背景下,直播带货成为推动经济发展的一种手段,因此本节的价值在于为直播行业的发展、直播人才的培养提供一个可能的路径。不足之处在于,研究样本没有充分考虑年龄和地区的差异,且样本来源较为单一,因此研究结果适用的范围较局限。未来的研究可以弥补这些缺陷,在样本选择、调查方式、模型构建上不断调整,以适应直播带货新的发展特点。

6.3　结　　语

　　在数字化经济发展的背景下,直播带货成为经济发展的新引擎,2024年政府工作报告中提到"促进跨境电商等新业态健康发展""深入推进数字经济创新发

---

① 付一夫. 男性群体消费趋势研究报告.(2020-04-10). https://pdf.dfcfw.com/pdf/H3_AP202004101377879499_1.pdf?1586820967000.pdf.

展"①。越来越多的主体加入直播带货行业，主流媒体平台和头部电商主播、艺人、网红等拥有强大的粉丝基础，这是吸引观众参与直播购物的重要原因。同时，语言作为一个关键因素也在其中发挥了重要作用，相关实证研究表明，具有高互动特征的界面设计（Hajli，2015）和一定交际策略的使用有助于提高观众的直播参与意愿和消费意愿。直播带货是一个高度依赖话术的行业，这是语言在经济领域的直接应用，体现为语言的社会属性、信息属性、文化属性、符号属性、经济属性的综合运用。此外，直播带货作为我国网络语言生活的重要表现，具有独特的行业语言发展特点及基于多模态的互动交际特点。在关于直播带货的多模态语言互动研究中，本书扩展了传统的多模态研究方法，结合会话分析的理论，分析了直播带货场景中多模态资源的配置和运用，更好地说明传统上作为"副语言"的模态在交际过程中可能比言语交际更能发挥关键作用。

---

① （两会受权发布）政府工作报告.（2024-03-12）. http://www.news.cn/politics/20240312/bd0e2ae727334f6b9f59e924c871c5c2/c.html.

参 考 文 献

白莲. 2017. 新闻标题与语用预设: 以马云收购《南华早报》的新闻报道为例. 佳木斯职业学院学报, (1): 356-357.

毕亮. 2018. 网络流行语视角下大学生思想政治教育路径创新探究. 学校党建与思想教育(高教版), (10): 47-49.

蔡玮. 2004. 新闻类语篇研究的语体学意义. 复旦大学博士学位论文.

曹继华. 2018. 学术类微信公众号编辑选题策划探析. 中国编辑, (4): 70-74.

曹进, 靳琰. 2016. 网络强势语言模因传播力的学理阐释. 国际新闻界, 38(2): 37-56.

曹玖新, 陈高君, 吴江林, 等. 2016. 基于多维特征分析的社交网络意见领袖挖掘. 电子学报, 44(4): 898-905

柴磊. 2016. 社会语言学视阈下的网络语码转换现象研究. 济南: 山东大学出版社.

陈会军. 2003. 词汇密度与难易度感知——科学论文及其摘要的对比研究. 外语与外语教学, (4): 56-57.

陈琳. 2015. 网络语言对青少年语言使用影响的研究. 语文建设, (2): 58-59.

陈梦轶. 2014. 微信公众平台的传播学解读. 三明学院学报, 31(1): 76-80.

陈然, 莫茜. 2011. 网络意见领袖的来源、类型及其特征. 新闻爱好者, (24): 6-7.

陈铁明, 缪茹一, 王小号. 2016. 融合显性和隐性特征的中文微博情感分析. 中文信息学报, 30(4): 184-192.

陈晓琳, 刘利湾, 雷丑霞. 2021. 电商直播中的临场感对消费者购买意愿的影响机制研究——以社群认同为中介. 声屏世界, (3): 86-88.

陈新仁. 2017. 汉语语用学教程. 广州: 暨南大学出版社.

陈雪奇, 刘敏. 2015. 微信场域中的意见领袖. 当代传播, (3): 93-95.

陈颖, 李金平. 2020. 从"刷"新义产生的路径和机制看新词语产生的认知理据. 语言文字应用, (1): 103-111.

陈志雄, 王时绘, 高榕. 2018. 基于情感倾向性分析的微博意见领袖识别模型. 计算机科学, 45(5): 168-175.

程谢飞, 王宇波. 2018. 语言类微信公众号使用状况调查//赵世举, 李佳主编. 中国语情研究(2009~2015)下册. 北京: 社会科学文献出版社: 701-714.

程秀峰, 张梦圆, 丁芬, 等. 2022. 开发者社区中意见领袖特征值的影响力研究. 现代情报, 42(7): 114-124.

崔凯, 刘德寰, 燕熙迪. 2020. 草根意见领袖网络社会资本累积路径研究——基于网络美食社区"下厨房"网络爬虫数据的分析. 新闻记者, (2): 64-74.

丁汉青, 王亚萍. 2010. SNS 网络空间中"意见领袖"特征之分析——以豆瓣网为例. 新闻与传播研究, 17(3): 82-91, 111.

丁磊. 2020. 基于 CMC 新语言视阈下的后现代主义影像呈现——以网络大电影和 Vlog 影像为例. 电影艺术, (1): 106-112.

东野寒冰. 2017. 试论网络大 V 的崛起与微博宣传. 传播力研究, 1(9): 154.

杜智涛, 张丹丹, 柏小林. 2019. 融合与跨越: 近 10 年来新媒体研究的多维视域. 信息资源管理学报, 9(3): 19-32.

樊兴华, 赵静, 方滨兴, 等. 2013. 影响力扩散概率模型及其用于意见领袖发现研究. 计算机学报, 36(2): 360-367.

方梅, 李先银, 谢心阳. 2018. 互动语言学与互动视角的汉语研究. 语言教学与研究, (3): 1-16.

冯德正, 张德禄, Kay O' Halloran. 2014. 多模态语篇分析的进展与前沿. 当代语言学, 16(1): 88-99, 126.

冯家欣. 2022. 电商主播关键意见领袖特性对消费者购买意愿的影响研究. 哈尔滨商业大学硕士学位论文.

冯志伟. 1989. 现代汉字和计算机. 北京: 北京大学出版社.

付一夫. 2020. 男性群体消费趋势研究报告. 北京: 苏宁金融研究院消费金融研究中心.

甘惜分. 1993. 新闻学大辞典. 郑州: 河南人民出版社.

耿敬北, 陈子娟. 2016. 网络社区多模态话语分析——以 QQ 群话语为例. 外语教学, 37(3): 35-39.

顾曰国. 2007. 多媒体、多模态学习剖析. 外语电化教学, (2): 3-12.

官振中, 文静柯. 2021. 基于短视频平台的社交电商发展研究. 管理现代化, 41(1): 93-97.

管乐. 2017. 动态演讲视频的多模态话语分析. 浙江理工大学学报(社会科学版), 38(1): 25-32.

郭熙. 2019. 七十年来的中国语言生活. 语言战略研究, 4(4): 14-26.

郭志璞. 2018. 关联理论下微信文章标题的语用分析. 现代交际, (8): 108-109.

郝小芳. 2014. 试论网络流行语对青少年人际传播的影响. 新闻知识, (10): 42-43, 60.

郝雅婕. 2016. 学术类微信公众号现状及发展研究. 新闻研究导刊, (3): 3-4.

何凌南, 胡灵舒, 李威, 等. 2016. "标题党"与"负能量"——媒体类微信公众号的语言风格分析. 新闻战线, (13): 42-47.

何兆熊. 2000. 新编语用学概要. 上海: 上海外语教育出版社.

洪婧茹. 2014. 社会资本与草根意见领袖传播策略对"学习粉丝团"新浪微博的实证研究. 新媒体与社会, (1): 157-175.

侯剑华. 2016. 知识计量与可视化: 原理、方法及应用. 北京: 科学出版社.

黄传武, 齐林泉, 王秋生, 等. 2013. 新媒体概论. 北京: 中国传媒大学出版社.

黄迪. 2019. 短视频关键意见领袖的"人设"及语用身份建构. 武汉大学硕士学位论文.

黄国文. 2001. 语篇分析的理论与实践: 广告语篇研究. 上海: 上海外语教育出版社.

黄静. 2018. 医药类微信公众号的传播特征、问题与对策. 新闻知识, (7): 52-56.

黄立鹤, 张德禄. 2019. 多核并行架构: 多模态研究的范式、路径及领域问题之辨. 外语教学, 40(1): 21-26.

黄文泽, 郭承龙. 2020. 性别对大学生网络购物倾向影响的研究. 电子商务, (8): 95-96.

惠天罡. 2006. 网络词语构词探析. 修辞学习, (2): 71-74.

姜萍, 黄慧, 郑友奇. 2018. 人文社科类学术期刊微信公众号中论文标题语用策略的顺应性分析. 浙江外国语学院学报, (6): 42-49, 109.

姜珊珊, 李欲晓, 徐敬宏. 2010. 非常规突发事件网络舆情中的意见领袖分析. 情报理论与实践, 33(12): 101-104.

金不换. 2016. 网络修辞的直观视觉性特征研究. 浙江师范大学硕士学位论文.

晋国群. 2015. 网络话权与舆情引导研究. 边疆经济与文化, (6): 126-127.

劲松, 麒珂. 2000. 网络语言是什么语言. 语文建设, (11): 13-14.

靖鸣, 钟倩. 2016. 微信空间里的"标题党"现象. 新闻与写作, (5): 32-35.

邝霞, 金子. 2000. 网络语言——一种新的社会方言. 语文建设, (8): 21.

朗德森, 孟鸿. 2010. 色彩心理学. 北京: 大众文艺出版社.

黎昌友. 2007. 网络语词的构成分类. 四川文理学院学报, (1): 60-62.

李富健. 2015. 微博意见领袖话语影响力计算方法研究——基于区间直觉模糊理论. 现代经济信息, (8): 69-70.

李国英, 周晓文. 2011. 汉字字频统计方法的改进. 北京师范大学学报(社会科学版), (6): 45-50.

李金花, 于小婧. 2012. "微公益"中网络意见领袖的作用. 新闻世界, (9): 143-144.

李进华, 陈欣欣. 2018. 基于内容的学术微信公众号的用户满意度研究. 图书馆学研究, (5): 88-98.

李军. 2002. 浅谈网络语言对现代汉语的影响. 社会科学战线, (6): 265-266.

李俪. 2016. 新语类互动意义构建的多模态话语分析——基于 VLOG 的个案研究. 海外英语, (18): 191-193.

李美子, 米一菲, 张倩, 等. 2022. 社交网络中基于 K 核分解的意见领袖识别算法. 计算机应用, 42(1): 26-35.

李少丹. 2015. 微信文本标题修辞特征与修辞过度现象探析. 福建师范大学学报(哲学社会科学版), (3): 70-75, 169.

李帅彬, 李亚星, 冯旭鹏, 等. 2017. 基于词向量的微博话题发现方法. 计算机应用与软件, 34(12): 47-52.

李先国, 陈宁颉, 张新圣. 2017. 虚拟品牌社区感知价值对新产品购买意愿的影响机制——基于群体认同和品牌认同的双中介视角. 中国流通经济, 31(2): 93-100.

李小凤. 2010. 从词汇密度看电视语体的阶列. 现代传播(中国传媒大学学报), (12): 164-165.

李旭光, 朱学坤, 王奕霖, 等. 2022. 虚拟品牌社区意见领袖在知识协同创新中的作用研究. 情报理论与实践, 45(12): 146-155.

李彦迪. 2021. 语域理论视角下电商主播言语社区语言特征探析——以淘宝主播薇娅和李佳琦为例. 视听, (2): 117-118.

李宇佳, 陈为东. 2022. 学术微信公众号用户体验效果及优化策略研究. 现代情报, 42(2): 117-129.

李宇明. 2018. 语言与经济的关系试说. 语言产业研究, 1: 1-7.

李宇明. 2021. 认识语言的经济属性, 支持区域经济和自贸区(港)发展. 语言产业研究, 3: 15-19.

李战子. 2003. 多模式话语的社会符号学分析. 外语研究, (5): 1-8.

刘飞雨, 王笑天, 吴浩男, 等. 2019. 交互开放式微信公众号平台开发情况分析——以语言类为例. 现代信息科技, 3(9): 87-89.

刘海涛. 1997. 依存语法和机器翻译. 语言文字应用, (3): 91-95.

刘虹. 2018. 高校官方微信公众号"爆款"文章标题编辑分析. 新媒体研究, 4(23): 4-7.

刘嘉量. 2021. 带货主播的营销策略研究——以李佳琦、薇娅为例. 全国流通经济, (8): 27-29.

刘娜, 梁潇. 2019. 媒介环境学视阈下 Vlog 的行为呈现与社会互动新思考. 现代传播(中国传媒大学学报), 41(11): 47-54.

刘锐. 2011. 微博意见领袖初探. 新闻记者, (3): 57-60.

刘文浩, 曲建升, 刘燕飞. 2016. 科技类微信公众平台在知识传播中的作用. 新媒体研究, (14): 46-49.

刘文宇, 李珂. 2017. 基于批评性话语分析的网络语言暴力研究框架. 东北师大学报(哲学社会科学版), (1): 119-124.

刘熠, 张文烨. 2020. 《北京周报》经济主题封面国家形象的多模态隐喻分析. 外语研究, 37(6): 30-35, 112.

刘志芳. 2015. 认知语言学视角下的网络新词——以"学 X"类为考察对象. 河南师范大学学报(哲学社会科学版), 42(2): 168-170.

刘志明, 刘鲁. 2011. 微博网络舆情中的意见领袖识别及分析. 系统工程, 29(6): 8-16.

陆前, 刘海涛. 2016. 依存距离分布有规律吗? 浙江大学学报(人文社会科学版), 46(4): 63-76.

陆芸. 2012. 词汇丰富性测量方法及计算机程序开发: 回顾与展望. 南京工业大学学报(社会科学版), 11(2): 104-108.

路丹丹. 2018. 微信语用研究. 贵州民族大学硕士学位论文.

栾颖. 2018. 视频社交: 关系视域下网络直播的人际交往研究. 华中科技大学博士学位论文.

罗海燕. 2021. 新媒体传播环境下语言资源保护研究——以微信公众号"语宝"为例. 科技传播, 13(19): 169-171.

罗永雄. 2015. 网络环境下的舆论建构及其影响. 编辑之友, (5): 11-15.

罗子欣. 2014. 新媒体时代如何创新科普. 光明日报, 2014-01-08: 10.

马睿. 2020. 学术期刊微信公众号运营现状和提升策略研究. 广东轻工职业技术学院学报, 19(4): 77-80.

马琰. 2009. 汉语恭维语中的性别语言实证研究. 商洛学院学报, 23(5): 57-62.

迈尔斯. 2016. 社会心理学: 第 11 版. 侯玉波, 等译. 北京: 人民邮电出版社.

梅明丽, 朱淼晨. 2018. 微信公众号意见领袖传播模式及其广告价值. 今传媒, 26(8): 49-52.

牛晓菲, 白雪. 2022. 学术类微信公众号运营与服务特征解析及启示. 图书馆研究与工作, (5): 49-55.

彭巧燕, 贺方春. 2007. 网络语言与语言教育. 教育探索, (6): 119-120.

青平, 张莹, 涂铭, 等. 2016. 网络意见领袖动员方式对网络集群行为参与的影响研究——基于产品伤害危机背景下的实验研究. 管理世界, (7): 109-120, 136.

邱均平. 1988. 文献计量学. 北京: 科学技术文献出版社.

邱均平, 李威. 2012. 知识转移领域作者合作模式实证分析. 情报理论与实践, 35(3): 53-56, 46.

邱均平, 王菲菲. 2011. 基于文献计量的国内外社会网络分析研究比较. 情报资料工作, (1): 33-37.

沙宗元. 2008. 文字学术语规范研究. 合肥: 安徽大学出版社.

闪雄. 2000. 网络语言破坏汉语的纯洁. 语文建设, (10): 15-16.

沈家煊. 1999. 不对称和标记论. 南昌: 江西教育出版社.

沈晴. 2015. 网络意见领袖的话语自由与言说理性. 新闻爱好者, (3): 54-56.

宋婧婧. 2016. 现代汉语口语词研究. 厦门: 厦门大学出版社.

苏培成. 2001. 现代汉字学纲要(增订本). 2 版. 北京: 北京大学出版社.

孙莎莎. 2016. 视频直播+海淘 跨境电商有法宝. 上海信息化, (2): 56-58.

孙呓. 2019. Vlog 在新闻生产领域的运用与优化分析. 新媒体研究, 5(15): 31-33.

孙玉苹, 郑艳霞. 2021. 电商直播中意见领袖对消费者购买意愿的影响研究. 中国市场, (27): 126-127.

唐海龙. 2016. 新媒体语言发展论略. 北华大学学报(社会科学版), 17(5): 6-11.

唐海龙. 2017. 新媒体语言规范化的原则与策略. 社会科学家, (1): 154-160.

唐苗, 戴维. 2020. 人际传播视域下电商类网红直播互动行为研究. 新媒体研究, 6(20): 1-3, 7.

唐绪军. 2019. 新媒体蓝皮书: 中国新媒体发展报告 No.10(2019). 北京: 社会科学文献出版社.

童万菊, 徐荷萍. 2022. 电商直播意见领袖对消费行为的影响——冲动和信任的中介作用. 淮阴工学院学报, (3): 81-88.

王翠荣. 2010. 微博客写作特点探析. 写作, (4): 44-46.

王丹, 宋梦梦, 魏蕊. 2018. 学术科研类微信公众平台信息服务模式案例研究. 图书馆学研究, (9): 31-36.

王德春, 孙汝建, 姚远. 1995. 社会心理语言学. 上海: 上海外语教育出版社.

王红缨, 丁静. 2020. 数字时代主流媒体公益传播的跨界创新——以央视带货公益直播为例. 新媒体研究, 6(21): 70-73.

王磊. 2018. 网络名人在公益活动中的角色定位. 经济研究导刊, (34): 190-192, 194.

王莉锐. 2017. 言语行为理论在微信推送标题上的应用. 海外英语, (15): 194-195.

王璐. 2018. 《人民日报》微信公众号文章标题研究. 广西师范学院硕士学位论文.

王平, 谢耘耕. 2012. 突发公共事件中微博意见领袖的实证研究: 以"温州动车事故"为例. 现代传播(中国传媒大学学报), (3): 82-88.

王萍. 2013. 多媒体网络语境下的"各种+非 N"结构的认知语用机制. 学术探索, (8): 96-99.

王秋艳. 2019. 网络语言成因的传播学及心理学探析. 传媒, (1): 81-84.

王婉. 2021.自我呈现与剧班表演: 网红直播带货策略分析——以李佳琦为例. 视听界, (1): 44-49.

王晰巍, 张柳, 韦雅楠, 等. 2020. 社交网络舆情中意见领袖主题图谱构建及关系路径研究——基于网络谣言话题的分析. 情报资料工作, 41(2): 47-55.

王晓燕, 刘富华. 2015. 网络流行语"马伊琍体"模因现象分析. 新疆社会科学, (1): 146-150.

王秀丽. 2014. 网络社区意见领袖影响机制研究——以社会化问答社区"知乎"为例. 国际新闻界, 36(9): 47-57.

王宇波, 程谢飞. 2017. 语言类微信公众平台的运营现状及影响力研究//李向玉. 澳门语言文化研究(2016). 澳门: 澳门理工学院出版社: 89-100.

王宇波, 李向农. 2017. 新媒体中两性话题选择的优先序列研究. 安徽师范大学学报(人文社会科学版), 45(2): 223-228.

王正. 2013. 多模态视频语篇的分析模式研究. 东北师大学报(哲学社会科学版), (1): 105-108.

魏忠, 卢莲静. 2017. 微反应心理学: 5 秒钟看透他人小动作. 北京: 煤炭工业出版社.

文卫华, 林小平. 2021. 竖屏视频的审美特征与创作趋向. 中国电视, (1): 9-13.

吴东英, 李朝渊, 冯捷蕴. 2016. 新媒体的社会语言学研究: 回顾与展望. 当代语言学, 18(4):

514-531.

吴辉, 姚秀秀, 杨忆霖. 2017. 感叹、猎奇、悬念——微信公众号"标题党"的表达特点与批判. 新闻知识, (2): 25-27.

吴珏, 陈新仁. 2008. 英汉新闻标题中的预设机制: 调查与分析. 外语教学, (4): 30-34.

吴术燕. 2014. "××体"语言风格认知解析. 语文建设, (30): 27-28.

吴旭晖. 2020. 电商直播中的意见领袖研究——以淘宝"李佳琦直播间"为例. 西南交通大学硕士学位论文.

吴琰凡. 2021. 新媒体视阈下消费意见领袖对直播经济的影响研究——以电商主播李某某为例. 经济研究导刊, (36): 101-103.

吴瑛, 宋韵雅, 刘勇. 2016. 社会化媒体的"中国式反腐"——对落马官员案微博讨论的社会网络分析. 新闻大学, (4):104-113, 128.

夏学英, 刘永谋. 2006. 层级与离散: BBS 话语权力结构特征. 兰州学刊, (10): 173-175.

肖春丽. 2018. 中老年情感类微信公众号文章标题制作研究——以微信公众号"天天炫拍""点点星光"为例. 新媒体研究, 4(22): 56-58.

肖锡君. 2021. 电商直播模式下意见领袖对消费者购买意愿的影响研究. 湖南大学硕士学位论文.

肖宇, 许炜, 夏霖. 2012. 一种基于情感倾向分析的网络团体意见领袖识别算法. 计算机科学, 39(2): 34-37, 46.

谢文芳. 2012. 正向负向形容词的不均衡性探析. 湖北科技学院学报, 32(11): 97-99.

熊涛, 何跃. 2013. 微博转发网络中意见领袖的识别与分析. 现代图书情报技术, 29(6): 55-62.

徐媛媛. 2020. 学术微信公众号知识传播的现状与特征分析——以语言类公众号为例. 新闻知识, (5): 59-67.

许青. 2019. 基于微信情境下消费者虚拟品牌社区参与对购买意愿的影响研究. 南京财经大学硕士学位论文.

许淑花. 2018. 网络新闻标题党现象的成因及应对策略. 新媒体研究, 4(10): 120-121.

闫岩, 詹妮弗·格雷尔. 2014. 中美微博时代的意见领袖和两级传播. 新闻与传播评论, (1): 22-30.

杨楚凡. 2020. 法庭口译实践报告——以戈夫曼的"参与框架"理论为指导. 广东外语外贸大学硕士学位论文.

杨佳能, 阳爱民, 周咏梅. 2014. 基于语义分析的中文微博情感分类方法. 山东大学学报(理学版), 249(11): 14-21, 30.

杨建辉. 2019. 媒体微信公众号新闻标题语言特点分析. 中国报业, (2): 69-70.

叶晶, 胡翠兰. 2021. 直播限时促销与主播信任度对服装消费者购买行为的影响. 丝绸, 58(4): 57-67.

易兴霞. 2015. 动态多模态语篇中的图文关系. 西安外国语大学学报, (4): 50-53.

殷张鹏, 严纯. 2019. Vlog 在新闻报道中的应用研究——基于 2019 年两会报道期间新闻记者对 Vlog 的使用. 新媒体研究, 5(10): 49-51.

余光武, 秦云. 2011. 语言学视角下的网络表情符号初探. 中国社会科学院研究生院学报, (1): 130-135.

余艳. 2008. 网络语言中汉字认知机制的价值. 图书与情报, (2): 98-100, 103.

俞燕. 2009. 谈网络词语"囧". 修辞学习, (1): 93-95.

元志润. 2011. 在网络口碑沟通中的意见领袖(Opinion Leader)研究——以韩国超级博客(Power Blog)为例. 复旦大学硕士学位论文.

袁添民, 林君. 2015. 新经济节目形态和媒体盈利模式的探索——以福建经视"双 11"大型电视直播活动"经视实惠节"为例. 东南传播, (12): 103-104.

袁映雪. 2019. Vlog: 党媒时政传播的新探索——以 2019 年两会报道为例. 青年记者, (20): 95-96.

翟会锋. 2017. "的"的网络变体及其认知动因考察. 语言教学与研究, (2): 104-112.

张超. 2018. 浅析微信公众号的传播特征. 新闻研究导刊, 9(12): 50-51.

张春梅, 卢静. 2012. 新闻标题中预设的语用功能. 黑龙江教育学院学报, 31(8): 135-137.

张德禄. 2009a. 多模态话语分析综合理论框架探索. 中国外语, 6(1): 24-30.

张德禄. 2009b. 多模态话语理论与媒体技术在外语教学中的应用. 外语教学, 30(4): 15-20.

张德禄. 2018. 系统功能理论视阈下的多模态话语分析综合框架. 现代外语, 41(6): 731-743.

张德禄, 王璐. 2010. 多模态话语模态的协同及在外语教学中的体现. 外语学刊, (2): 97-102.

张德禄, 袁艳艳. 2011. 动态多模态话语的模态协同研究——以电视天气预报多模态语篇为例. 山东外语教学, 32(5): 9-16.

张继洋, 李宁. 2012. 科学合著网络研究进展分析. 情报理论与实践, 35(4): 124-128.

张玲玲. 2018. 微信公众号标题制作策略研究——以新华社微信公众号为例. 新闻知识, (9): 60-62.

张萌, 于德山, 徐生权. 2022. 好物的连接: 网红公益直播的动力机制与意义建构——基于口语传播的研究视角. 传媒观察, (8): 63-71.

张旻. 2011. 微博新词新语探析. 学理论, (23): 163-164.

张艳, 陈纪梁. 2012. 言语产出中词汇丰富性的定量测量方法. 外语测试与教学, (3): 34-40.

张漪. 2015. 微信人际交往中的权衡需求——一项基于新媒体权衡需求理论的实证分析. 东南传播, (6): 73-82.

张云辉. 2007. 网络语言的词汇语法特征. 中国语文, (6): 531-535.

章诚. 2020. 学术期刊微信公众平台运营现状及提升策略. 科技与出版, (8): 73-78.

赵华伦. 2006. 网络语言特点浅析. 语言文字应用, (S2): 219-221.

赵蓉晖. 2003. 语言与性别: 口语的社会语言学研究. 上海: 上海外语教育出版社.

赵雪, 曹彦男. 2012. 新媒体语言研究十年. 理论与现代化, (4): 81-85.

赵勇. 2017. 如何在微信公众号中进行学术话语再生产. 探索与争鸣, (7): 41-43.

周晶晶. 2019. 网络意见领袖的分类、形成与反思. 今传媒, 27(5): 42-44.

周末, 蒋露薇, 臧子悦, 等. 2022. 水平差异、垂直差异、外部信息获取与消费者购买行为. 南开管理评论, 25(6): 159-170.

周怡. 2014. 意见领袖在微博公益传播中的作用探索. 今传媒, 22(10): 14-15, 62.

周奕怀, 金佳惠. 2020. 技术异化: 电商直播的场景价值反思. 新媒体研究, 6(24): 77-80.

朱波, 杨加方. 2011. 论 web2.0 条件下虚拟社群之外的"意见领袖"话语作用. 中国地市报人, (2): 33-35.

朱红琼. 2017. 认知语言学视角下网络新闻标题的认知语用预设——以《凤凰新闻》为例. 长春教育学院学报, 33(9): 28-30, 40.

庄永亮. 2014. 士志于道: 中国传媒意见领袖的传统血脉与现实影响研究. 传媒与教育, (1):

24-28.

卓娜. 2019. Vlog 视域下受众的自我呈现与他者认同. 传媒, (13): 94-96.

Alexandre, I., Jai-sung Yoo, J. & Murthy, D. 2022. Make Tweets Great Again: Who Are Opinion Leaders, and What Did They Tweet about Donald Trump? *Social Science Computer Review*, 40(6): 1456-1477.

Atkinson, J. M. & Heritage, J. 1984. *Structures of Social Action: Studies in Conversation Analysis.* Cambridge: Cambridge University Press.

Bar-Anan, Y., Liberman, N., Trope, Y., et al. 2007. Automatic Processing of Psychological Distance: Evidence from A Stroop Task. *Journal of Experimental Psychology: General*, 136(4): 610-622.

Bell, A. 1984. Language Style as Audience Design. *Language in Society*, 13(2): 145-204.

Burrell, N. A. & Koper, R. J. 1998. The Efficacy of Powerful/Powerless Language on Attitudes and Source Credibility. In M. Allen, R. W. Preiss (Eds.), *Persuasion: Advances Through Meta-Analysis.* Cresskil,NJ: Hampton Press: 203-216.

Callon, M., Law J. & Rip, A. 1986. *Mapping the Dynamics of Science and Technology: Sociology of Science in the Realworld.* London: Macmillan.

Campus, D. 2012. Political Discussion, Opinion Leadership and Trust. *European Journal of Communication,* 27(1): 46-55.

Chiu, H. C., Hsieh, Y. C., Li, Y. C., et al. 2005. Relationship Marketing and Consumer Switching Behaviora. *Journal of Business Research*, 58(12): 1681-1689.

Choi, M., Sang, Y. & Park, H. W. 2014. Exploring Political Discussions by Korean Twitter Users: A Look at Opinion Leadership and Homophily Phenomenon. *Aslib Journal of Information Management,* 66(6): 582-602.

Coget, J. F., Yamauchi, Y. & Suman, M. 2002. The Internet, Social Networks and Loneliness. *It & Society*, 1(1): 180.

Delone, W. H. & Mclean, E. R. 2003. The DeLone and McLean Model of Information Systems Success: A Ten-Year Update. *Journal of Management Information Systems*, 19(4): 9-30.

Deng, X., Li, Y. & Lin, S. 2013. Parallel Micro Blog Crawler Construction for Effective Opinion Leader Approximation. *AASRI Procedia*, (5): 170-176. .

Dugast, D. 1978. Sur Quoi se Fonde la Notion d'Etendue Theoretique du Vocabulaire? *Le Francais Modern*, 46(1): 25-32.

Feez, S. 1998. *Text-based Syllabus Design.* Sydney: National Center for English Teaching and Research: 2.

Fishman, P. M. 1980. Conversational Insecurity. In H. Giles, W. Robinson & P. Smith (Eds.), *Language: Social Psychological Perspective.* Oxford: Pergamon Press: 234-241.

Frobenius, M. 2011. Beginning a Monologue: The Opening Sequence of Video Blogs. *Journal of Pragmatics*, 43(3): 814-827.

Frobenius, M. 2013. Pointing Gestures in Video Blogs. *TEXT and TALK*, 33(1): 1-23.

Frobenius, M. 2014a. *The Pragmatics of Monologue: Interaction in Video Blogs.* Saarbrücken: Universität des Saarlandes.

Frobenius, M. 2014b. Audience Design in Monologues: How Vloggers Involve Their Viewers.

Journal of Pragmatics, 72: 59-72.

Frobenius, M. & Harper, R. 2015. Tying in Comment Sections: The Production of Meaning and Sense on Facebook. *Semiotica,* 204: 121-143.

Gao, P., Huang, J. & Xu, Y. 2020. A K-Core Decomposition-Based Opinion Leaders Identifying Method and Clustering-Based Consensus Model for Large-Scale Group Decision Making. *Computers & Industrial Engineering*, 150: 106842.

Gavin, L. 2019. Towards a Green Applied Linguistics: Human–Sea Turtle Semiotic Assemblages in Hawai'i. *Applied Linguistics,* 41 (6): 922-946.

Geng, R., Wang, S., Chen, X., et al. 2020. Content Marketing in E-Commerce Platforms in the Internet Celebrity Economy. *Industrial Management & Data Systems*, 120 (3): 464-485.

Givens, D. B. 2016. Reading Palm-Up Signs: Neurosemiotic Overview of A Common Hand Gesture. *Semiotica,* 210: 235-250.

Goffman, E. 1981. *Forms of Talk.* Philadelphia: University of Pennsylvania Press.

Gökçe, O. Z., Hatipoğlu, E., Göktürk, G., et al. 2014. Twitter and Politics: Identifying Turkish Opinion Leaders in New Social Media. *Turkish Studies*, 15 (4): 671-688.

Gong, W., Stump, R. L. & Maddox, L. M. 2013. Factors Influencing Consumers' Online Shopping in China. *Journal of Asia Business Studies*, 7 (3): 214-230.

Gumperz, J. & Hymes, D. 1972. *Directions in Sociolinguistics.* Oxford: Basil Blackwell.

Guo L. A., Rohde J. & Wu H. D. 2020. Who Is Responsible for Twitter's Echo Chamber Problem? Evidence from 2016 US Election Networks. *Information, Communication & Society,* 23 (2): 234-251.

Hajli, N. 2015. Social Commerce Constructs and Consumer's Intention to Buy. *International Journal of Information Management,* 35 (2): 183-191.

Halliday, M. A. K. 1989. *Spoken and Written Language.* Oxford: Oxford University Press.

Halliday, M. A. K. 1994. *An Introduction to Functional Grummur.* London: Edward Arnold.

Hou, F., Guan, Z., Li, B., et al. 2019. Factors Influencing People's Continuous Watching Intention and Consumption Intention in Live Streaming: Evidence from China. *Internet Research,* 30 (1): 141-163.

Hu, M. & Chaudhry, S. S. 2020. Enhancing Consumer Engagement in E-Commerce Live Streaming via Relational Bonds. *Internet Research,* 30 (3): 1019-1041.

Huffaker, D. 2010. Dimensions of Leadership and Social Influence in Online Communities. *Human Communication Research,* 36 (4): 593-617.

Hung, E. S. & Calderón, C. A. 2011. Online Opinion Leaders in Colombia, Venezuela and Iran. Case Top20 Most View Users in Twitter. *Comunicacion Y Sociedad,* 24 (1): 75-100.

Hung, E. S. & Calderón, C. A. 2013. Online Opinion Leaders in Latin America and the Middle East: The Case of the Top 20 Most-Viewed Twitter Users. *Informacao & Sociedade-Estudos,* 23 (2): 139-155.

Jain, L., Katarya, R. & Sachdeva, S. 2020. Opinion Leader Detection Using Whale Optimization Algorithm in Online Social Network. *Expert Systems with Applications,* 142: 113016.

Jarvis, S. 2002. Short Texts, Best-Fitting Curves and New Measures of Lexical Diversity. *Language*

Testing, 19(2): 57-84.

Jefferson, G. 1984. On Stepwise Transition from Talk about Trouble to Inappropriately Next-Positioned Matters. In M. Atkinson & J. Heritage (Eds.), *Structures of Social Action: Studies in Conversation Analysis*. Cambridge: Cambridge University Press.

Jensen, K. B. 2010. *Media Convergence: The Three Degrees of Network, Mass and Interpersonal Communication*. London: Routledge.

Jewitt, C. 2013. *The Routledge Handbook of Multimodal Analysis*. London: Routledge.

Jöuet, J. 2009. The Internet as a New Civic Form: The Hybridisation of Popular and Civic Web Uses in France. *Javnost-the Public: Journal of the European Institute for Communication and Culture*, 16(1): 59-72.

Ko, N. Y., Hsieh, C. H., Wang, M. C., et al. 2013. Effects of Internet Popular Opinion Leaders (Ipol) among Internet-Using Men Who Have Sex with Men. *Journal of medical Internet Research*, 15(2): e2264.

Korzynski, P., Paniagua, J., Mazurek, G. 2022. Corporate Opinion Leadership on Professional Social Media. Management Decision, 61(1): 223-242.

Kress, G. & Leeuwen, T. V. 1996. Reading Images: The Grammar of Visual Design. London: Routledge.

Kress, G. & Leeuwen, T. V. 2000. Front Pages: (the Critical) Analysis of Newspaper Layout. In A. Bell & P. Garrett (Eds.), *Approaches to Media Discourse*. New Jersey: Blackwell.

Kuo, Y. F. & Feng, L. H. 2013. Relationships among Community Interaction Characteristics, Perceived Benefits, Community Commitment, and Oppositional Brand Loyalty in Online Brand Communities. *International Journal of Information Management*, 33(6): 948-962.

Lakoff, R. 1973. Language and Woman's Place. *Language in Society*, 2(1): 45-80.

Lakoff, R. 1975. *Language and Woman's Place: Textand Commentaries*. Oxford: Oxford University Press.

Lamb, G. 2019. Towards a Green Applied Linguistics: Human-Sea Turtle Semiotic Assemblages in Hawai. *Applied Linguistics*, 41(6): 922-946.

Lange, P. G. 2007. The Vulnerable Video Blogger: Promoting Social Change Through Intimacy. *The Scholar and Feminist Online*, 5(2): 1-12.

Laufer, B. & Nation, P. 1995. Vocabulary Size and Use: Lexical Richness in L2 Written Production. *Applied Linguistics*, 16(3): 307-322.

Lazarsfeld, P. F., Berelson, B. & Gaudet, H. 1944. *The People's Choice: How the Voter Makes up His Mind in a Presidential Campaign*. New York: Columbia University Press.

Li, Y., Ma, S., Zhang, Y., et al. 2013. An Improved Mix Framework for Opinion Leader Identification in Online Learning Communities. *Knowledge-Based Systems*, 43: 43-51.

Lin, H. C., Bruning, P. F. & Swarna, H. 2018. Using Online Opinion Leaders to Promote the Hedonic and Utilitarian Value of Products and Services. *Business Horizons*, 61(3): 431-442.

Lin, K. Y. & Lu, H. P. 2011. Why People Use Social Networking Sites: An Empirical Study Integrating Network Externalities and Motivation Theory. *Computers in Human Behavior*, 27(3): 1152-1161.

Liu, H. 2008. Dependency Distance as a Metric of Language Comprehension Difficulty. *Journal of Cognitive Science*, 9(2): 159-191. .

Liu, H., Hudson, R. & Feng, Z. 2009. Using a Chinese Treebank to Measure Dependency Distance. *Corpus Linguistics and Linguistic Theory*, 5(2): 161-174.

Liu, X. & Liu, C. 2018. Information Diffusion and Opinion Leader Mathematical Modeling Based on Microblog. *IEEE Access*, 6: 34736-34745.

Liu, Z., Yang, J. & Ling, L. 2020. Exploring the Influence of Live Streaming in Mobile Commerce on Adoption Intention from a Social Presence Perspective. *International Journal of Mobile Human Computer Interaction (IJMHCI)*, 12(2), 53-71.

Luo, Y., Li, Y., Sun, C., et al. 2022. Adapted Deffuant–Weisbuch Model with Implicit and Explicit Opinions. *Physica A: Statistical Mechanics and Its Applications*, 596: 127095.

Manolache, M. & Epuran, G. 2013. Online Communication Processes of the European Commission on Twitter: A Netnographic Approach. In B. Pătruţ (Ed.), *International Conference on Social Media in Academia: Research and Teaching*, (SMART 2013): 93-98.

McCarthy, P. M. 2005. An Assessment of the Range and Usefulness of Lexical Diversity Measures and the Potential of the Measure of Textual, Lexical Diversity (MTLD).Memphis Tennessee: University of Memphis, Ph. D. Dissertation.

McCreary, F., Ehrich, R. & Lisanti, M. 2001. A Social Network Study of Online Communication Among Elementary Students and Teachers with Home Internet Access. *Proceedings of the Human Factors and Ergonomics Society Annual Meeting*, 45(5): 575-579.

Na, Y. L. & Kim, Y. 2014. The Spiral of Silence and Journalists' Outspokenness on Twitter. *Asian Journal of Communication*, 24(3): 262-278.

Ng, S. H. & Bradac, J. J. 1999. *Power in Language: Verbal Communication and Social Influence*. Newbury Park: Sage.

Nisbet, M. C. & Kotcher, J. E. 2009. A Two-Step Flow of Influence? Opinion-Leader Campaigns on Climate Change. *Science Communication*, 30(3): 328-354.

Norris, S. 2004. *Analysing Multimodal Interaction: A Methodological Framework*. London: Routledge.

Oeldorf, H. A. & Sundar, S. S. 2015. Posting, Commenting, and Tagging: Effects of Sharing News Stories on Facebook. *Computers in Human Behavior*, 44: 240-249.

Oh, S. H., Kim, Y. M., Lee, C. W., et al. 2009. Consumer Adoption of Virtual Stores in Korea: Focusing on the Role of Trust and Playfulness. *Psychology & Marketing*, 26(7): 652-668.

O'Keefe, D. J. 2002. *Persuasion: Theory and Research*. 2nd ed. Thousand Oaks: Sage.

O'Reilly, T. 2007. What is Web 2.0: Design Patterns and Business Models for the Next Generation of Software. Communications & Strategies, 65(1): 17-37.

Park, C. S. 2013. Does Twitter Motivate Involvement in Politics? Tweeting, Opinion Leadership, and Political Engagement. *Computers in Human Behavior*, 29(4): 1641-1648.

Penelope, J. 1990. *Speaking Freely: Unlearning Thelies of the Father's Tongue*. New York: Pergamon Press.

Peng, Y., Li, J., Xia, H., et al. 2015. The Effects of Food Safety Issues Released by We Media on

Consumers' Awareness and Purchasing Behavior: A Case Study in China. *Food Policy*, (51): 44-52.

Perse, E. M. 1990. Involvement with Local Television News Cognitive and Emotional Dimensions. *Human Communication Research*, 16(4): 556-581.

Pornpitakpan, C. 2004. The Persuasiveness of Source Credibility: A Critical Review of Five Decades' Evidence. *Journal of Applied Social Psychology*, 34(2): 243-281.

Price, D. J. & Beaver, D. D. 1966. Collaboration in An Invisible College. *American Psychologist*, 21(11): 1011-1018.

Read, J. 2000. *Assessing Vocabulary*. Cambridge: Cambridge University Press.

Song, P., Zhang, C., Chen W., et al. 2009. Understanding Usage-Transfer Behavior between Nonsubstitutable Technologies: Evidence from Instant Messenger and Portal. *IEEE Transactions on Engineering Management*, 56(3): 412-424.

Spender, D. 1980. *Man Made Language*. London: Routledge and Kegan Paul.

Su, X. 2019. An Empirical Study on the Influencing Factors of E-Commerce Live Streaming. *Ieee*: 492-496.

Temperley, D. 2007. Minimization of Dependency Length in Written English. *Cognition*, (105): 300-333.

Thurlow, C. & Mroczek, K. 2011. *Digital Discourse: Language in the New Media*. New York: Oxford University Press.

Tobon, S. & García-Madariaga, J. 2021. The Influence of Opinion Leaders' Ewom on Online Consumer Decisions: A Study On Social Influence. Journal of Theoretical and Applied Electronic Commerce Research, 16(4): 748-767.

Tweedie, F., Baayen, R. 1998. How Variable May A Constant Be? Measures of Lexical Richness in Perspective. *Computers & the Humanities*, 32(5): 323-352.

Ure, J. 1971. Lexical Density and Register Differentiation. In G. Perren, J. L. M. Trim(Eds), *Applications of Linguistics*. London: Cambridge University Press: 443-452.

Venkatesh, V., Thong, J. Y. L. & Xu, X. 2012. Consumer Acceptance and Use of Information Technology: Extending the Unified Theory of Acceptance and Use of Technology. *MIS Quarterly*, 36(1): 157-178.

Vermeer, A. 2000. Coming to Grips with Lexical Richness in Spontaneous Speech Data. *Language Testing*, 17(1): 65-83.

Verschueren, J. 1999. *Understanding Pragmatics*. London: Edward Arnold.

Walter, S. & Brüggemann, M. 2020. Opportunity Makes Opinion Leaders: Analyzing the Role of First-Hand Information in Opinion Leadership in Social Media Networks. *Information, Communication & Society*, 23(2): 267-287.

Weeks, B. E., Ardèvol-Abreu, A. & Gil de Zúñiga, H. 2017. Online Influence? Social Media Use, Opinion Leadership, and Political Persuasion. *International Journal of Public Opinion Research*, 29(2): 214-239.

Weinberger, M. G. & Gulas, C. S. 1992. The Impact of Humor in Advertising: A Review. *Journal of Advertising*, 21(4): 35-59.

Wongkitrungrueng A. & Assarut N. 2020. The Role of Live Streaming in Building Consumer Trust and Engagement with Social Commerce Sellers. *Journal of Business Research*, 117: 543-556.

Xu, W. W., Sang, Y., Blasiola, S., et al. 2014. Predicting Opinion Leaders in Twitter Activism Networks: the Case of the Wisconsin Recall Election. *American Behavioral Scientist,* 58 (10): 1278-1293.

Xue, J., Liang, X., Xie, T., et al. 2020. See Now, Act Now: How to Interact with Customers to Enhance Social Commerce Engagement?. *Information & Management*, 57 (6): 103324.

Yus, F. 2011. *Cyberpragmatics: Internet-medidate Communication in Context.* Amsterdam: John Benjamins.

Zhang, B., Bai, Y., Zhang, Q., et al. 2020. An Opinion-Leader Mining Method in Social Networks with A Phased-Clustering Perspective. *IEEE Access*, 8: 31539-31550.

Zhao Q., Chen C. D., Cheng H. W., et al. 2018. Determinants of Live Streamers' Continuance Broadcasting Intentions on Twitch: A Self-determination Theory Perspective. *Telematics and Informatics,* 35(2): 406-420.

Zhu, J. & Zhan, X. 2013. Analysis on the Influence of Micro-blogs of Grassroots Opinion Leaders. 2013 International Conference on Public Administration (ICPA 9th): 832-837.